浙江省哲学社会科学省级重点研究
浙江省中国特色社会主义理论研究
学术文丛

马克思主义理论研究

MARXISM RESEARCH

VI

主　编　陈华兴
副主编　黄　宇

ZHEJIANG UNIVERSITY PRESS
浙江大学出版社

前　言

　　中国共产党第十八次全国代表大会,是在我国进入全面建成小康社会决定性阶段召开的一次十分重要的大会。党的十八大报告指出:"推进马克思主义中国化时代化大众化,坚持不懈用中国特色社会主义理论体系武装全党、教育人民,深入实施马克思主义理论研究和建设工程,建设哲学社会科学创新体系,广泛开展理想信念教育,把广大人民团结凝聚在中国特色社会主义伟大旗帜之下。"这突出地强调了对马克思主义信仰、对中国特色社会主义的理论自信。

　　马克思主义是普遍真理,是人类思想的宝贵财富,也是我们革命、建设、改革各个时期立党立国的指导思想和理论基础。马克思主义中国化的理论成果是马克思主义理论向实践自觉流动和实践向理论自觉提升的辩证统一,是马克思主义在中国发展的崭新科学形态。马克思主义中国化像一根"藤"贯穿于马克思主义中国化的理论成果,二次理论飞跃所产生的毛泽东思想、中国特色社会主义理论体系是这根"藤"上依次结出的"硕果",这根"藤"和这些"硕果"的"种"就是马克思主义普遍真理,所扎根的土壤就是中国的具体实践。中国革命、建设和改革所取得的成果都是我们党自觉接受马克思主义指导的结果,离开了马克思主义的指导,就不可能有马克思主义中国化;同时,在中国革命、建设和改革的实践过程中,我们党获得了许多新经验、探索了许多新规律,这些内容虽然在马克思主义经典作家的书本里找不到,但它却是在马克思主义指导下获得并能指导现实实践的重要内容,是发展着的马克思主义的现实内容。因此,马克思主义的最大特征是它的实践性。在时代主题变化,世情、国情、党情急剧变化的条件下,推进马克思主义中国化时代化大众化,用马克思主义中国化最新理论成果武装全党、教育群众,坚持马克思主义在意识形态领域的指导地位,用一元化引领多样化,充分展示了当代马克思主义的理论风采、实践指导和强大生命力,是当前最为迫切的任务。不容忽视的是,现实生活中又让人感到马克思主义似乎处于尴尬境地,在学术研究中,存在着众多分歧、困惑甚至误区;在实践中,出现了许多理论与实践的矛盾、理论与政策的矛盾、理论与人们思想认识的矛盾,更有甚者,对于马克思主义在中国究竟要不要坚持、能不能坚持、如何才能坚持,存在着很多疑虑,漠视、边缘化甚至公然挑战马克思主义指导地位;在意识形态领域中,存在各种否定、歪曲、曲解马克思主义的杂音。作为新时期马克思主义理论研究工作者,坚持和发展马克思主义,不仅要作政治层面的斗争,而且更要作学术、理论层面的讨论、比较、剖析、争鸣和批判,弄清哪些是马克思主义的基本观点、基本理论和基本方法,弄清哪些是非马克思主义或附加在马克思主义名下的错误观点,弄清哪些是过去强调但并不适合于现在的观点,弄清哪些是过去马克思主义经典作家没有提及而在中国特色社会主义伟大实践中总结、凝练、提升的符合马克思主义的立场、观点和方法的,被实践证明是正确的并对现实具有重大指导作用的理论原则和经验总结。因而,深入研究马克思主义理论,对于我们继续推进改革开放和中国特色社会主义伟大事业,具有重大的理论意义和现实意义。

浙江省马克思主义理论研究具有很好的研究环境、聚合平台和人才队伍,在浙江省宣传系统、党校系统、社会科学院系统、高校系统拥有一大批马克思主义理论研究的知名专家学者。他们积极参加全国马克思主义理论研究和建设工程,每年发表高质量的论文数百篇,出版专著数十部。浙江省内高校大多数成立了马克思主义学院,拥有马克思主义一级学科博士点 1 个、马克思主义中国化硕士点 7 个,每年培养马克思主义理论研究高级人才上百人,青年才俊正在茁壮成长,使浙江省马克思主义理论研究队伍后继有人、不断壮大。

浙江省中国特色社会主义理论研究中心(原名为浙江省邓小平理论和"三个代表"重要思想研究中心,下文简称"中心"),是浙江省首批哲学社会科学省级重点研究基地。"中心"设有"马克思主义整体性研究""中国特色社会主义理论体系研究""中国特色社会主义在浙江实践研究"等三个研究方向,首席专家分别为:万斌教授、陈华兴研究员、汪俊昌教授。

"中心"的基本职能是:高举中国特色社会主义伟大旗帜,以邓小平理论、"三个代表"重要思想、科学发展观为指导,立足本省实际,坚持"贴近决策、贴近实际、贴近学术前沿"的原则,整合全省马克思主义理论研究、宣传、教育队伍,努力开展各项科研工作,不断提升马克思主义理论的学术研究水平、教育教学水平和理论宣传水平,积极推进浙江省马克思主义理论研究和建设工程。

"中心"自2006年成立以来,在省社会科学院党委和行政的领导下、首席专家的带领下,围绕科研主攻方向,取得了一批标志性成果,既不断深化马克思主义基础理论研究,深化马克思主义中国化重大理论创新研究,又密切关注中国特色社会主义和重大现实问题研究,已经成为浙江省马克思主义理论研究和建设工程的一支重要力量。

"中心"将在省社会科学院政治学研究所的基础上,以"浙江省社会科学院中国特色社会主义理论研究中心"为基础,进一步整合省社会科学院院内相关所室的科研力量;以"浙江省马克思主义学会"为基础,进一步整合省委党校及各市委党校、全省各高等院校和各市县社会科学院等研究机构的科研力量;以"浙江省中国特色社会主义理论体系研究中心"为基础,进一步整合全省宣传文化系统的相关科研力量;并联络或柔性引进全国知名专家学者,通过三大平台的建设和完善,形成交互关联的学术平台系统,逐渐将其建设成为浙江省马克思主义理论研究和建设工程的重要阵地。当前,"中心"正朝着新的目标迈进,努力将其建设成为全省中国特色社会主义理论体系研究的重点基地之一,成为全省马克思主义理论研究和建设工程的主力军,成为省委、省政府科学决策的重要"智库"之一。

为了进一步加强浙江省中国特色社会主义理论研究中心的建设、凝聚全省马克思主义理论研究队伍、持续开展浙江省马克思主义理论研究,更好地反映浙江省马克思主义理论研究状况和进展,为浙江省马克思主义理论研究和建设工程提供学术交流平台,"中心"推出《马克思主义理论研究Ⅵ》,选取了第六届浙江省马克思主义理论研讨会的优秀获奖论文30余篇,在一定程度上反映了全省马克思主义理论研究的最新成果。今后将每年推出一期,及时地反映浙江省马克思主义理论研究、特别是马克思主义中国化理论研究的进展情况,为马克思主义理论研究和建设工程作出应有的贡献。

目　　录

马克思理论从"地域性"到"世界性"
再到"地域性":过程和意义

何丽野

一

按照后现代思想家利奥塔的说法,思想家的理论都是从"小叙事"开始然后转变为"宏大叙事"的。马克思的思想也不例外。马克思思想的"小叙事"性质一开始表现为其批判限于德国范围的"地域性"。《〈黑格尔法哲学批判〉导言》的第一句话就是:"在德国,对宗教的批判基本上已经结束,而对宗教的批判是对其他一切批判的前提。"①而这个"其他一切批判"就是"向德国制度开火! 一定要开火"。② 对宗教的批判是为了对德国现实的批判,对德国哲学的批判也是为了对德国现实的批判。《〈黑格尔法哲学批判〉导言》全文都贯穿着这一具有地域性的价值取向。《神圣家族》也是如此。它的第一句话就是:"现实人道主义在德国没有比唯灵论或者说思辨唯心主义更危险的敌人了。"③在《德意志意识形态·对费尔巴哈、布·鲍威尔和施蒂纳所代表的现代德国哲学以及各式各样先知所代表的德国社会主义的批判》中,正如书名本身所表明的那样,马克思和恩格斯把自己的批判对象限于德国哲学,他们在"第一章"中就劈头嘲笑了青年黑格尔派的妄自尊大:"正如德国玄想家们所宣告的,德国在最近几年里经历了一次空前的变革……而这个斗争现在却被吹嘘和构想成一种具有世界历史意义的变革,一种产生了十分重大的结果和成就的因素。"他们嘲笑"整个青年黑

---

① 《马克思恩格斯选集》第1卷,人民出版社1995年版,第1页。
② 《马克思恩格斯选集》第1卷,人民出版社1995年版,第4页。
③ 《马克思恩格斯文集》第1卷,人民出版社2009年版,第253页。

格尔派运动的渺小卑微、地域局限性","这些英雄们的真正业绩和关于这些业绩的幻想之间的令人啼笑皆非的显著差异"。① 正因为此,他们认为自己对"德意志意识形态"批判斗争的意义也基本上只限于德国:"必须同它们(青年黑格尔派)进行斗争。但这是具有地域性意义的斗争。"②

由于所批判的对象限于德国,所以马克思和恩格斯一开始认为,自己所要创建的思想理论也只限应用于德国。"我们的阐述自然要取决于阐述的对象。批判的批判在各方面都低于德国的理论发展已经达到的水平。因此,如果我们在这本书中不再对这一发展本身进行评论,那是因为我们所阐述的对象的本性使我们完全有理由这样做。"③即使在他们创立唯物史观的时候,他们一开始仍然认为唯物史观是有地域性的。例如在《德意志意识形态·对费尔巴哈、布·鲍威尔和施蒂纳所代表的现代德国哲学以及各式各样先知所代表的德国社会主义的批判》中虽然也谈到了"全部人类历史",但其从"现实的经验的人"出发也是有地域性的:"我们谈的是一些没有任何前提的德国人"。④

之所以会如此,首先是在这段时间里,德国明显落后于西欧各国。《〈黑格尔法哲学批判〉导言》说:"在法国和英国行将完结的事物,在德国现在才刚刚开始。这些国家在理论上反叛的、而且也只是当作锁链来忍受的陈旧腐朽的制度,在德国却被当作美好未来的初升朝霞而受到欢迎,这个美好的未来好不容易才敢于从狡猾的理论向最无情的实践过渡。"⑤另外,当时马克思的生活经历还仅限于德国。在 1843 年 10 月第一次去巴黎以前,马克思对德国以外的地区可以说没有什么深入了解和切身体会,相反,对当时普鲁士政府的封建性腐朽性、德国思想界的落后,通过像"林木盗窃法案""《莱茵报》查封案"和"关于犹太人问题的辩论"等,马克思却一直有深刻的体会。在巴黎期间,马克思阅读了大量英法历史方面的著作,与法国工人和知识分子的接触,愈发使他相信德国的政治制度已经明显落后于法国。⑥ 这一切都使得马克思在一开始就把主要的斗争锋芒指向了德国的

---

① 《马克思恩格斯选集》第 1 卷,人民出版社 1995 年版,第 62—63 页。
② 《马克思恩格斯选集》第 1 卷,人民出版社 1995 年版,第 75 页。
③ 《马克思恩格斯文集》第 1 卷,人民出版社 2009 年版,第 253—254 页。
④ 《马克思恩格斯选集》第 1 卷,人民出版社 1995 年版,第 78 页。
⑤ 《马克思恩格斯选集》第 1 卷,人民出版社 1995 年版,第 6 页。
⑥ [英]麦克莱伦:《马克思传》,王珍译,中国人民大学出版社 2005 年版,第二部分"巴黎"。

思想和制度。

在这方面，马克思《关于费尔巴哈的提纲》和《1844 年经济学哲学手稿》是两个例外。《关于费尔巴哈的提纲》的写作时间虽然早于《德意志意识形态·对费尔巴哈、布·鲍威尔和施蒂纳所代表的现代德国哲学以及各式各样先知所代表的德国社会主义的批判》，其眼光却大大超出了《德意志意识形态·对费尔巴哈、布·鲍威尔和施蒂纳所代表的现代德国哲学以及各式各样先知所代表的德国社会主义的批判》的德国地域性，持一种世界性的视野。《关于费尔巴哈的提纲》一开头就指出了"从前的一切唯物主义（包括费尔巴哈的唯物主义）的主要缺点"，并且批评了英法唯物主义的思想，全面地阐述了马克思主义哲学的主要思想观点。《1844 年经济学哲学手稿》的情况与此类似。它从经济学、人类学和哲学的角度，对整个资本主义社会的思想和制度展开了全面的、深刻的批判。但是这个工作由于对马克思和恩格斯对自己的"德国意识形态信仰"的"清算"而停止了。

二

需要注意的是：马克思（和恩格斯）思想的批判虽然一开始是"地域性"的，但也是从一开始，他们就没有把自己的批判意义仅仅局限于德国。《〈黑格尔法哲学批判〉导言》说："甚至对现代各国来说，这种反对德国现状的狭隘内容的斗争，也不会是没有意义的……对当代德国政治状况作斗争就是对现代各国的过去作斗争，而且对过去的回忆依然困扰着这些国家，这些国家如果看到，在它们那里经历过自己的悲剧的旧制度，现在又作为德国的幽灵在演自己的喜剧，那是很有教益的。"[①]在《德意志意识形态·对费尔巴哈、布·鲍威尔和施蒂纳所代表的现代德国哲学以及各式各样先知所代表的德国社会主义的批判》中，马克思和恩格斯提出，为了要批判青年黑格尔派，"就必须站在德国以外的立场上来考察一下这些喧嚣吵嚷"[②]。在这个"站在德国以外的立场"的考察过程当中，他们看到了世界性的生产方式的变化对个人和民族意识的影响："大工业到处造成了社会各阶级间相同的关系，从而消灭了各民族的特殊性……大工业却创造了这样一个阶

---

① 《马克思恩格斯选集》第 1 卷，人民出版社 1995 年版，第 5 页。

② 《马克思恩格斯选集》第 1 卷，人民出版社 1995 年版，第 63 页。

级,这个阶级在所有的民族中都具有同样的利益,在它那里民族的独特性已经消灭。"①随着分工的发展,单个的民族和个人的历史越来越成为世界的历史。

到了《哲学的贫困》《共产党宣言》和《〈政治经济学批判〉序言》,他们就已经明确地把自己的思想看作是具有"世界性"的了。在《哲学的贫困》当中,马克思已经不仅仅是批判德国思想家,而是从批判蒲鲁东入手(我们可以回想一下在《神圣家族》中,马克思是如何给予蒲鲁东以高度的评价),整个地批判欧洲的思想、理论,马克思"跟着蒲鲁东"从英国到德国再到法国,也即概括地叙述和批判了从亚当·斯密,再到蒲鲁东和法国经济学家魁奈所形成的一整套资产阶级的政治经济学和政治经济学的形而上学。在《共产主义原理》中,恩格斯明确地说:"共产主义革命将不是仅仅一个国家的革命,而是将在一切文明国家里,至少在英国、美国、法国、德国同时发生的革命……共产主义革命也会大大影响世界上其他国家,会完全改变并大大加速它们原来的发展进程,它是世界性的革命,所以将有世界性的活动场所。"②《共产党宣言》指出:"随着资产阶级的发展,随着贸易自由的实现和世界市场的建立,随着工业生产以及与之相适应的生活条件的趋于一致,各国人民之间的民族分隔和对立日益消失。无产阶级的统治将使它们更快地消失。"③在《〈政治经济学批判〉序言》中,马克思已经用"无论哪一个社会形态"这样的说法,宣称唯物史观适用于人类所有的社会形态:"无论哪一个社会形态,在它所能容纳的全部生产力发挥出来以前,是决不会灭亡的;而新的更高的生产关系,在它的物质存在条件在旧社会的胎胞里成熟以前,是决不会出现的。"④恩格斯因此在介绍马克思《政治经济学批判·第一分册》时,把马克思这段经典理论表述称为"新的世界观"⑤:"这种德国的经济学本质上是建立在唯物主义历史观的基础上的……这个原理不仅对于经济学,而且对于一切历史科学(凡不是自然科学的科学都是历史科学)都是一个具有革命意义的发现……新的世界观不仅必然遭到资产阶级代表人物的反对,而且也必然遭到一群想靠自由、平等、博爱的符咒来翻转世

---

① 《马克思恩格斯选集》第 1 卷,人民出版社 1995 年版,第 115 页。
② 《马克思恩格斯选集》第 1 卷,人民出版社 1995 年版,第 241 页。
③ 《马克思恩格斯选集》第 1 卷,人民出版社 1995 年版,第 291 页。
④ 《马克思恩格斯选集》第 2 卷,人民出版社 1995 年版,第 33 页。
⑤ 《马克思恩格斯选集》第 2 卷,人民出版社 1995 年版,第 39 页。

界的法国社会主义者的反对。这种世界观激起了德国庸俗民主主义空喊家极大的愤怒。"①并且从这以后,恩格斯就用"新的世界观"、"不再是哲学而只是世界观"这样的说法形容马克思的理论。

至于为什么会这样,首先是因为这个时期(1845—1859)马克思和恩格斯已经在欧洲游历数十年,积极参与无产阶级斗争;其次是得力于马克思对于政治经济学的研究。只有在马克思完成了两大发现(唯物史观和剩余价值)、对当时世界资本主义生产作了详尽的分析,按照恩格斯的说法,就是"进一步发挥我们的唯物主义论点,并把它应用于现时代"②以后,马克思主义才真正走向世界。

三

但是从那以后,到了晚年(1871 年以后,即《资本论》出版,巴黎公社以后),马克思和恩格斯的思想又出现了向"地域性"回归的倾向。但这个"地域性"不同于他们早年把自己限于德国境内的地域性,而是把"世界性"与各国的"地域性"相结合,是一个否定之否定的回归,因而是一个全新意义上的地域性。它主要表现在:

一是马克思理论的"世界性"本身在汲取"地域性"实践的过程中得到发展。例如《共产党宣言》"1872 年德文版序言"里这样说:"由于首先有了二月革命的实际经验而后来尤其是有了无产阶级第一次掌握政权达两月之久的巴黎公社的实际经验,所以这个纲领现在有些地方已经过时了。特别是公社已经证明:'工人阶级不能简单地掌握现成的国家机器,并运用它来达到自己的目的。'"③1895 年,恩格斯在回顾历史时说:"历史表明我们也曾经错了,暴露出我们当时的看法只是一个幻想。"④正因为如此,恩格斯非常强调马克思的"一般原理"与"具体情况"的结合:"我们的理论是发展着的理论,而不是必须背得烂熟并机械地加以重复的教条。"⑤"我们的历史观首先是进行研究工作的指南,并不是按照黑格尔学派的方式构造体系的

---

① 《马克思恩格斯选集》第 2 卷,人民出版社 1995 年版,第 37—39 页。
② 《马克思恩格斯选集》第 2 卷,人民出版社 1995 年版,第 38 页。
③ 《马克思恩格斯选集》第 1 卷,人民出版社 1995 年版,第 249 页。
④ 《马克思恩格斯选集》第 4 卷,人民出版社 1995 年版,第 510 页。
⑤ 《马克思恩格斯选集》第 4 卷,人民出版社 1995 年版,第 681 页。

诀窍。"①越到后来,恩格斯越强调他和马克思的"唯物主义方法"的世界观意义:"如果不把唯物主义方法当作研究历史的指南,而把它当作现成的公式,按照它来剪裁各种历史事实,那它就会转变为自己的对立物。"②众所周知,马克思晚年曾说过,"我只知道我自己不是马克思主义者"③,恩格斯曾数次引用这个话,并不是批评那些没有仔细阅读马克思著作、研究马克思文本的人,而是用以批评那些只会简单地套用马克思理论的只言片语、而不肯下功夫研究具体情况的法国青年"马克思主义者"的。

二是马克思理论的"世界性"在实践过程中要受到"地域性"的制约。例如马克思在《给〈祖国纪事〉杂志编辑部的信》中就这样说:"他(米海洛夫斯基)一定要把我关于西欧资本主义起源的历史概述彻底变成一般发展道路的历史哲学理论,一切民族,不管它们所处的历史环境如何,都注定要走这条道路⋯⋯ 他这样做,会给我过多的荣誉,同时也会给我过多的侮辱⋯⋯极为相似的事变发生在不同的历史环境中就引起了完全不同的结果。如果把这些演变中的每一个部分都分别加以研究,然后再把它们加以比较,我们就会很容易地找到理解这种现象的钥匙。但是,使用一般历史哲学理论这一把万能钥匙,那是永远达不到这种目的的,这种历史哲学的最大长处就在于它是超历史的。"④在《给维·伊·查苏利奇的复信》当中,马克思明确地认为自己关于社会发展道路的"必然性"的理论"只限于西欧各国",他在复信的初稿中强调指出,俄国有它自己的特殊情况,它"能够不通过资本主义制度的卡夫丁峡谷,而占有资本主义制度所创造的一切积极的成果"⑤。另外,针对各国的不同情况,马克思和恩格斯都分别给出了不同的革命斗争的策略指导。比如对意大利的革命,恩格斯这样说:"农民将会支持他们(指革命者——引者注)。农民虽然由于土地分散和不识字而没有可能表现任何有效的主动精神,但是毕竟是强大的和不可缺少的同盟者。"⑥但对德国革命者,恩格斯又这样说:"小农和那些咄咄逼人的聪明绝

---

① 《马克思恩格斯选集》第4卷,人民出版社1995年版,第692页。
② 《马克思恩格斯选集》第4卷,人民出版社1995年版,第688页。
③ 《马克思恩格斯选集》第4卷,人民出版社1995年版,第695页。
④ 《马克思恩格斯选集》第3卷,人民出版社1995年版,第341—342页。
⑤ 《马克思恩格斯选集》第3卷,人民出版社1995年版,第770页。
⑥ 《马克思恩格斯选集》第4卷,人民出版社1995年版,第453页。

顶的有教养的人,是最大的障碍。"①如果人们企图从中寻找马克思主义关于农民问题的统一的经典的论述,那就只能面对各种似乎相互矛盾的论述而莫衷一是了。

为什么马克思理论会出现这种回归到"地域性"的情况? 因为马克思和恩格斯"首先是一个革命家"。马克思主义的基本价值取向是不会变的,思想原则也是从一开始就定下来的。但具体到在实践中如何运用这些原则,以达到无产阶级革命的胜利,这个策略是要根据具体情况的不同而变化的,对这个问题,马克思和恩格斯一开始注意得不多,但后来,随着他们越来越多地参与国际工人运动,他们对这一点就比较强调,讲得也比较多了。

四

在 20 世纪马克思主义的传播发展过程中,马克思主义这个"世界性与地域性相结合"的特点受到了高度重视。列宁强调说:"马克思主义的全部精神,它的整个体系,要求人们对每一个原理都要(a)历史地,(b)都要同其他原理联系起来,(c)都要同具体的历史经验联系起来加以考察。"②阿尔都塞曾提出他自认为非常重要的马克思理论研究的三条原则,其中一条就是:"每个独特的思想整体(这里指的是某个具体个人的思想)的意义并不取决于该思想同某个外界真理的关系,而取决于它同现有的意识形态环境,以及同作为意识形态环境的基地并在这一环境中得到反映的社会问题和社会结构的关系。"③

中国共产党战斗历程的 90 年,就是马克思主义与中国实际相结合的 90 年,也可以说就是马克思主义形成带有中国"地域性"特点的理论的 90 年。党的第一代领导人毛泽东同志首先提出了"马克思主义中国化"的命题,开创了马克思主义与中国具体实际相结合的道路。邓小平同志提出"解放思想,实事求是"的思想路线,他在党的十二大报告中指出:"我们的现代化建设,必须从中国的实际出发……把马克思主义的普遍真理同我国的具体实际结合起来,走自己的道路,建设有中国特色的社会主义,这就是

①　《马克思恩格斯选集》第 4 卷,人民出版社 1995 年版,第 694 页。

②　《列宁选集》第 2 卷,人民出版社 1995 年版,第 785 页。

③　[法]阿尔都塞:《保卫马克思》,顾良译,商务印书馆 1984 年版,第 42 页。

我们总结长期历史经验得出的基本结论。"①胡锦涛同志在总结改革开放 30 年的历史经验的报告中强调说:"30 年的历史经验归结到一点,就是把马克思主义基本原理同中国具体实际相结合,走自己的路,建设中国特色社会主义。"②在这个过程中,我们一方面要不断地"回到马克思",即回到马克思主义理论的"世界性"本身;另一方面也决不能忘记马克思主义的"地域性"。现今,理论界有一个很响亮的口号:"回到马克思"。许多人把它理解为"政治淡出,学术凸显",似乎只有纯理论和学术的研究,只有完全回到马克思本人的著述,才算是"回到了马克思",而忘记了马克思主义理论本身正是"世界性与地域性的结合"。马克思主义发展过程中的基本经验告诉我们,研究和推进马克思主义,必须牢牢把握住这个基本特点。否则,对马克思主义基本原理的学习和应用就会走入歧途。

(作者单位:浙江工商大学)

---

①　《邓小平文选》第 3 卷,人民出版社 1993 年版,第 2—3 页。
②　胡锦涛:《在纪念党的十一届三中全会召开 30 周年大会上的讲话》,《光明日报》2008 年 12 月 19 日。

马克思的生态文明消费观探析*

胡　建

生产、交换、分配、消费是人类经济生活不可或缺的四大环节。马克思曾这样论证消费的重要性：一切人类生存的第一个前提，也就是一切历史的第一个前提，"人们为了能够'创造历史'，必须能够生活。但是为了生活，首先就需要吃喝住穿以及其他一些东西"②，因此，"人从出现在地球舞台上的第一天起，每天都要消费，不管在他开始生产以前和在生产期间都是一样"③。这就是说，消费构成人类生存发展和社会活动的前提，所以，它乃是人类本原性活动的组成部分。消费可以被定义为：人们在一定的社会经济关系中并借助于这种社会经济关系所进行的用物品或劳务满足自己生产和生活需要的行为及其过程。消费的这种地位，决定了它必须与生产发展水平相适应，与资源、环境的承受能力相协调，这是消费的基本准则和客观要求。马克思正是据此探讨"消费合理性"的价值所在的。

一、马克思的"消费合理性"意义之历史性转向

马克思首肯的第一种"消费合理性"意义，是驻足于工业文明视角的"生产无限发展→消费无限提高"取向。这有着历史的必然性。马克思的学说是"实践唯物主义"，而"实践唯物主义"的首要原则就是"实事求是"，即根据现实存在的境遇来说明事物的本质。在马克思生活的工业文明早

*　此论文为国家社会科学基金项目"马克思的生态文明思想及其当代影响"（11BKS006）的阶段性研究成果。

②　《马克思恩格斯文集》第1卷，人民出版社2009年版，第531页。

③　《马克思恩格斯文集》第1卷，人民出版社2009年版，第196页。

期,消费主流表现为:由于工业文明发展的不充分,广大劳动群众与无产阶级陷于生产不足与社会分配不合理的困境,导致其基本生活需要难以满足;在这种境遇中,合理限度内的消费增长能够拉动和促进经济社会发展,解决广大群众的普遍贫困问题。据此,"消费"的理路被马克思诠释为:由于生产劳动实践是人类社会存在与发展的基础,而人的劳动是有目的的定向活动,其方向与目的是由人的需要规定的,所以,"需要"是劳动的起点与归属;事实上,"需要"作为劳动的归属,突出地表现在"消费"方面,"没有生产就没有消费;没有消费就没有生产"。① 这就是说,消费不仅以"需要"满足的方式表征着上一生产过程的终点,而且是下一生产过程的发端,因为生产不仅满足了消费的需要,而且还产生了新的消费欲求,而这种新的消费欲求为生产提供新的想象对象,定出新的启动目的,从而推动着劳动继往开来。在这个意义上,作为人类本质的社会生活亦可视为消费过程,它包括作为社会劳动的生产消费过程与维持人的生存发展的生活消费过程;而人类社会就是沿循这种"生产无限发展→消费无限提高"的路向永恒演进的。依据这种视角,资本主义本质上的不合理处就在于:因为生产社会化与生产资料私有制的质底矛盾,它最终必将使生产关系成为生产力发展的桎梏,由此阻碍消费层次的无限提高而成为人类追求幸福的"拦路虎",这决定了资本主义制度迟早要被人类所扬弃。

　　然而,当马克思进一步细化剖析资本主义的消费问题时,另一种消费模式也映入了他的眼帘:同样由于生产资料的资本主义私有制,在那些凭借生产资料剥削他人而致富的人们中,却萌生出一种"异化消费"的现象:过度消费、超前消费、奢侈消费、炫耀性消费以及野蛮消费等不良风气滋生蔓延。马克思敏锐地感悟到,这种异化消费必将演化为资本主义消费的主要模式。其内在规律在于:在资本主义条件下,由于市场经济就是资本运作的经济,而资本的本性是追求价值增值,因而刺激消费增长就是资本增值的内在要求。它主要表现为:"第一,要求扩大现有的消费量;第二,要求把现有的消费推广到更大的范围,以便造成新的需要;第三,要求生产出新的需要,发现和创造出新的使用价值。"②这样,在资本力量的推动下,消费已不再仅仅是满足人自身的需要,而是为了使资本获取更大的利润。于

---

① 《马克思恩格斯选集》第 2 卷,人民出版社 1971 年版,第 96 页。
② 《马克思恩格斯全集》第 46 卷(上),人民出版社 1979 年版,第 391 页。

是,日常生活的消费品变成了货币符号,变成了资本增值的工具,而过度消费、奢侈消费也成为资本运作之必需;而处于资本逻辑统治下的人们必将迎合这种消费模式,因为它完全适应由长期私有制陶育出来社会心理——"贪欲"。然而,这种"生产无限发展→消费无限提高"的模式在质底上是不可持续的。因为"无限的生产"和"无限的消费"其实并不是一个自足的体系,它面临着"外部"环境的制约,有着自然资源"临界点"的限制。换言之,生产与消费并非完全是自洽的,自然资源和环境始终构成它不可超越的外部制约条件。在这种情势下,当工业文明向着"生产无限发展→消费无限提高"的价值目标高歌猛进时,那潜存的生态病灶迟早会发作出来,并且最终将导致危及人类生存的自然根基的生态危机。

这迫使马克思将"消费合理性"的目光从工业文明转向生态文明。所谓生态文明,指称超越工业文明的、以解决人类和自然之间危机为使命的、关乎人类未来和发展命运的崭新的人类与自然之间的关系模式;它是人类对自身与自然关系的理论反思与实践调整,力图实现两者之间的"和谐"与共生;在这个意义上,生态文明乃人类文明发展史上的新历史阶段,它为人类后工业文明的发展指明了方向。而当马克思的研究立场转变为生态文明后,工业文明的消费模式便成为他反思批判的对象。

二、对资本主义异化消费模式的价值认同系统
——"三大拜物教"的批判

依据马克思主义的视角,历史发展的终极原因内在于生产方式的演进;但在现实中,作为客体的生产方式不能直接推动历史,因为生产方式在本质上无非是人类劳动活动的对象化产物,它标志着主体本质力量的客观存在形式;因此,生产方式对历史的现实决定作用只能通过由它创造的文化价值被社会人们所接受,并借助历史主体对这些价值的实践而成为现实。在这个意义上,社会文化价值认同系统及其演化对于人类历史具有举足轻重的意义。它具体表现为:任何一种文化模式,除了赋有自身的生产方式、政治制度等硬件结构外,都必然具备着通过自我确认而内化为民族心理的文化价值认同体系,这就是所谓的"教统";这个"教统"一经形成,就像经纬参差的"文化基因",无形中统摄着社会机体的各个领域;而只要不发生"基因突变",它就能决定历史沿着既定的价值认同方向作永久性的惯

性运行。马克思指出:决定工业文明的文化价值认同系统是资本主义社会特有的"三大拜物教"。

首先是"商品拜物教"。其形成的渊薮是:在资本主义的商品经济中,劳动产品脱离劳动者而采取商品这种"社会形式"或"形式规定",导致了商品和商品世界的神秘性。马克思指出:从使用价值和价值的关系来看,"商品作为使用价值满足一种特殊的需要,构成物质财富的一种特殊的要素。而商品的价值则衡量该商品对物质财富的一切要素的吸引力的大小,因而也衡量该商品占有者的社会财富"①。一个商品的价值越大,它能够交换到的其他商品就越多,它对其他商品的吸引力也就越大;据此,它的占有者所拥有的社会财富也就越多,其社会地位也就越高。这导致商品似乎成为凌驾于人并支配人的独立主体,它迫使人们以追求更多的商品占有与商品消费作为体现人生价值的根本尺度。于是,"我们就得逃到宗教世界的幻境中去。在那里,人脑的产物表现为赋有生命的、彼此发生关系并同人发生关系的独立存在的东西。在商品世界里,人手的产物也是这样。"②这就是说,在商品经济条件下,人们对商品的关系,就如同宗教信徒对其偶像的关系;尽管任何偶像都是经由人自己建树起来的,但人们却反过来为这些偶像所控制,在其面前顶礼膜拜、唯命是从。马克思深刻地揭示了"商品拜物教"的质底:"商品形式的奥秘不过在于:商品形式在人们面前把人们本身劳动的社会性质反映成劳动产品本身的物的性质,反映成这些物的天然的社会属性,从而把生产者同总劳动的社会的关系反映成存在于生产者之外的物与物之间的社会关系。由于这种转换,劳动产品成了商品,成了可感觉而又超感觉的物或社会的物。正如一物在视神经中留下的光的印象,不是表现为视神经本身的主观兴奋,而是表现为眼睛外面的物的客观形式。但是在视觉活动中,光确实从一物射到另一物,即从外界对象射入眼睛。这是物理的物之间的一种物理关系。相反,商品形式和它借以得到表现的劳动产品的价值关系,是同劳动产品的物的性质以及由此产生的物的关系完全无关的。这只是人们自己的一定的社会关系,但它在人们面前采取了物与物的关系的虚幻形式。"③

其次是"货币拜物教"。"商品拜物教"必然发展为"货币拜物教"。因

---

① 马克思:《资本论》第1卷,人民出版社2004年版,第156页。
② 马克思:《资本论》第1卷,人民出版社2004年版,第90页。
③ 马克思:《资本论》第1卷,人民出版社2004年版,第89—90页。

为"自从有可能把商品当作交换价值来保持,或把交换价值当作商品来保持以来,求金欲就产生了。"①这就是说,自从社会具有了把商品当作"交换价值"而不是当作"使用价值"来保持的需要,它就必然产生"一切向钱看"的"求金欲"——"货币拜物教"。因为货币不仅是"等价物",而且是"一般等价物"。作为等价物,货币是商品价值的代表;而作为一般等价物,货币甚至是商品价值的"唯一代表"。无论什么样的商品,只有通过货币,才能把自己的价值表现出来;只有同货币相交换,才能实现自己作为商品的价值。货币作为"等价物"或处于等价形式,可以直接与处于相对价值形式的商品相交换,而货币作为"一般等价物",则不仅具有"可直接交换"的性质,而且具有"普遍的可直接交换"的性质。这样,在现实中,只要拥有了货币,就意味着拥有了商品,而且是任何种类的商品。于是,"随着商品流通的扩展,货币——财富的随时可用的绝对社会形式——的权力增大了"②。如果进一步延伸,随着货币权力的不断增大,它还会最终溢出"商品交换"的范围,向社会经济生活实行全方位的蔓延和渗透。"因为从货币身上看不出它是由什么东西转化成的,所以,一切东西,不论是不是商品,都可以转化成货币。一切东西都可以买卖。流通成了巨大的社会蒸馏器,一切东西抛到里面去,再出来时都成为货币的结晶。连圣徒的遗骨也不能抗拒这种炼金术,更不用说那些人间交易范围之外的不那么粗陋的圣物了。正如商品的一切质的差别在货币上消灭了一样,货币作为激进的平均主义者把一切差别都消灭了。"③据此,"货币拜物教"必然衍生出这样的社会消费格局:货币根据自己的意志消除了所有的等级差别,什么都可以变成货币,货币就是一切,一切都是货币。马克思深入肌理地昭揭出"货币拜物教"的本质:事实上,货币是从商品中分离出来固定充当一般等价物的商品,作为物与物交换的中介,货币以物的形式更深地掩盖了社会关系,"当一般等价形式同一种特殊商品的自然形式结合在一起,即结晶为货币形式的时候,这种假象就完全形成了。一种商品成为货币,似乎不是因为其他商品都通过它来表现自己的价值,相反,似乎因为这种商品是货币,其他商品才通过它来表现自己的价值。中介运动在它本身的结果中消失了,而且没有留下任何痕迹。商品没有出什么力就发现一个在它们之外、与它们并成的商品体是

---

①　马克思:《资本论》第 1 卷,人民出版社 2004 年版,第 154 页。

②　马克思:《资本论》第 1 卷,人民出版社 2004 年版,第 154 页。

③　马克思:《资本论》第 1 卷,人民出版社 2004 年版,第 155 页。

它们现成的价值形态。这些物，即金和银，一从地底下出来，就是一切人类劳动的直接化身。货币的魔术就是由此而来的。"①

最后是"资本拜物教"。"货币拜物教"的逻辑就是导向"资本拜物教"。因为从货币来分析，"货币加入流通这一行为本身必然是保持其原状的一个要素，而它要保持原状必然要加入流通。也就是说，货币作为已经实现的交换价值，必须同时表现为交换价值借以实现的过程。货币同时就是作为纯粹物的形式的自身的否定。不如说，货币必然表现为财富的生产，而财富必须表现为个人在生产中的相互关系的结果"②。然而，货币单纯加入流通并不能实现价值增值。只有劳动力成为商品、货币转化为资本，价值增殖才能成行。于是，随着劳动力成为商品，货币拜物教也发展为资本拜物教。"资本拜物教"的幻象表现为：将价值增值视为资本自有的魔力，即"资本作为财富一般形式——货币——的代表，是力图超越自己界限的一种无止境的和无限制的欲望"③。而劳动与财富的关联被无情割裂。马克思以"生息资本"为例来厘清"资本拜物教"的实质：在生息资本的运动（G—G）中，资本表现为自行增殖的价值；资产阶级经济学家甚至提出了"三位一体公式"，即资本—利润、土地—地租、劳动—工资，它抹杀了任何价值都源于劳动的事实；因此，在"三位于一体中，资本主义生产方式的神秘化，社会关系的物化，物质生产关系和它的历史社会规定性直接融合在一起的现象已经完成：这是一个着了魔的、颠倒的、倒立着的世界。在这个世界里，资本先生和土地太太，作为社会的人物，同时又直接作为单纯的物，在兴妖作怪"④。这必然会促使资产阶级一有可能就将手中的货币转化为资本，以便通过不断剥削工人的"剩余价值"而使自己的财富达到最大值。

三、关于生态文明消费观的未来展望

依据马克思的思路，要彻底克服资本主义的异化生产与异化消费模式，首先必须扬弃"三大拜物教"而实现社会文化价值认同系统的生态文明转型，因为只有完成了社会价值体系的"基因突变"，才能使工业文明的价

---

① 《马克思恩格斯全集》第 23 卷，人民出版社 1972 年版，第 92 页。
② 《马克思恩格斯全集》第 46 卷（上），人民出版社 1979 年版，第 186 页。
③ 《马克思恩格斯全集》第 46 卷（上），人民出版社 1979 年版，第 299 页。
④ 《马克思恩格斯全集》第 25 卷，人民出版社 1975 年版，第 938 页。

值观被生态文明的意义体系所取代,据此,人类才能按照新的价值认同系统来建构未来社会的生活模式。然而,当马克思沿循这一逻辑思考时,却发现"三大拜物教"在工业文明(以资本主义为代表)的生活模式中难以克服,因为归根结底,"不是社会意识决定社会存在,而是社会存在决定社会意识"。于是,马克思的最后结论是,人类要克服"三大拜物教",必须扬弃工业文明的"必要劳动"生活模式而实行共产主义的"自由劳动"生活模式,因为后者是构成生态文明价值认同系统的社会存在条件。

马克思这样来论证"自由劳动"生活模式的逻辑:首先,共产主义取代资本主义具有破天荒的意义,它意味着人终于走出了人类史前的"必然王国"而进入属人历史的"自由王国"。而"自由王国只是在由必需和外在目的规定要做的劳动终止的地方才开始;因而按照事物的本性来说,它存在于真正物质生产领域的彼岸"①。其次,在共产主义条件下,人类尽管还需要一定的"必要劳动"(为维持人类生存发展而"由必需和外在目的规定要做的劳动")基础,但由于生产力与科技的高度发达,使得"必要劳动"能够由社会来调节且其时间缩短到最低限度,人们就有了充分的自由时间来从事全面发展自由个性与实践能力的自由劳动("存在于真正物质生产领域的彼岸"的劳动),所以,社会主要实行"自由劳动"的生活模式。再次,"自由劳动"的生活模式必须奠基于公有制——马克思意义的"社会个人所有制"——之上。因为自由劳动的前提乃劳动者必须与生产资料直接结合,只有劳动者既是生产资料的所有者又是其使用者时,他们才能真正具有劳动的自由;因此,"社会个人所有制"采取集"社会所有"(公有)与"劳动者个人所有"两位一体的形式,即社会所有制以个人所有制为基础,而个人所有制以社会所有制为前提,以此实现联合起来的社会劳动者占有社会化的生产资料。最后,只有在共产主义公有制下,社会才能实现"各尽所能,按需分配"的自由劳动生活模式。这里的"各尽所能",指每个人根据自己的兴趣与能力选择最能发展自由个性的具体劳动形式;"按需分配"则指社会根据每个人自由劳动的需要分配生产资料的使用权。例如,喜欢作曲者获得钢琴与曲谱的使用权,热衷渔业者分得渔船与渔具的使用权……这才是公有制的根本性功能。这样,当每个人都能借助自由劳动充分发展自由个性时,就使得人"不是在某一规定性上再生产自己,而是生产出他的全面性;

---

① 《马克思恩格斯全集》第25卷,人民出版社1975年版,第926页。

不是力求停留在某种已经变成的东西上，而是处在变易的绝对运动之中"①。而当所有人的自由个性都得到充分发展时，人类就实现了文化上的全面发展。马克思进而指出：生态文明的消费观只有在"自由劳动"的生活模式中才能成为社会文化价值认同系统。这是因为：

其一，就人类而言，由于生产资料"公有制"取代了资本主义"私有制"，使"三大拜物教"失去了制度性保障，这为生态文明消费观的确立开拓了通途。马克思指出："三大拜物教"的社会存在基础是资本主义私有制，在这种制度中，人类尚处于"以物的依赖性为基础的人的独立性"（马克思语）的历史阶段，据此，人类由对"物"的依赖而激发起的"三大拜物教"是无可规避的；此外，囿于私有制的运行规律，由利益分裂而形成的个人与企业无法以"人类"的身份全面并合理地处理人与自然的关系，这决定了双方必然永远处于矛盾的张力中。而在共产主义的公有制条件下，"共产主义和所有过去的运动不同的地方在于：它推翻一切旧的生产关系和交往关系的基础，并且第一次自觉地把一切自发形成的前提看作是前人的创造，消除这些前提的自发性，使它们受联合起来的个人支配"②。这样，人就能够正确地认识隐藏在"物与物"关系背后的真实的"人与人"之间的社会劳动关系，并以奠基于公有制的"人类"视角来正确安排自身的生产与生活，从而做到："社会化的人，联合起来的生产者，将合理地调节他们和自然之间的物质交换，把它置于他们的共同控制之下，而不让它作为盲目的力量来统治自己；靠消耗最小的力量，在最无愧于和最适合于他们的人类本性的条件下来进行这种物质变换"③，即真正实现人与自然的互补共进关系。这样，一方面，"商品拜物教"因失去了社会存在的支持而难以为继；另一方面，生态文明的消费观——正义的合理性消费观、绿色的可持续消费观、爱护环境的伦理性消费观、重在精神的审美性消费观等，却因获得了制度性的保障而迟早会成为人类文化价值认同系统。

其二，就社会而言，由于"自由王国"取代了"必然王国"，使"生产无限发展→消费无限提高"的社会目标失去了规律性前提，从而必然让路于生态文明的消费观。在马克思的眼里，人是自由的存在物，"一个种的全部特

---

① 《马克思恩格斯全集》第46卷（上），人民出版社1979年版，第486页。

② 《马克思恩格斯选集》第1卷，人民出版社1995年版，第122页。

③ 《马克思恩格斯全集》第25卷，人民出版社1975年版，第926—927页。

性,种的类特性就在于生命活动的性质,而人的类特性就是自由自觉的活动"①。据此,社会的目标本应是人以群体的力量追求人类"自由自觉的活动"的能力。但在前共产主义的"必然王国"时期,由于历史尚属于以维持人的生存与再生产人的生命为目的的物质生产领域(必要劳动领域),所以,它不可避免地要以"生产无限发展→消费无限提高"为价值指向;这种指向尽管具有历史的合理性,但在终极关怀的意义上却是不符合人的本质追求的。因为生产力无论怎样发达,都不能突破生态环境的制约;地球是个相对封闭的自循环体系,它可供人类开发和消费的资源在质底上是有限度的;所以,如果人的消费欲望没有自觉地受到约束,其无限性与外部环境的有限性之间就必定会发生激烈的冲突,这又必定会导致生态危机。而"在这个必然王国的彼岸,作为目的本身的人类能力的发展,真正的自由王国,就开始了"②。这就是说,"存在于必然王国彼岸"的共产主义已不以此岸的"生产无限发展→消费无限提高"为价值取向,而以"作为目的本身的人类能力的发展"为社会目标。这种社会目标以人能具备上天(借助航天飞机)入水(通过潜艇),无所不能的本质力量及"个人与社会相统一为本位"的高尚道德水准为目的。于是,它既适应了人类追求无限发展的需求,又避免了这种"无限"与"有限"的自然生态之间的永远对立。从质底看,这种社会目标为生态文明的消费观提供了理论根据。因为依据它的视角,尽管消费是人类生存与发展的重要前提,满足人的需要是消费的重要目的,但是,消费不是人生的根本目的,消费是为了生活,但生活不是为了消费。人类的目的应该是追求自由而全面发展的能力。因此,社会在每个公民的基本生理需要都得到满足之后,有责任引导大家建立高级的发展需要和高尚的消费行为,个人有义务践履消费正义的价值原则,确立消费的生态视野、社会关怀和意义关照。而只有当社会从根本上认同并实践生态文明的消费观时,人类才能最终避免生态危机。

其三,就个人而言,由于"自由劳动"的生活模式超越了"必要劳动"的生活模式,使得"异化消费"失去了作为生活目的的资格,从而必然被生态文明的消费观所演替。依据马克思的视角,个人作为"人类"的具体载体,自由自觉的本质应该落实至个人,因为"共性只有寓于个性才能存在"。据

---

①　《马克思恩格斯全集》第 42 卷,人民出版社 1979 年版,第 96 页。

②　《马克思恩格斯全集》第 25 卷,人民出版社 1975 年版,第 927 页。

此,个人依据劳动实践追求自由个性的发展才是正途。然而在"必然王国"时期,由于"劳动"主要采取"工作—谋生"的"必要劳动"形式,其中的极端形式便是资本主义的"异化劳动"(私有制条件下的剥削性劳动)。异化劳动本质是:"我的劳动是自由的生命表现,因此是生活的乐趣。在私有制的前提下,它是生命的外化,因为我劳动是为了生存,为了得到生活资料。我的劳动不是我的生命。"①这样,"劳动对工人说来是外在的东西;也就是说,不属于他的本质的东西;因此,他在自己的劳动中不是肯定自己,而是否定自己,不是感到幸福,而是感到不幸,不是自由地发挥自己的体力和智力,而是使自己的肉体受折磨,精神遭摧残。因此,工人只有在劳动之外才感到自在,而在劳动中则感到不自在,他不劳动时觉得舒畅,而在劳动时就觉得不舒畅。因此,他的劳动不是自愿的劳动,而是被迫的强制劳动。它不是满足劳动需要,而只是满足劳动需要以外的需要的一种手段"②。这决定了人们只能将生活的意义定位于劳动之外的"异化消费"。然而,在共产主义的"自由王国"时期,劳动的主要形式已转化为"自由劳动"。"自由劳动"的价值维度与"必要劳动"有质的差异:自由劳动"给每一个人提供全面发展和表现自己全部的即体力的和脑力的能力的机会,这样,生产劳动就不再是奴役人的手段,而成了解放人的手段,因此,生产劳动就从一种负担变成一种快乐"③。根据"劳动是人的本质"的原理,"自由劳动"便成为生活的第一需要,而个人对其的热爱胜过享受(消费)。举个通俗的例子来说,当姚明爱好打篮球而后者又成为他自愿选择的、能发展自由个性的职业时,姚明对此种"自由劳动"的热爱与需求超过"享受"(消费)。在这种境遇中,"消费"也摆脱了"异化消费"的模式而归于"生态文明"范畴。具体表现为:就消费的目的而言,个人消费既要合乎自己的身心健康,又要符合良好的社会风尚;不仅满足于自己的个性发展需求,还要顾及社会效益。就消费的内容来说,个人消费既要实行经济上的绿色消费,更要注意社会、文化、心理等方面的精神消费;既要合乎伦理法规,又要符合人与人、人与自然、当代与后代之间的协调发展的理性要求。就消费方式来说,个人消费既要考虑到自己的财力,同时要考虑到社会影响,因为"一个人的消费行为不仅关系到本人的目的是否实现,也不仅关系到对别人的目标和利益是否有损

---

① 《马克思恩格斯全集》第 42 卷,人民出版社 1979 年版,第 38 页。
② 《马克思恩格斯全集》第 42 卷,人民出版社 1979 年版,第 120 页。
③ 《马克思恩格斯选集》第 3 卷,人民出版社 1971 年版,第 333 页。

害,而且影响到社会的风气"①。

综观全文,马克思的"消费观"历经了由工业文明的意义向生态文明价值的转型,通过对资本主义"三大拜物教"的批判,建构了生态文明消费观的未来展望。其主要内容为:人类要克服"三大拜物教",必须扬弃工业文明的"必要劳动"生活模式而实行共产主义的"自由劳动"生活模式,因为后者乃构成生态文明价值认同系统的社会存在条件。它具体表现为:就人类而言,由于生产资料"公有制"取代了资本主义"私有制",使"三大拜物教"失去了制度性保障,这为生态文明消费观的确立开拓了通途。就社会而言,由于"自由王国"取代了"必然王国",使"生产无限发展→消费无限提高"的社会目标失去了规律性前提,从而必然让路于生态文明的消费观。就个人而言,由于"自由劳动"的生活模式超越了"必要劳动"的生活模式,使"异化消费"失去了作为生活目的的资格,从而必然被生态文明的消费观所演替。

（作者单位:浙江行政学院政治学研究所）

---

① 厉以宁:《经济学的伦理问题》,生活·读书·新知三联书店 1995 年版,第 138 页。

马克思主义中国化理论成果的文本
类型及其传播策略研究

渠长根　郭　超

建党 90 多年以来,中国共产党不断把马克思主义同中国实际和时代特征相结合,开拓了具有中国特色的发展道路,解决了中国革命、建设和改革开放中的一系列实际问题,从而形成了马克思主义中国化的理论成果。马克思主义中国化的历程在一定意义上就是它的文本不断地生成、传播的过程,因此认真研究马克思主义中国化过程中的文本现象,包括类型、状态、传播等基本问题,具有特别的意义。

一、马克思主义中国化理论成果的文本内涵

"文本"一词,源于拉丁文的 texere,本意是波动、联结、交织、编织,并因此衍生了构建、构成、建造或制造等意义。狭义的"文本"是指任何由书写所固定下来的任何话,多用于语言学、翻译学、教育学等人文学科之中。对这些学科来说,"文本"指的是作品的可见可感的表层结构,是一系列语句串联而成的连贯序列。①

在新的社会条件下,随着学科之间的交叉与兼容态势的深化,"文本"被引入多种学科中,出现了诸如"电视文本""电影文本""计算机文本"等不同学科语境下的文本及其类型。因此,"文本"的概念也得以大大拓展,不再只是文字语言符号组成的实体。苏联符号学家洛特曼指出,文本是外观的,即用一定的符号来表示;它是有限的,即有头有尾;它有内部结

---

① 许小娟:《"被××"的话语学探讨》,《湖北第二师范学院学报》2010 年第 27 卷第 9 期,第 40 页。

构。这个说法大大拓展了"文本"概念的外延,组成文本的符号不再局限于文字语言,"文本"可以是由视觉语言、文字语言、声音语言、数字语言等各种符号,根据一定的排列和组合原则而构成的一种具有丰富意义内容的符号系统。

作为典型的人文社会学科,领袖作品、党的文件、政论编撰等毋庸置疑是马克思主义中国化理论成果最主要的文本形式;然而,在新的社会条件下,随着对马克思主义中国化理论成果文本的深入研究,马克思主义中国化理论成果的文本已经不再局限于纸媒等传统媒体,电影、电视、网络等文本形式的出现,大大促进了马克思主义理论成果文本类型的多样化和文本传播的高速性、便捷性。可以说,当今马克思主义中国化理论成果的全部知识和信息都以不同的形式存储在不同类型的文本中。梳理马克思主义中国化理论成果的文本类型和研究其传播策略,对马克思主义中国化理论成果的大众化至关重要。

二、马克思主义中国化理论成果的文本的类型

马克思主义中国化理论成果的文本是由视觉语言、文字语言、声音语言、数字语言等各种符号,根据一定的排列和组合原则而构成的一系列蕴含马克思主义中国化理论成果的相关知识和信息的符号系统。马克思主义中国化理论成果的文本类型是多种多样的,如果根据有无形状、有无质量、可否触摸,可以相对地二分为实体文本和虚拟文本。

(一)实体文本

实体文本是指有形状、有质量、可触摸的文本类型,属于较为传统的文本类型,也是一种主流的文本类型。由于其有形有质、可触摸,从而成为受众群体范围最广的文本类型。该文本类型大多不受文本传播对象的文化层次、社会阶层等限制。根据其是否可移动,可以继续二分为可移动的实体文本和不可移动的实体文本。

第一,可移动的实体文本。主要有书籍、报刊、磁带和 CD、VCD、DVD和 EVD 等。

书籍。这是马克思主义中国化理论成果文本中最常见也是最重要的

类型,是一种主要由文字语言符号和图像语言符合根据一定的排列和组合原则而构成的蕴含马克思主义中国化理论成果的密集纸质符号系统。主要包括各种领袖作品、党的文件和政论编撰等。它的传播对象为那些希望主动汲取马克思主义中国化理论成果的人,主要有公务人员、马克思主义理论研究人员和教育教学队伍。书籍能够全面、完整、系统地介绍马克思主义中国化理论成果的全部信息和知识,对其受众群体有着良好的传播效果。思想政治教育工作者应当充分利用书籍这种文本的便利性,制作符合各类文化层次和社会阶层可以接受的展示马克思主义中国化理论成果的书籍,拓展其受众范围。

报刊。运用报刊推动马克思主义中国化是我们党的优良传统。马克思主义在中国传播的初期,一些马克思主义者就通过创办报刊来宣传马克思主义。新中国成立以来,我国的报刊一直都是我党传播马克思主义中国化理论成果的前沿阵地。现如今,除了《人民日报》《光明日报》等全面展示马克思主义中国化理论成果的报刊之外,各地报刊都运用不同方式,不同程度地宣传了马克思主义中国化理论成果。报刊不仅受众群体广泛,而且具有传播速度快、传播内容新等优点,能使受众群体第一时间获取最精准的马克思主义中国化理论成果的最新进展。

磁带和CD。传统的磁带和CD主要是以转化而来的声音语言符号来传播马克思主义中国化的理论成果。磁带曾以歌曲、有声读物等形式在改革开放初期对马克思主义中国化理论成果的传播作出过一定贡献,而今,CD作为磁带的替代品,正以歌曲、有声读物、各种软件以及数字资料等形式为马克思主义中国化理论成果的传播发挥着余热。

VCD、DVD和EVD。它们都是以转化而来的视觉语言、声音语言、图像语言等符号根据一定的排列和组合原则而构成的能够蕴含马克思主义中国化理论成果的符号系统。它们大多为展现马克思主义中国化理论成果的视频内容,是一种以满足人们视觉、听觉需要的一种现代文本,以视听的方式对人们进行马克思主义中国化理论成果的宣传和教育。这类文本具有直观性较强、内容生动活泼、方式方法新颖、易于被人民群众所接受等特点。它们增强了文本传播的快捷性、趣味性,弥补了传统文本传播的缺陷。

第二,不可移动的实体文本。不可移动的实体文本不仅包括不可移动的标语、横幅、橱窗宣传栏等,还包括红色旅游产品、马克思主义中国化过程中杰出人物的遗迹和雕像等。

标语、横幅、橱窗宣传栏。普通民众的特点是文化水平参差不齐,整体水平偏低,难以掌握抽象理论。在深邃的马克思主义真理与人民大众间,标语、横幅、宣传栏等文本便可架起一座连接的桥梁。这与此类文本内容通俗易懂的特性与显著的传播效果是分不开的。标语简单凝练,易于识记和吸收;横幅放置于道路上方,位置醒目,具有强烈的感染力;宣传栏宣传内容较标语横幅全面,但传播效果较弱。思想政治教育工作者不仅要善于利用这些标语、横幅、宣传栏,使其成为宣传马克思主义中国化理论成果的重要阵地,而且要善于制作大众喜闻乐见、易于接受的标语、横幅、宣传栏内容,这样才能达到更加良好的传播效果。

红色旅游产品、马克思主义中国化过程中杰出人物的遗迹和雕像。遍布全国各地的红色旅游景区都蕴含着丰富的革命精神和厚重的历史文化内涵,每一处伟人的遗迹和雕像都折射出革命和建设英雄的崇高理想、坚定信念和高尚品质。红色旅游产品、马克思主义中国化过程中杰出人物的遗迹和雕像内容全面、形式多样,适合于不同年龄阶段、文化层次和社会阶层的人们。人们通过参观欣赏,切身体会到了中国革命和建设的艰苦历程,心灵得到了震撼,在轻松休闲的旅游氛围中潜移默化地接受了马克思主义中国化理论成果的教育。

(二)虚拟文本

虚拟文本是一种无形状、无质量、不可触摸的文本类型,较为新颖,是随着社会的发展和技术的进步应运而生的新兴文本。此类文本能够向社会中较高文化层次和社会阶层的人传播马克思主义中国化理论成果的知识和信息,拓宽了马克思主义中国化理论成果的传播范围。其形式多样、内容生动,具有良好的传播效果。其可以分为形神兼备、以形为主的文本与形神兼备、以神为主的文本两大类。

第一,形神兼备、以形为主的虚拟文本。形神兼备、以形为主的虚拟文本虽然无形状、无质量、不可触摸,但大多具有各自的表现形态。此类文本大多以较为直观的视听语言符号传播马克思主义中国化理论成果的知识和信息。

曲艺。曲艺是我国的传统艺术,有着悠久的历史和多样的表演形式,它通过说、唱以及高超的模仿等表演把形形色色的人物和各种各样的故事表现出来。曲艺的具体形式多种多样,有相声、小品、歌舞剧、戏剧……它们都创作了包含马克思主义中国化理论成果的作品,并广为传播,深得人民群众的喜欢。现如今,曲艺在不断创新和改进中,主要凭借其形式和内容的感染力、诱发力和震撼力来发挥对马克思主义中国化理论成果的传播作用。

网络。① 中国互联网络信息中心(CNNIC)于 2010 年发布了《第 26 次中国互联网络发展状况统计报告》,报告显示,截至 2010 年 6 月,我国网民达到 4.2 亿。可以说,用网络文本传播马克思主义中国化理论成果的受众群体的范围将越来越广。网络文本和书籍文本一样,也是需要以受众群体的自我需要为前提,但是能够全面、系统、完整地展示马克思主义中国化理论成果的知识和信息;网络和报刊文本一样,也能够第一时间传播马克思主义中国化的最新理论成果。网络文本丰富多彩、形式多样,有资讯类网站如人民网、中国共产党新闻网、新华网、党建资讯网等,也有学术类网站如马克思主义研究网。

活动。活动是马克思主义中国化理论成果文本中一种几乎可以涵盖所有语言符号,并根据一定的排列和组成原则而构成的复合文本形式。思想政治教育者为达到传播马克思主义中国化理论成果的目的,有意识地开展各种活动,寓马克思主义中国化理论成果的知识和信息于活动之中,使受教育者在活动过程中受到教育。活动文本突出了广泛的群众参与性和社会的实践性,具有良好的传播效果。

第二,形神兼备、以神为主的虚拟文本。形神兼备、以神为主的虚拟文本依然是由各种语言符号根据一定的排列和组合原则而构成的符号系统,但是它们不再是以直观的形态展现给受众群体,而是由各种传神的视觉语言、文字语言、声音语言等来传播马克思主义中国化的理论成果。

广播。广播是由转化而来的声音符号根据一定的排列和组合原则来传播马克思主义中国化理论成果的知识和信息的文本类型。在电视尚未诞生的年代,广播是中国人民了解世界和休闲娱乐的唯一方式,曾在马克思主义中国化理论成果之一的毛泽东思想的传播中起到中流砥柱的作

---

① 广义的网络为报刊电信网络、有线电视网络和计算机网络。狭义的网络即互联网。

用。由于电视和互联网的诞生，广播的受众群体大大减少，但是还是有一定的受众范围，主要集中在司机和企业职工两大群体之中。广播文本能够第一时间传播马克思主义中国化的最新理论成果。比如中央人民广播电台中国之声会在"两会"期间、中国共产党全国代表大会召开期间全天候24小时不间断播报大会动态，第一时间传播马克思主义中国化最新的理论成果并且邀请相关专家学者进行解读，不仅保证了传播速度，还保证了传播效果。

电影。电影是由转化而来的视觉符号和声音符号根据一定的排列和组合原则来传播马克思主义中国化理论成果的知识和信息的文本类型。利用电影艺术形式向人们传播马克思主义中国化理论成果历来就是我党的传统和优势。电影艺术虽然不能完整、全面、系统地展示马克思主义中国化理论成果的知识和信息，但是可以把马克思主义中国化理论成果的精神实质凝聚在主旋律电影中，以更加传神和生动的方式向受众群体传播马克思主义中国化理论成果的内涵。

电视。电视提供给受众的是视觉符号和声音符号有机结合而成的声画复合体。电视文本是指借由视觉语言、文字语言、有声语言等符号，根据一定的排列和组合原则而构成的一种具有丰富意义内容的符号系统。[①] 随着人民生活水平的日益提高，电视已经走进千家万户，并且深受各个年龄阶段、文化层次和社会阶层的人们喜爱，具有极广的受众群体。电视新闻节目能够第一时间甚至是现场直播马克思主义中国化的最新理论成果，并能对马克思主义中国化理论成果进行深入解读；主旋律电视剧凝结着马克思主义中国化理论成果的精神实质，传神地表达了马克思主义中国化理论成果的内涵；随着马克思主义中国化理论成果的深入宣传，与此相关的公益广告也频频出现在电视荧屏上，电视广告已经突破了地域限制，出现在各种公共场合，给更多的人民群众以潜移默化的影响。

囿于本人认知和视野，也从客观发展状况出发，所能感知得到的马克思主义中国化理论成果的文本类型基本如此。更多超出本人视野之外的潜在文本也或多或少地正在发挥着传播马克思主义中国化理论成果的知识和信息。我们有理由相信，更加丰富多彩和富有实效的新文本类型也一定会在社会进步中不断被创造出来。

---

① 王长潇：《电视文本解读中"未读"现象分析》，《当代传播》2008 年第 2 期，第 29 页。

三、马克思主义中国化理论成果文本传播的策略

马克思主义中国化理论成果的文本类型品种繁多、风格各异。不同的文本具有不同的传播特点,我们应当根据不同文本的不同传播特点,发挥各种文本的优势,突破各种文本的局限,综合利用多种文本来传播马克思主义中国化的理论成果。

(一)充分发挥标语口号的特殊价值

在诸多马克思主义中国化理论成果的文本之中,标语口号具有极广的受众群体范围和快速的传播速度。充分利用标语口号的特殊价值,能使马克思主义中国化理论成果的传播效果事半功倍。

标语口号中外都有,运用得好,不失为一种良好的宣传形式;过多和泛滥则往往会沦为一种形式主义。许多经过提炼浓缩的词语本来包含着深刻的思想内涵,如"三个代表""与时俱进"等等,需要人们,主要是党员领导干部去深入钻研、悉心体会、融会贯通于实践;如果把它胡乱贴得满大街都是,则有降低为商业广告之嫌,庸俗化的结果只能是导致公众的冷漠。对标语口号的宣传进行科学的管理与控制,提高宣传人员的文化与道德素质,形式上多样化现代化,内容上人性化温馨化,才会使标语口号重获生机,为今天的马克思主义中国化理论成果大众化工作再立新功。

(二)充分利用各种网络的快捷特性

在诸多马克思主义中国化理论成果的文本之中,网络具有极广的受众群体范围和极快的传播速度,具有传统媒体无法比拟的影响力。网络传播吸收了传统媒体的优势,超越了传统媒体的固有局限,拓宽了信息传播的广度和深度,为大众提供了快捷便利的信息获取途径。

加强马克思主义中国化理论成果的网络传播,必须强化阵地意识,采取主动进攻战略而不能被动防守。我们不仅要对网络进行监管,更要让网络为我们所用。2011年年初,中共浙江省委组织部主要领导带头开通腾讯

微博,省内其他各级党政机关纷纷主动开通了腾讯微博。① 党政机关单位开通微博,不仅能够促进政务公开,拉近党员干部和人民群众的关系,而且能把马克思主义中国化的最新理论成果第一时间传遍网络,让网络成为了宣传马克思主义中国化理论成果的主阵地之一。

(三)坚持以青年群体为主要传播对象

应当坚持以青年群体作为马克思主义中国化理论成果的主要传播对象,这主要是由青年群体在社会主义现代化建设中的重要地位和历史作用所决定的。新兴的马克思主义中国化理论成果的文本的出现,更使得思想政治工作者对青年群体的宣传方式更加多元化和个性化。

对青年群体传播马克思主义中国化理论成果的知识和信息,要综合利用好各种文本,根据青年特点,发挥不同文本对青年群体的作用。广播、曲艺、磁带等文本远离青年群体的生活,不适宜作为向他们传播马克思主义中国化理论成果的文本。除了书籍、报刊、电视、标语、横幅等大众传播文本之外,思想政治教育工作者要善于发挥网络文本的便捷性、活动文本的实践性、电影文本的生动性,坚持用青年群众乐于接受的文本形式传播马克思主义中国化理论成果的知识和信息。

(四)坚持通俗化,追求大众化

坚持马克思主义中国化理论成果的通俗化,就是要实现马克思主义中国化理论成果理论术语向大众化语言的转化,要把理论性的、体系化的马克思主义中国化理论成果转化成人民群众的政治信念和行为准则,要把抽象的理论通俗化、具体化,要使马克思主义中国化理论具有新鲜活泼的、为中国老百姓喜闻乐见的中国作风和中国气派。这就要使思想政治教育工作者要善于提炼马克思主义中国化理论成果的精华和实质,把他们融入到各类文本之中,特别是老百姓喜闻乐见的文本之中。

追求马克思主义中国化理论成果的大众化,就是要求全中国不同年龄阶段、不同文化水平、不同社会阶层和不同地域的人民都能够接受到马克思主义中国化理论成果的教育。这就离不开传播文本类型的多样化和现

① 滕昶:《浙江省委组织部长蔡奇网上实名"织围脖"》,http://do. chinabyte. com/141/11781641. shtml,2011 年 5 月 16 日。

代化。在改革开放以前,思想政治教育工作者除了利用书籍、报刊等传统文本来传播马克思主义中国化的理论成果,还充分利用标语、横幅、宣传栏、曲艺、广播、电影等各种文本,多方位、多角度来灌输马克思主义中国化的理论成果。当今社会处于信息化时代,网络、电视等成为了信息化社会的主要传播文本类型。这些文本的产生发展极大地改变了信息传播的方式,逐步成为信息传播的主要手段。新兴传播文本与传统传播文本相结合,从而使广大人民群众在日常的生活、学习、工作甚至娱乐中,潜移默化地学习、信仰、运用了马克思主义中国化的理论成果,大大提高了马克思主义中国化理论成果的传播效果。

(作者单位:浙江理工大学)

马克思主义的历史主义方法论探析

林　伟

一

历史主义这一概念,指的是从历史的联系和变化中考察对象的原则和方法,这就是说,它是一种方法论。历史主义作为方法论,早就引发了历史学、社会学和哲学等学界许多学者的研究和探讨。黑格尔是一个有代表性的人物,他明确且系统地阐述了历史主义这一原则,试图把人类历史说成是具有某种必然性的过程。但黑格尔是一个唯心主义者,他在《历史哲学讲演录》一书的末尾中提到,他们考察的仅仅是概念的前进运动,他在历史方面描述了"真正的神正论"。这种把人类社会历史本身看作是"概念的前进运动"的唯心主义历史观,注定他研究"历史主义"这一原则和方法的成果不可能是科学的理论。历史主义的原则和方法,只有到了马克思、恩格斯和列宁的手里,才真正得到了科学的阐发和应用。

然而,科学的马克思主义的历史主义方法论,却遭到了现代西方思想理论家卡·波普尔的攻击。卡·波普尔 1907 年 7 月 28 日出生于维也纳,为奥籍犹太人,1928 年获维也纳大学博士学位。由于纳粹排犹,他先去英国,再去新西兰任坎特伯大学讲师。第二次世界大战后,他重返英国任伦敦政治经济学院的逻辑与科学方法教授,1964 年受封为爵士,1969 年退休。他对马克思主义的历史主义方法论的攻击,是在《开放的社会及其敌人》和《历史主义贫困论》两本著作中展开的。

卡·波普尔对马克思的攻击,首先是从否定马克思主义所提出的人类社会历史发展的客观规律入手的。恩格斯说:"归根到底,就是要发现那些作为支配规律在人类社会的历史上为自己开辟道路的一般运动规律……历史进程是受内在的一般规律支配的……历史事件似乎总的说来同样是由偶然性支配的。但是,在表面上是偶然性在起作用的地方,这种偶然性始终是受内部的隐蔽着的规律支配的,而问题只是在于发现这些规律。"①如果说恩格斯在这里还只是预言社会历史规律的存在的话,那么马克思则直接揭示了这种规律:"人们在自己生活的社会生产中发生一定的……关系,即同他们的物质生产力的一定发展阶段相适合的生产关系。这些生产关系的总和构成社会的经济结构,即有法律的和政治的上层建筑并有一定的社会意识形式与之相应的现实基础……社会的物质生产力发展到一定阶段,便同它们一直在其中活动的现存生产关系或财产关系(这只是生产关系的法律用语)发生矛盾。于是这些关系便由生产力的发展形式变成生产力的桎梏。那时社会革命的时代就到来了。随着经济基础的变更,全部庞大的上层建筑也或慢或快地发生变革……无论哪一个社会形态,在它们所能容纳的全部生产力发挥出来以前,是决不会灭亡的;而新的更高的生产关系,在它存在的物质条件在旧社会的胎胞里成熟以前,是决不会出现的……大体说来,亚细亚的、古代的、封建和现代资产阶级的生产方式可以看作是社会经济形态演进的几个时代。"②

马克思揭示人类社会历史发展规律的经典表述是在 1859 年 1 月写成的。到了时隔 26 年后的 1885 年,恩格斯以浓缩的语言,在为《路易·波拿巴的雾月十八日》所写的德文第三版序言中,把马克思表述的人类社会发展规律,转述成以下的话:"正是马克思最先发现了重大的历史运动规律,根据这个规律,一切历史上的斗争,无论在政治、宗教、哲学的领域中进行的,还是在任何意识形态领域中进行的,实际上只是各社会阶级的斗争或多或少的明显的表现,而这些阶级的存在以及它们之间的冲突,又为它们的经济状况的发展程度、生产的性质和方式以及由生产所决定的交换的性质和方式所制约。这个规律对于历史,同能量转化定律对于自然科学具有同样的意义,而在这里也是马克思用以理解法兰西第二共和国历史的钥匙,在这部著作中,他用这段历史检验了他的这个规律……这个检验获得了辉煌的成果。"③

---

① 《马克思恩格斯选集》第 4 卷,人民出版社 1995 年版,第 247 页。
② 《马克思恩格斯选集》第 2 卷,人民出版社 1995 年版,第 33 页。
③ 《马克思恩格斯选集》第 1 卷,人民出版社 1995 年版,第 583 页。

卡·波普尔完全否定人类社会历史发展的客观规律的存在。他提出了两个所谓的论据：其一，"真正的重复在社会历史中必然是不可能的"，"每一桩特殊的社会事故，社会生活中的每一桩单独的事件，都可以说是新的……它在一种非常确切的方式上，总是独一无二的……我们通过分析社会生活，可能发现并直觉地理解任何一桩特殊事件是怎样并且为什么发生的；我们可以清楚地了解它的原因与结果……然而我们都会发现，我们不能够总结出一般的规律，用一般的词句来描述这类因果的链索"①。这个论据，就是用历史没有重复性来证明历史没有规律性，因为重复性是规律性的重要表征之一。

其二，人性作为一个变数项，参与到社会历史活动之中，直接影响着历史，使得历史不可能有客观的规律。卡·波普尔质问历史主义者说：你不是强调历史的不可改变的客观规律吗？既然是客观规律，是不可改变的，它就不会受到人性自身变化的影响而改变它的行程；否则就不成其为客观规律了。然而在历史发展的过程中，人性却从来就不是一个常数而是一个变数。人性的变化（包括思想、认识等等），其本身就作用于，而且影响着历史发展的进程。人性并不是流变不居的环境之中的一个常数项，而是它本身就以变数项的身份在参与着这场流变不居的发展过程。在流变不居的历史洪流中就有着人性本身发展变化及其对历史过程的作用和影响……这就历史之所以没有规律，因而也不可能预言的原因。

卡·波普尔提出的否定人类社会历史发展有内在的客观规律的两个所谓证据，其实早在他提出这种观点之前，就已被恩格斯和列宁已预先予以驳回了，可能是由于波普尔没有读到恩格斯和列宁的相关论著，才把早已被人砸烂了的观点，作为自己的论据提出来。

关于没有重复性就没有规律可言的所谓论据，列宁早已预先击破了。列宁指出："一分析物质的社会关系（即不通过人们的意识而形成的社会关系：人们在交换产品时彼此发生的生产关系，甚至都没有意识到这里存在着社会生产关系），立刻就可能看出重复性和常规性，把各国制度概括为社会形态这个基本概念。"②事实正是如此，任何一个国家，只要社会的物质生产力发展到基本相同的阶段，与这种物质生产力水平相适应的生产关系必

---

① ［英］卡·波普尔：《历史主义贫困论》，何林、赵平译，中国社会科学出版社1998年版，第12—13页。

② 《列宁全集》第1卷，人民出版社1984年版，第110页。

然登上社会舞台,在甲国发生的这种情况,在乙国也必将发生同样的情况,这就是重复性,这就是人类社会生产力决定生产关系的规律的重复性。列宁的这一科学论述早在 1894 年就提出来了,为什么卡·波普尔在 20 世纪 70 年代出版的两部著作中,重新提出没有重复性,以此作为否定马克思主义所揭示的人类社会历史的发展规律呢? 这只能解释为卡·波普尔这个资本主义制度的辩护士,反马克思主义的头脑已经到了热昏的地步。

关于因为人及人性(人的思想、认识等等)参与历史活动并影响历史发展过程,而人和人性是影响历史进程的变数项,所以人类社会历史发展不可能有客观规律的所谓论据,更是早在 1888 年被恩格斯在《路德维希·费尔巴哈和德国古典哲学的终结》及 1890 年 9 月致约·布洛赫的信中剥夺了。恩格斯指出:"在社会历史领域内进行活动的,全是具有意识的、经过思虑或凭激情行动的、追求某种目的的人,任何事情的发生都不是没有自觉的意图,没有预期的目的的。但是,不管这个差别对历史研究,尤其是对个别时代和个别事变的历史研究如何重要,它丝毫不能改变这样一个事实:历史进程是受内在的一般规律支配的。"①在这里,恩格斯指出了具有主观意识的人参与历史活动,虽然人的主观意识作用于历史过程,但历史过程的规律仍是客观的,不以人的意志为转移的。但是,为什么是这样的? 恩格斯在致约·布洛赫的信中作出了令人信服的科学的回答。恩格斯指出:"我们自己创造着我们的历史,但是第一,我们是在十分确定的前提和条件下进行创造的。其中经济前提和条件归根到底是决定性的。但是政治的前提和条件,甚至于存在人们头脑中的传统,也起着一定的作用,虽然不是决定性的作用……但是第二,历史是这样创造的:最终的结果总是从许多单个的意志的相互冲突中产生出来的,而其中每一个意志,又是由于许多特殊的生活条件,才成为它所成为的那样。这样就有无数互相交错的力量,有无数个力的平行四边形,而自此就产生出一个总的结果,即历史事变,这个结果又可以看作一个作为整体的、不自觉地和不自主地起着作用的力量的产物。因为任何一个人的愿望都会受到总是像一种自然过程一样地进行,而且实质上也是服从于同一运动规律的。但是,每个人的意志……虽然都达不到自己的愿望,而是融为一个总的平均数,一个总的合力,从这一事实中决不应作出结论说,这些意志等于零。相反的,每个意志

---

① 《马克思恩格斯选集》第 4 卷,人民出版社 1995 年版,第 247 页。

都对合力有所贡献,因而是包括在这个合力里面的。"

二

方法论,《中国大学生百科全书》把它作为一个词条,释义为:"关于认识世界和改造世界的原则和方法的理论。不同层次地分为哲学方法论,一般科学方法论,具体科学方法。"对于这一释义,笔者不予评论。在长期的社会科学理论研究中,人们通常用的是"历史唯物主义"这一哲学方法论。笔者认为,历史唯物主义方法论是一个最高层次的哲学方法论,在具体运用的时候,它又应该有历史主义方法论和阶级分析方法论的区分。但是长期以来,人们忽视这种区分,往往把阶级分析方法论直接完全等同于历史唯物主义方法论。毛泽东曾有这样一个论断:"阶级斗争,一些阶级胜利了,一些阶级消灭了,这就是历史,这就是几千年的文明史。拿这个观点解析历史的就是历史的唯物主义,站在这个观点反面的就是历史的唯心主义。"①毛泽东这句话仿佛就有这样解读的可能。也许有人会说,毛泽东的话的理论来源是马克思和恩格斯合著的《共产党宣言》。的确,《共产党宣言》中有这样一句话:"至今所有一切社会的历史都是阶级斗争的历史。"②恩格斯在1888年英文版上对"一切社会的历史"加了一个注:"即有文字可考的全部历史"③。但人们不应忘记,《共产党宣言》的这个论断是奠定在"彻底的唯物主义"基础上的。被列宁评价的《共产党宣言》的"彻底的唯物主义"表现在哪里呢?表现在它的全部理论都是建立在承认生产力是推动社会历史前进的最终物质力量的理论基础上的;承认生产力与生产关系的矛盾运动是推动社会历史前进的原动力的理论基础上的。承接这个话题,考察人类社会的历史发展进程,可以发现,人类社会的历史,开始于发展生产力的活动,而且在很长历史时期内,仍然只有发展生产力的活动,而没有阶级斗争的活动。阶级是在社会的生产力有了相当程度的发展,社会产品有了一定的剩余,一个人占有另一个人的劳动成果有了确定的前提,阶级才会出现,阶级斗争才会出现。从这样的客观实际出发,可以断言,马克思主义的历史主义方法论应该是制约阶级分析方法论的东西,离开马克思主

---

① 《毛泽东选集》第4卷,人民出版社1991年版,第1487页。
② 《马克思恩格斯选集》第1卷,人民出版社1995年版,第272页。
③ 《马克思恩格斯全集》第4卷,人民出版社1985年版,第466页。

义的历史主义方法论的制约的阶级分析方法论,将会从根本上失去科学的价值。

应该指出,在人类社会的历史进程中,有相当长的一个历史时期是生产斗争和阶级斗争同时并存的时期,在这个历史时期,从方法论上讲,是否还是历史主义方法论制约阶级分析方法论呢? 回答是肯定的。因为阶级斗争是围绕着社会现有财富的争夺而展开的,阶级斗争的直接结果,不过只是社会现有财富的再分配,并不直接产生新的社会财富。阶级斗争的结果只有转化为新的生产力的发展,才能产生出新的社会财富。这样,以社会生产力的发展作为自己的理论着眼点的马克思主义的历史主义方法论,对阶级分析方法论的制约是不言而喻的。

在推动社会历史发展的动力的研究中,有的人认为阶级斗争是推动历史发展的直接动力。因为乍一看来,一个社会形态被新的社会形态所代替,都是阶级对阶级的激烈斗争的结果,有的甚至是付诸血与火的阶级之间的搏斗的结果。但是,这是一种表面现象。阶级斗争,不管采用什么形式,不管激烈到何种程度,它终究是以生产力与生产关系的矛盾运动达到十分严重的程度才爆发的。所以,我们应该如实地承认,生产力与生产关系的矛盾运动,是推动社会历史发展的第一位的原动力,阶级斗争只不过是推动社会历史发展的第二位的从属性的动力。说到这里,有一点非常值得我们注意,这就是在生产力与生产关系的矛盾中,哪一方面是矛盾的主要方面的问题。马克思主义的历史主义方法论始终认为,生产力是矛盾的主要方面,这就是:生产力的发展是先行的,与此相适应的生产关系的出现是后续的。生产力是起决定作用的东西,生产关系是被决定的东西,尽管生产关系也是物质性的东西,但它的从属性,它的被决定性是无法否定的。这一点,列宁讲得十分清楚:"只有把社会关系归结于生产关系,把生产关系归结于生产力的水平,才能有可靠的根据把社会形态的发展看作自然历史过程。不言而喻,没有这种观点,也就不会有社会科学。"①

当然,在我们革命的理论工作者内部,也有很有同情心的人。应该说,革命的阶级同情心是很可宝贵的,这种同情心可以驱使个人作出助人的举动。具有革命的阶级同情心,必然有对待反动阶级的仇恨心,面对反动的剥削阶级的种种行为会义愤填膺,但头脑清醒的革命理论工作者要懂得,

———————

① 《列宁全集》第 1 卷,人民出版社 1984 年版,第 110 页。

感情可以出诗歌,感情却不能出科学,而唯有科学的理论才能对社会发展起推动作用。

在研究历史主义方法论与阶级分析方法论的联系和区别的时候,比较它们的生命持久力和功能解释力是十分重要的。在我国整个社会主义革命和建设的历史阶段,阶级分析方法论和历史主义方法论都是需要的。但是应该说,历史主义的生命持久力和功能解释力,都优于阶级分析方法论。为什么?因为在人类社会历史发展的漫长过程中,有阶级存在的时期是相对较短的。千百万年的原始社会没有阶级,进入共产主义社会之后的人类社会也没有阶级。所以,阶级分析方法论的存在本身就是短暂的。但是,从人类物质生活资料的生产活动抽象出来的历史主义的方法论,却是与人类社会的历史发展共始终的,它的天长地久的生命力是可想而知的。

从功能解释力的角度看,阶级分析方法只能对新旧生产关系的斗争以及建立于经济基础上的法律、政治、道德等社会上层建筑内部的斗争具有解释力,而对于社会生产力的发展、生产力内部诸要素矛盾等等,阶级分析方法论是没有解释力的,而这些方面,马克思主义的历史主义的解释力却是尽人皆知的。

(作者单位:台州学院思政部)

恩格斯的平等观及其现实意义

温　敏

一

追求平等是社会发展的永恒主题。恩格斯在于 1876—1878 年写作完成的《反杜林论》一书中,有力地批判了杜林唯心主义平等观的荒谬性,并通过对平等的历史考察,分析了平等观念的产生与历史发展过程,阐述了无产阶级平等观的实质。恩格斯指出,没有抽象的平等,平等的实现以生产力的发展为前提,只有消灭阶级才能实现真正的平等。历史和现实一再证明,只有平等才能真正实现和谐。在构建社会主义和谐社会的今天,恩格斯在《反杜林论》中关于平等的思想能够帮助我们正确看待现阶段的平等与发展问题,树立科学的平等观与发展观,最大限度地促进社会的平等与和谐。

二

(一)现实生产力状况是我们正确看待现阶段平等的逻辑起点

恩格斯认为平等反映的是现实的经济关系,是历史的产物,生产力的发展是实现平等的前提。离开现实的生产力状况来谈论平等问题,平等也就永远是一个抽象的理性问题,而不是一个具体的现实问题。马克思指出:"权利决不能超出社会的经济结构以及由经济结构制约的社会的文化发展。"①平等权利的获得和实现,实质上是一定具体历史条件下物质资料占有方式在制度上的体现,最终取决于现实的生产力发展水平,社会主义平等的实现也取决于现实的社会主义生产力发展水平。1949 年成立的新中国,前身是半殖民地半封建社会,同西方发达国家相比,生产力发展水平极其落后。现实的生产力水平与性质决定了我们必须在社会主义条件下经历一个相当长的初级阶段,去实现西方发达国家用了二三百年才实现的工业化和经济的社会化、市场化、现代化,建立和发展社会主义应有的发达的生产力和雄厚的物质基础。这是一个不可逾越的历史阶段。经过 60 多年特别是党的十一届三中全会以来的努力,我国生产力有了很大发展进步。但是总的说来,我国人口多、底子薄,地区发展不平衡,生产力不发达的基本国情没有改变,我国社会主义社会现在仍然处于并将长时期处于初级阶段。社会主义初级阶段的生产力状况是我们正确看待现阶段平等的逻辑起点。离开社会主义初级阶段现实生产力状况,空谈抽象的平等毫无意义。

(二)社会主义制度的建立为无产阶级平等的最终实现创造了条件

在我国,社会主义制度的建立为我们实现社会主义社会的平等,提供了优越的社会制度和广阔的发展前景,为无产阶级平等的最终实现创造了条件。首先,社会主义制度的建立为无产阶级平等的实现奠定了物质基础和思想基础。社会主义的本质是解放生产力,发展生产力,消灭剥削,消除两极分化,最终实现共同富裕,这从思想上为无产阶级平等的实现指明了道路方向。社会主义初级阶段落后的生产力状况,决定了我国必须以发展生产力为根本任务。社会主义国家以经济建设为中心,大力发展生产力,着力解决民生问题,满足人民群众日益增长的物质和文化需要,增强了社会主义国家的综合国力,促进教育、科技、文化等各项事业的发展,夯实了实现平等的物质基础和思想基础。其次,社会主义国家通过制定各种法律制度,切实保障了公民平等享有政治、经济、教育文化等各项权利。如我国宪法明确规定了我国根本政治制度和基本经济制度,规定了公民在法律面前一律平等、男女平等和民族平等,等等。最后,社会主义公有制经济为劳动者的平等提供了根本保障。社会主义国家中,人民群众是生产资料的主

---

① 《马克思恩格斯选集》第 3 卷,人民出版社 1995 年版,第 305 页。

人,广大人民群众平等地占有生产资料,拥有运用生产资料进行生产劳动的权利,公有制的主体地位保证了在产品分配上主要贯彻按劳分配原则,从根本上否定了人压迫人,人剥削人,有一部分人不劳而获,大部分人劳而不获的不平等现象。

(三)我国现阶段的平等是有差别的平等

首先,劳动尺度平等的差别。社会主义制度的建立保证了人们拥有运用生产资料进行劳动的平等权利。在公有制经济内部,劳动者是生产资料的占有者,实行按劳分配原则,人们按照劳动"同一的尺度"来进行劳动成果分配。但由于不同劳动者的个人素质差异,如生理、心理、文化等方面的差别,决定了每个劳动者劳动能力的不同。不同的工作岗位对劳动者的劳动能力有着不同的要求,具有一定能力的劳动者只能从事与其能力相适应的工作。虽然每个劳动者都有从事劳动的权利,但是不同劳动者由于劳动能力的差异,不能随心所欲地挑选工作岗位。劳动者以其不同等的能力,从事不相同的工作,付出不同量的劳动,并根据按劳分配原则取得不同量的报酬,享受不同水平的消费。同时,按劳分配原则意味着按照劳动的同一标准来进行劳动成果分配,以劳动作为平等的尺度。劳动尺度平等不承认任何阶级差别,但它默认劳动者不同的劳动能力是天然特权。对于没有机会从事劳动的人来说,劳动尺度平等只是一句没有实际意义的空话。而且个人负担不同,在同劳同酬的情况下,也会导致事实上的贫富差距。

其次,多种所有制结构导致的收入差距。社会主义初级阶段,我国虽然建立了社会主义制度,但生产力总体水平仍很落后且多层次不平衡的特点尤为突出。因此,现阶段我国只能实行以公有制经济为主体、多种所有制经济成分共同发展的基本经济制度,这就决定了我们必须实行按劳分配为主、多种分配方式并存的分配制度。多种分配方式并存的分配制度必然导致人们在收入上的差距。在社会主义初级阶段,非公有制经济成分是社会主义市场经济的重要组成部分。非公有制经济包括劳动者个人私有制和资本主义性质的私有制经济,在非公有制经济中,人们对生产要素占有的不同,决定了收入分配的不同。资本主义性质的私有制是以雇佣劳动为基础的经济成分,存在着资本对劳动的剥削。非公有制经济与现阶段多层次的生产力水平相适应,在解决就业问题、促进公有制的发展,创造社会财富、提高人民生活水平等方面,具有重要的作用。现实的生产力水平决定了现阶段私营经济、剥削现象在一定程度和范围内的存在是不可避免的。在我国,虽然剥削作为一种社会制度已经被消灭,但剥削作为社会经济中的现象,将会在较长的历史时期内存在。

第三,现阶段的平等还残留着旧社会的痕迹。马克思认为,新社会由于它经过长久的阵痛刚从旧的社会形态中产生出来,在经济、道德和法律等方面不可避免地带有从中脱胎出来的旧社会的痕迹。恩格斯认为无产阶级平等观的实质是消灭阶级,消灭阶级不仅要消灭剥削阶级,而且要消灭工农、城乡、脑力劳动和体力劳动之间的三大差别。我国社会主义虽然已经消灭了剥削阶级,剥削阶级作为一个阶级已经不存在,但仍存在着阶级和阶层,仍然不可避免地存在剥削与特权现象,存在着工农、城乡、体脑之间"三大差别",存在着经济比较发达的地区同不发达地区之间的地区差别。这些现象既有社会历史根源,又有现实的原因。我国社会主义直接脱胎于半殖民地半封建社会,由于长期的封建专制、宗法与传统与帝国主义的统治,等级和特权观念对人们的影响很深,消除旧观念对人们的影响是一个长期的过程,而这正是被称为"资产阶级平等要求"的现代平等观念的任务。邓小平曾指出:"从党和国家的领导制度、干部制度方面来说,主要的弊端就是官僚主义现象,权力过分集中的现象,家长制现象,干部领导职务终身制现象和形形色色的特权现象。"①现阶段资本主义性质私有制经济的存在,是剥削现象存在经济根源。改革开放初期让一部分人、一部分地区先富起来的国家政策,也是地区差别拉大的一个重要原因。

总之,现阶段的平等只能是有差别的平等。因为平等的产生与发展到最终实现,取决于一定的物质资料生产方式。恩格斯指出:"抽象的平等理论,即使在今天以及在今后较长的时期里,也都是荒谬的。没有一个社会主义的无产者或理论家想到要承认自己同布须曼人或火地岛人之间,哪怕同农民或半封建农业短工之间的抽象平等"②,"在国和国、省和省、甚至地方和地方之间总会有生活条件方面的某种不平等存在,这种不平等可以减少到最低限度,但是永远不可能完全消除"③。现实的生产力水平和性质决定了我国现阶段的社会主义平等只能是容忍有差距的平等。

---

① 《邓小平文选》第 2 卷,人民出版社 1994 年版,第 327 页。
② 《马克思恩格斯文集》第 9 卷,人民出版社 2009 年版,第 354 页。
③ 《马克思恩格斯选集》第 3 卷,人民出版社 1995 年版,第 325 页。

三

社会平等是社会主义的价值目标,是社会主义的应有之义,但不意味着社会主义制度的建立就能实现真正的平等,社会主义制度的建立只是为无产阶级平等理想的最终实现创造条件。我国的社会主义社会平等需要一个由不完善到比较完善的长期的逐步发展过程。社会主义的本质是解放生产力,发展生产力,消灭剥削,消除两极分化,最终实现共同富裕,这意味着消灭阶级、实现真正的平等是一个长期的自然历史过程。由于现实生产力水平的限制,我国现阶段的平等还不能实现真正的平等,只能是有差别的平等。但这并不妨碍人们在尊重社会历史发展规律的前提下,充分发挥社会主义的优越性,努力消除差别,最大限度地促进社会的平等与和谐。

(一)大力发展生产力,夯实平等的物质基础

恩格斯认为只有消灭阶级才能实现真正的平等,而阶级的消亡取决于社会生产力的发展水平,只有在生产力高度发达的社会中,才能消灭阶级,而消灭阶级的目的在于为每个人的自由发展提供平等的条件、机会和权利。按马克思和恩格斯的观点,社会主义是在保证社会劳动生产力高度发展的同时,又保证人类最全面发展的这样一种经济形态,"代替那存在着各种阶级以及阶级对立的资产阶级旧社会的,将是一个以各个人自由发展为一切人自由发展的条件的联合体"①。这样的社会主义社会建立在生产力高度发达物质基础之上。而我国社会主义脱胎于半殖民地半封建社会,社会主义制度是在社会生产力极端落后,商品经济极不发达条件下通过革命建立起来的。现阶段由于生产力的不发达,人的自由发展受到很大的限制,影响到人与人之间的平等和社会的和谐。马克思、恩格斯在《德意志意识形态》中指出:"生产力的这种发展之所以是绝对必需的实际前提,还因为如果没有这种发展,那就只会有贫穷、极端贫困的普遍化;而在极端贫困的情况下,必须重新开始争取必需品的斗争,全部陈腐污浊的东西又要死灰复燃。其次,生产力的这种发展之所以是绝对必需的实际前提,还因为:只有随着生产力的这种普遍发展,人们的普遍交往才能建立起来。"②因为

---

① 《马克思恩格斯选集》第 1 卷,人民出版社 1995 年版,第 491 页。

② 《马克思恩格斯选集》第 1 卷,人民出版社 1995 年版,第 86 页。

物质资料生产是人们赖以生存和发展的基础,人们只有在基本物质文化生活需要得到满足后,才有可能从事各项政治经济活动,确立自由平等的观念。这时才有可能拥有基本的权利和自由,这是实现平等的前提条件。现实的生产力状况,决定我国现阶段的根本任务就是解放生产力,发展生产力。通过大力发展生产力,创造出雄厚的物质财富,为每个人的自由全面发展提供强有力的物质保障,这是实现广泛平等的有效途径。

(二)建立合理的收入分配制度,缩小收入差距

无产阶级平等观的实质是消灭阶级,在现阶段我们要努力缩小收入差距,这是社会主义社会平等的重要体现。我国现阶段的平等是有差别的平等,主要体现在收入差距上,我们要通过合理的收入分配制度,缩小收入差距。缩小收入差距,首先要坚持机会平等原则。坚持机会平等原则,这是建立合理的收入分配制度的前提。机会平等是指在平等的环境中,每个人所处的位置一样,竞争条件公开和客观,个人才智的充分发挥必须获得同样的机会,遵循同样的原则和标准,它规定的是社会起点的平等和机会条件的均等。机会不一样,结果就不一样。收入差距是由机会不均等导致的不平等。机会平等是建立合理平等的社会分配制度的前提。现阶段要缩小收入差距,首先要消除的不平等,是机会的不平等,而反特权、反腐败、反垄断、反欺诈,事实上是实现机会均等的基本要求。机会平等构成了一个社会"公平的底线"。机会平等,有助于促进社会的文明与进步,有助于各种价值之间的协调和融洽,有助于促进个人的发展和社会稳定。我们要建立健全各种制度,包括政治、经济、法律、文化教育等各种制度,着力维护公民的机会均等权。其次是坚持程序或者过程平等原则,建立科学合理的收入分配制度。党的十七大报告指出,合理的收入分配制度是社会公平的重要体现。要坚持和完善按劳分配为主体、多种分配方式并存的分配制度,健全劳动、资本、技术、管理等生产要素按贡献参与分配的制度,初次分配和再分配都要处理好效率和公平的关系,再分配更加注重公平。最后是反对绝对结果平等的平均主义,社会主义市场经济下的结果平等就是收入必须和生产要素所有者的要素贡献相适应,尽可能使人们的付出与他们的物质和精神所得相一致,发挥每个人的积极性和创造性。

(三)发展教育,提高劳动者素质

劳动者自身素质和劳动能力的不同,这是现阶段收入差距一个重要原

因。劳动者自身素质和劳动能力的差异,主要取决于两种因素:一是先天遗传;二是后天受教育的程度。现代科学研究表明,劳动者自身素质和能力的差异,主要是后天的教育的结果。教育是从根本上提高劳动者自身素质和劳动能力的主要途径,正如恩格斯指出,"教育将使他们摆脱现在这种分工给每个人造成的片面性"①。通过教育向劳动者传授知识和技术,提高他们的劳动技能、技术水平和自身素质,提高劳动者的生产能力和资源配置能力,从而增加劳动者的收入。实践证明,劳动者收入高低与其所受教育程度成正比。劳动者劳动能力和自身素质的低下必然导致他们没有机会从事高收入的职业,也就没有提高收入的机会。可以说,发展教育是缩小收入差距的一个重要手段。因此,受教育机会的平等应是我国现阶段平等的首要内容,国家应该给每个人提供获得收入所必需的受教育机会,创造一个比较平等的起点。国家必须通过立法形式保障劳动者受教育的权利,帮助那些缺少资金的孩子接受义务教育,资助那些具有天赋而缺少资本的来自低收入家庭的孩子接受高等教育,使出生贫寒家庭的孩子有机会通过教育改变自身状况。

马克思主义认为,平等只存在于不平等的对立中,平等的实现是一个长期的历史过程,取决于生产力发展水平的实现程度。真正的平等只有在共产主义制度下才可能实现,"在共产主义制度下和资源日益增多的情况下,经过几代的社会发展,人们就一定会认识到:侈谈平等和权利,如同今天侈谈贵族等等的世袭特权一样,是可笑的;对旧的不平等和旧的实在法的对立,甚至对新的暂行法的对立,都要从现实生活中消失;谁如果坚持要人丝毫不差地给他平等的、公正的一份产品,别人就会给他两份以资嘲笑。甚至杜林也会认为这是'可以预见的',那么,平等和正义,除了在历史回忆的废物库里可以找到以外,哪儿还有呢?由于诸如此类的东西在今天对于鼓动是很有用的,所以它们绝不是什么永恒真理"②。

(作者单位:浙江东方职业技术学院)

---

① 《马克思恩格斯选集》第 1 卷,人民出版社 1995 年版,第 243 页。
② 《马克思恩格斯文集》第 9 卷,人民出版社 2009 年版,第 354 页。

论马克思主义人学视野下信仰教育的开展

张中飞

马克思主义人学是以现实的个人为前提,以人的本质、需要、价值以及人的自由全面发展等为主要内容的系统理论体系,它第一次实现了关于人的理论的革命变革。信仰教育是对人的世界观、人生观和价值观进行的一种引导和教育,它有助于唤起人对人生目的、意义以及对世界前途和人类命运的关怀与追问,有助于提升人对生活目标和生命意义的价值追求,有利于人的自由全面发展。信仰教育是当代思想政治教育的主要内容,它主要涉及的是人的精神世界的核心问题。由此可见,信仰教育与马克思主义人学之间有着内在的不可分割的联系,人的问题是它们共同关注的主题,充分实现马克思主义人学与信仰教育的有机结合,对于信仰教育的有效开展,对于解决当代人的精神或信仰危机有着极为重要的理论指导意义。

一、人的需要是信仰教育的出发点和切入点

人的需要是人维持其生存和发展的客观需求在人脑中的反映,必须通过与外部环境进行物质、信息、能量的交换才能得以满足。马克思主义人学从人的本性出发指出:"他们的需要即他们的本性"①,人的本性决定了人必然有物质和精神等多方面的需要。物质需要是人的第一需要,这种需要的满足是人存在和发展的前提与基础。人为了生存,"首先就需要吃喝住穿以及其他一些东西。因此第一个历史活动就是生产满足这些需要的资

---

① 《马克思恩格斯全集》第 3 卷,人民出版社 1960 年版,第 514 页。

料,即生产物质生活本身"①。物质需要的满足也是其他需要产生的前提和基础,"人们首先必须吃、喝、住、穿,然后才能从事政治、科学、艺术、宗教等等"②。精神需要是在物质需要的基础上产生的,是人更为心理的、个性化的需要,是人生存和发展不可或缺的重要方面。精神需要水平的高低,在很大程度上决定着一个人乃至整个社会文明的发展程度。物质需要和精神需要是辩证统一的,离开精神需要的物质需要必将使人与动物无异,而离开物质需要的精神需要也只能是空中楼阁。

信仰是人类精神家园的核心,它有助于人们实现从物质世界到精神世界的提升,有助于人们找寻自己的精神寄托与精神归宿。确立信仰是人们不断发展的精神需要的最终要求,人生最高价值标准的确立及执行是确保有意义、高质量人生的关键所在,是人在精神领域中的最高追求。信仰教育的目的就在于引导受教育者确立人生的最高价值标准,解决其人生的终极关怀问题。由此可见,信仰教育是以满足人的精神需要为其出发点的,同时,信仰教育的效果取决于其能否满足以及在多大程度上满足人的需要。因此,我们在信仰教育工作中,应以马克思主义人学的需要理论为指导,以人们不同的需要为出发点和切入点,在实际工作中切实做好以下几点:

第一,信仰教育应满足人们不断追求自我完善、提升自身精神境界的需要。马克思主义人学认为,人是一种历史性的存在,他通过社会性的实践活动,以不断丰富发展的需要,使自己始终处于不断提升的过程之中。人的超越性、历史性决定了他们必然具有永无止境的完善、提升自我,实现自身价值的精神需求。因此,针对受教育对象不同层次的精神需要,信仰教育应制定具体的教育内容和目标,有针对性地加以引导,循序渐进地促进其最高人生价值目标的实现。

第二,信仰教育应注重对人们合乎本性的物质生活需要的关怀。物质需要是精神需要产生和发展的前提与基础,现实的基本的物质需要得不到满足,高层次的精神需要的产生必将受到限制,信仰教育也必将丧失其存在的必要性和实现的可能性。所以,信仰教育不应只是单纯的精神指引,还应对教育对象正当的合乎本性的自然属性需求给予充分的认识和关注,切实帮助他们解决在生产和生活中产生的实际困难,避免信仰教育因脱离

---

① 《马克思恩格斯选集》第 1 卷,人民出版社 1995 年版,第 79 页。
② 《马克思恩格斯全集》第 19 卷,人民出版社 1963 年版,第 374 页。

现实而趋向口号化、空洞化、理想化。

　　第三,信仰教育的开展应在尊重受教育者的基础上进行。人是有尊严的存在,对尊严的不懈追求是人之所以高尚、之所以高于动物成其为人之原因所在。对此马克思曾说过:"尊严就是最能使人高尚起来、使他的活动和他的一切努力具有崇高品质的东西,就是使他无可非议、受到众人钦佩并高于众人之上的东西。"①受教育者在信仰教育关系中是作为客体存在的,然而人的本性又决定了他的主体地位,决定了他有着独立自主以及被尊重的需要。因此,在宣扬社会主流核心价值观的过程中,必须做到尊重人的主体地位和人格需要,以情动人、情理互动,使社会的核心价值标准真正成为受教育者发自内心的追求目标。

二、人的现实性是信仰教育的立足点

　　马克思主义人学抛开了抽象的人性论,从现实的实践活动出发,把人理解为"处在现实的、可以通过经验观察到的、在一定条件下进行的发展过程中的人"②,"现实的人"是马克思主义人学的出发点。按照马克思的观点,人是在现实的社会历史条件中从事着具体的物质生产活动的个人,"个人怎样表现自己的生活,他们自己就是怎样。因此,他们是什么样的,这同他们的生产是一致的——既和他们生产什么一致,又和他们怎样生产一致。因而,个人是什么样的,这取决于他们进行生产的物质条件"③。由此可见,现实的个人必将具有很强的自主选择性和个体差异性,在不同的物质生产条件下,人必将在思想、意识、社会关系等各方面表现出强烈的个性特征。

　　信仰教育作为以人为对象的活动,它的开展必须以"现实的人"作为自己的立足点,从受教育者不同的物质生活条件、不同的思想层次、不同的社会关系出发,做到因时、因地、因人制宜,以增强教育的针对性和实效性。具体说来,信仰教育首先应立足于具体的社会生活实际,从具体的物质生活条件出发,而不是从主观的愿望出发,把信仰教育建立在可靠的物质基础上。其次,信仰教育应立足于具体的思想实际。不同的社会物质条件决定了不同类型、不同层次的人在思想上必然各有不同。面对"现实的人",

---

① 《马克思恩格斯全集》第 40 卷,人民出版社 1982 年版,第 6 页。
② 《马克思恩格斯选集》第 1 卷,人民出版社 1995 年版,第 73 页。
③ 《马克思恩格斯全集》第 1 卷,人民出版社 1995 年版,第 67—68 页。

信仰教育必须全面准确地把握不同教育对象在思想上的共性和差异,有针对性地制订不同层次的教育计划和方案,在共性和个性的统一中实现引导和教化。再次,信仰教育应立足于社会发展的实际。现实的人是处于在一定的条件下的发展过程中的人,随着社会历史条件的变化,人的思想观念必然会发生相应的变化。面对发展中的人,信仰教育必须紧跟时代步伐,以新思路、新办法应对思想发展中必然出现的新问题、新情况。

三、人的社会性是信仰教育的人性基础

马克思主义人学认为,人是自然的存在物,同时更是社会的存在物,人的本质属性在于其社会性。在人的本质上,马克思认为"人的本质不是单个人所固有的抽象物,在其现实性上,它是一切社会关系的总和"[①]。人的"本质不是人的胡子、血液、抽象的肉体的本性,而是人的社会特质"[②],人在一定的社会关系中进行着物质生产活动,并在此基础上形成了自己的语言和意识。人的思想观念是在一定的社会关系中形成的,并将随着社会关系的变化而变化。

人的信仰总是在社会大环境的影响熏陶下生成的,因此,营造一个和谐的社会环境,是信仰教育有效开展的重要基础。而目前社会上利益分配不均、贫富差距扩大、官员贪污腐败、公民道德失范等现象的存在,必然会造成人们对主流价值观的怀疑和动摇。因此,加强精神文明建设,优化社会环境是信仰教育过程中的必然选择,具体来说,要做好以下几方面:

第一,要加强党风廉政建设和反腐斗争。要使社会成员真正从内心认同社会主流价值观,必须先树立起党在人们心目中的权威形象。改革开放以来,由于国内外诸多因素的影响,党内开始滋生腐败,部分党政官员的贪污腐败现象不仅与党的目标和宗旨背道而驰,而且大大削弱了党的威信和地位,使人们对社会主义核心价值观产生了怀疑和动摇。因此,必须不断加强领导干部的党性修养,发扬党的优良作风,深入推进惩治和预防腐败体系建设,肃清社会腐败堕落现象,做到标本兼治,以实际成果取信于人。

第二,要加大改革力度,不断完善社会管理制度。我国走的是中国特

---

① 《马克思恩格斯选集》第 1 卷,人民出版社 1995 年版,第 56 页。
② 《马克思恩格斯选集》第 1 卷,人民出版社 1995 年版,第 60 页。

色社会主义道路,没有什么现成的经验,需要在实践中摸索前进。当前,我国在社会管理制度上还存在着不少的弊端和缺陷,社会上存在的利益分配不均、贫富过于悬殊现象,各种违法犯罪现象、社会不公平与丑恶现象与此是有直接联系的。因此,在新的历史条件下,我们必须与时俱进,加大改革力度,不断完善经济、政治、法律、文化等方面的管理制度,畅通民主渠道和监督机制,建立完善科学公正、灵活有效的利益协调机制,建设美好公正公平的社会制度,以其蕴含的社会精神来提升人们的信仰高度。

第三,要不断加强公民道德建设,提高国民素质。净化社会环境,消除各种社会丑恶现象,必须不断提高国民的素质。《公民道德建设实施纲要》中指出,加强公民道德建设"是提高全民族素质的一项基础性工程,对弘扬民族精神和时代精神,形成良好的社会道德风尚,促进物质文明与精神文明协调发展,全面推进建设有中国特色社会主义伟大事业,具有十分重要的意义"。因此,应不断加强公民道德建设,大力倡导公民基本道德规范,弘扬社会主义荣辱观,不断完善具体的行为准则,广泛深入地开展群众性的道德实践活动,充分发挥先进典范的示范带动作用,提高全民的道德素养,培育文明的道德风尚,提高社会的文明程度,为引导人们完善自身价值、确立科学坚定的信仰营造文明、健康的道德环境。

四、人的实践性是信仰教育的有效途径

马克思主义认为,人的本质是在生产实践的基础上形成和发展起来的,人不是通过意识活动,而是通过实践活动体现自己的本性,实践是人的存在方式。"一个种的全部特性、种的类特性就在于生命活动的性质,而人的类特性恰恰就是自由的有意识的活动。生命本身却仅仅成为生活的手段。""通过实践创造对象世界,即改造无机界","人类恰恰就在对象世界的加工中才作为一个族类的存在来现实地证明自己。"[①]人在实践活动中体现了自己的能动性和创造性,人具有实践性。此外,实践还是认识的来源,在人的思想观念的形成过程中,实践起着决定性的作用。因此,作为人的精神世界核心的信仰,它的确立也必然离不开实践,而信仰教育也必须结合人的实践活动来进行,而不能只是一种纯粹的理论说教过程。马克思主义

---

① 马克思:《1844年经济学哲学手稿》,人民出版社1985年版,第53页。

人学关于人具有实践性的理论,为信仰教育提供了有效的方法和途径。

第一,立足实践,理论联系实际。传统的信仰教育由于过于偏重理论,给受教育者留下了假、大、空的印象,教育效果大打折扣。而人的实践性表明了信仰教育不能离开实践这条有效途径,信仰教育的实施必须和社会现实密切联系起来。作为教育者,首先应当立足于社会现实、了解国情民情,掌握受教育者的思想实际,并以此为基点,在教育过程中将社会核心价值理念和现实有机地结合起来。

第二,从实际出发,善于解决实际困难。在现实的社会生活中,教育对象必然会遇到各种各样的思想难题,在工作、学习、生活中也必然会面临形形色色的实际困难。在教育过程中能否解答他们思想上的困惑、解决他们现实中的困难,会直接影响到他们对社会主义核心价值观的接受程度。对此,毛泽东也曾明确指出:“我们要胜利,一定还要做很多的工作……解决群众的穿衣问题,吃饭问题,住房问题,柴米油盐问题,疾病卫生问题,婚姻问题。总之,一切群众的实际生活问题,都是我们应当注意的问题。假如我们对这些问题注意了,解决了,满足了群众的需要,我们就真正成了群众生活的组织者,群众就会真正围绕在我们周围,热烈地拥护我们。”①因此,从实际出发,将教育和解决问题结合起来,往往能起到事半功倍的效果。

第三,转变观念,改进教育方法。在传统的信仰教育中,教育者往往是高高在上地对被教育者进行着理论灌输,讲的都是大道理、原则、套话,和实际严重脱节,很容易引起人们的反感。因此,我们应转变观念,从教育对象的实际出发,多讲真话、实话,用民主的、互动的方式和他们进行平等的对话,并在沟通中引导他们认真学习和践行社会主义核心价值体系,在践行信仰中不断强化自己的信仰。

五、人的自由全面发展是信仰教育的最终归宿

在《共产党宣言》中,马克思和恩格斯满怀信心地指出:“代替那存在着阶级和阶级对立的资产阶级旧社会的,将是这样一个联合体,在那里,每个人的自由发展是一切人的自由发展的条件。”②可见,人的自由而全面的发

---

① 《毛泽东选集》第 1 卷,人民出版社 1991 年版,第 136—137 页。
② 《马克思恩格斯选集》第 1 卷,人民出版社 1995 年版,第 294 页。

展是马克思主义人学的最高追求和最终目标,也是马克思主义社会发展理论的必然结果,实现每个人自由而全面发展的共产主义社会,是马克思主义最崇高的社会理想。

马克思主义人的全面发展理论,决定了人的自由全面发展是社会主义核心价值观的最终取向,这为信仰教育确定了最终的归宿。信仰教育的目的就是通过引导受教育者确立科学的信仰,形成人生的最高价值标准,为其人生的发展提供精神指引和行动抉择的正确标准。因此,信仰教育必须以人的自由全面发展为其终极目标,以人的发展最终推动社会的进步。人的自由全面发展是人的能力素质、社会关系、个性特征等多方面的全面、自由、充分的发展,是人的物质生活发展和精神生活发展的高度统一。因此,结合人全面发展的内容,信仰教育应从以下几方面入手:

第一,信仰教育应服务于经济建设。人的全面发展首先是物质生活的发展,物质生活的发展是人的全面发展的基础和前提。因此,信仰教育必须服务于经济建设这个中心,在推动生产力发展的历史进程中,找准自己的位置,发挥自己的作用。信仰教育应当明确受教育者的社会责任,激发他们的求知欲,增强他们的意志力,使他们能以超强的认识能力和改造能力投身经济建设,创造丰富的物质财富,推动人的物质生活不断发展。

第二,信仰教育应注重人的思想道德素养和科学文化素养的培养。精神生活的发展是物质生活发展的重要动力,它既是人的全面发展的重要内容,同时又对人的全面发展起着重要的引领作用。因此,在信仰教育过程中应积极采取有效措施,引导受教育对象加强优秀道德品质的培养和科学文化知识的学习,不断提升自己的思想道德素养和科学文化素养,树立坚定的科学信仰,为人的全面发展提供强大的精神动力。

第三,信仰教育应注重理想和现实的有机结合。人的自由全面发展是马克思主义人学追求的最高理想,也是信仰教育的终极目标,这一最高理想、终极目标的实现是一个漫长的历史过程,需要经过长期的积累,在未来的理想社会中才能最终达成。因此,信仰教育一方面必须以人的自由全面发展为目标,同时又必须正确认识现实的社会历史条件,紧密结合现实开展教育活动,将理想和现实有机地结合起来,通过低层次目标的逐级实现,最终登上理想的顶峰。

(作者单位:浙江海洋学院)

中国特色社会主义现代化道路的意义探寻

钟学敏

中国改革开放和社会主义现代化建设30年的实践,创造性地走出了一条有中国特色的社会主义现代化道路。这是当代世界最伟大的社会实验,它所取得的成就令世人瞩目,它所展示出来的内涵和特点,具有重要的意义。

一、具有中国特点东方社会发展道路的开辟,在马克思 主义发展史上具有重要的理论和实践意义

马克思在晚年曾通过对俄国社会的考察,认为俄国存在着跨越资本主义制度的"卡夫丁峡谷"而直接过渡到社会主义的可能性。他强调:"俄国可以不通过资本主义制度的大峡谷,而把资本主义制度所创造的一切积极的成果用到公社中来。"①马克思的思路和设想是,要跳过资本主义的"卡夫丁峡谷",俄国公社必须积极吸收资本主义的"积极成果",以此来建设一个"资本主义前"的社会主义国家。换言之,马克思东方社会理论中"跨越"设想的核心部分,有两个层次的含义:一是制度方面是可以跨越的,即经济文化落后的国家可以不经过资本主义的政治制度阶段,而通过革命直接进入社会主义阶段;二是发达的生产力以及资本主义的某些先进的文化,比如民主等是不能跨越的,即经济文化比较落后的国家一旦完成制度跨越之后,必须吸收资本主义制度下所取得的一切成果,包括生产力方面的成果和民主的成果。

---

① 《马克思恩格斯选集》第3卷,人民出版社1995年版,第765页。

　　历史进入 20 世纪，在马克思东方社会理论设想之后，列宁抓住机遇，在帝国主义链条的薄弱环节通过十月革命实现了制度上的跨越，而在对社会主义的理解和如何建设社会主义问题上，一开始还是按照马克思、恩格斯设想的"资本主义后"的社会主义去理解和建设，实行了战时共产主义政策。但是，现实推动了列宁的思考，终于回到现实，实现了从战时共产主义到新经济政策的转变，从直接过渡转为迂回过渡。但由于列宁过早去世，没有从理论上对"资本主义前"的社会主义与"资本主义后"的社会主义之间的关系作出系统的阐述。此后的斯大林将跨越"卡夫丁峡谷"后建立的社会主义与"资本主义后"的社会主义混为一谈，搞起纯而又纯的社会主义模式，终使苏联模式社会主义建设走入死胡同。

　　在中国，以毛泽东为代表的中国共产党人通过新民主主义革命，成功实现了对资本主义"卡夫丁峡谷"的跨越。但是，毛泽东犯了和斯大林同样的错误，就是把跨越了资本主义"卡夫丁峡谷"建立起来的有待"吸收资本主义一切肯定性成果"的"资本主义前"的社会主义，理解为已经建立在"资本主义一切肯定性成就"基础上的"资本主义后"的社会主义。因而不能不导致了缺乏物质基础和民主基础的"穷过渡"，使社会主义建设出现严重挫折。

　　苏联社会主义模式进入死胡同，中国"文化大革命"也愈演愈烈，社会主义的出路在哪里？要使社会主义有新的前景，必须回到历史源头，去弥补跨越"卡夫丁峡谷"的同时，被一并跨越了的生产力基础和民主的基础。也即必须从经济文化落后的实际出发，建立起与"资本主义前"的社会主义的对接，社会主义才能实现新的振兴。

　　以邓小平为代表创立的中国特色社会主义理论的要旨就是按照跨越资本主义"卡夫丁峡谷"建立起来的"资本主义前"的社会主义的内在要求，来指导中国社会主义的实践，并发展了马克思的跨越理论，使得对资本主义肯定性成果的吸收有了具体实在的内涵：社会主义初级阶段理论回答了东方社会主义国家进行社会主义建设所处的历史阶段问题，从而决定了这些国家在跨越了"卡夫丁峡谷"而进入社会主义社会后，还必须经历一个相当长的时期，去实现资本主义国家已经实现了的工业化、市场化以及民主化等；"和平与发展"时代主题的提出，为冲破意识形态对立和冷战思维，正确处理东方社会主义国家与西方资本主义国家之间关系，进而顺利地吸收资本主义肯定性成果，提供了理论依据；全方位的改革开放政策解决了东方社会主义国家向西方资本主义学习的途径;社会主义市场经济体制的提出和建立,为东方社会主义国家发展生产力建立起了有效的运行机制。中国特色社会主义理论大大发展了马克思、恩格斯的东方社会发展理论,它的成功实践承担起了社会主义在当代振兴的历史使命,在马克思主义发展史上无疑具有重要的理论和实践意义。

二、具有中国特色现代化范式的创造,在中国现代化百年追求中具有重要的历史意义

1840 年开始的中国近代历史并非古代历史自然演进的结果,它有着特殊的历史发展背景。当古代中国灿烂的文明延续几千年,到清朝中期由昌盛走向衰落的时候,西方资本主义通过"文艺复兴"和工业革命开始迅速崛起。迅速步入世界近代化历程的西方列强通过殖民扩张,用坚船利炮轰开了中国的大门,中国人终于被迫纳入了世界近代历史的进程。在鸦片战争以后,一些先进人士开始放弃"天下"即"中国"的观念,开始睁开眼睛看世界,并提出"师夷长技"的重要思想。中国人第一次开始认识到世界现代化的大势。此后兴起的洋务运动在"中体西用"方针指导下,实行学习西方"富强之术",以"借法自强",正是探索和学习西方现代化模式的最初尝试。然而,随着甲午战争的失败,洋务事业的破产,先进人士从文化层次上理解东西方国家作为政治实体的差异,进而逐步从政治体制上学习西方,变革中国社会。戊戌变法和辛亥革命都是在这一层面上变革的不断努力。辛亥革命的失败是中国人追求西方文明范式中受到的最大打击,中国社会和政治陷入极端苦闷的困境之中。但先进的中国人没有放弃对西方文明和西方现代化范式的追求。以陈独秀为代表的一批先进人士进一步从重建社会价值体系上,将世界发展的潮流概括为"民主""科学",并将其作为中国走向现代化的旗帜。这一切探索无疑都是正确的,然而,到了五四运动期间,这种现代化范式发生了危机。

中国现代化范式危机源于西方文化发生危机。空前野蛮残酷的第一次世界大战,将西方近代文化即资产阶级形态的文化带进了一片悲凉颓败之中,战争的巨大消耗和惨重破坏所形成的危机阴影笼罩着整个西方社会。战后西方资本主义经济体系陷入衰颓、紊乱和闭滞。政治上阶级斗争日趋高涨,国际争夺愈演愈烈。1919 年各国罢工事件此起彼伏,几无一日

之息;巴黎和会上明争暗斗,和议订立后更显剑拔弩张,沉重的军费负担,压倒了战后疲敝的西方世界。社会意识形态上,大战给西方人民带来了虚幻、悲观和颓落。战后物质生活的枯竭,和平理想的破灭,更加重了精神的苦痛。上层思想界则表现出悲观主义、怀古主义、改良主义倾向,德国哲学家、历史学家斯宾格勒在大战时完成的《西方的没落》一书轰动一时;著名科学哲学家罗素承认:"欧洲文化的坏处,已经被欧洲大战显示得明明白白",他来中国讲学,告诫中国人要为自己的国家和世界人民谋幸福,决计不要"一味效法西方"。①

西方资本主义社会文化弊病大暴露,引起中国思想界深沉的反响,出现启蒙思想的新取向,这就是开始否定竞争,批评财产私有以及狭隘的民族主义和国家主义等思想,宣传互助进化、财产公有、世界主义、平民主义、大同主义等。这一新动向的发展使中国思想界直接趋向了社会主义。而十月革命的成功,则以社会制度的剧变证明了马克思主义的理论力量,它作为一种美好榜样,更使经过改良实践失败的中国先进知识分子深受教育和鼓舞。这就有力推动了中国的先进分子,进一步鉴别近代空想的社会主义和科学的社会主义的区别,并最终选择了科学社会主义。

中国人民确立了社会主义方向后,经过28年的斗争,取得新民主主义革命的最后胜利。建立了新中国。由于中国现代化发展的基础薄弱,经验缺乏,因此,学习外国尤其是学习苏联及其发展经验,是新中国成立后我国现代化发展道路探索的重要途径之一,也是中国共产党建国初发展政策的重要内容之一。当时国际形势分为社会主义和资本主义两大阵营,刚刚诞生的社会主义中国只能向社会主义阵营中的先进者学习。而苏联比中国早30多年就建立了社会主义国家,积累了丰富的经验,其科学技术已走在世界前列。因此,向苏联学习,成为中国科技发展的一条"最平直、最接近、最宽阔的大道"(郭沫若)。1953年夏天,毛泽东主席在全国政协第四次会议上的讲话中明确地强调:我们"要认真学习苏联的先进经验。无论共产党内、共产党外、老干部、新干部、技术人员、知识分子以及工人群众和农民群众,都必须诚心诚意地向苏联学习。我们不仅要学习马克思、恩格斯、列宁、斯大林的理论,而且要学习苏联先进的科学技术。我们要在全国范围

---

① 　罗素:《中国人到自由之路》,《东方杂志》1921年第18卷第13号。

内掀起学习苏联的高潮,来建设我们的国家。"①

在向苏联学习的过程中,我们学到了很多好的经验,苏联也帮助我们开展现代化建设,从 1953 年开始的第一个五年计划,苏联政府援建我国156 个重点项目。这些项目的建设,填补了中国重工业的空白,改善了工业的部门结构,完善了中国的科技布局。但同时,苏联模式也极大地影响了我们。在理论基础上,照搬马克思的本本,主张所有制"一大二公三纯",排斥其他所有制形式,主张计划经济的程度越高越单一越好,排挤商品市场经济,主张社会主义社会与共产主义社会只是成熟程度不同的发展阶段,急于建成社会主义并向共产主义过渡。在经济体制上,苏联模式实行以全民所有制为主、集体所有制为辅的单一化的公有制结构,实行权力高度集中于国家的指令性计划经济。在工业化发展战略上,以优先发展重工业作为战略重点,以剥夺农民通过工农业产品剪刀差作为积累资金的手段。在政治体制上,实行中央高度集权型管理体制,以党代政的领导体制,自上而下的干部委派制,缺乏民主决策和民主监督。在文化体制上,采取严格的中央集中控制和过多的行政干预,使文化教育处于严重的封闭状态,经常性的党内思想斗争并采取阶级斗争扩大化的方式来处理,更导致意识形态的僵化和沉闷。中国现代化范式再次面临严重危机。

邓小平是中国新时期改革开放和现代化建设的总设计师,他创立了中国特色社会主义理论的核心内容,就是关于中国实现社会主义现代化的战略构想,形成了中国现代化发展的新范式。中国特色社会主义现代化把社会主义和现代化以及中国特色有机统一起来,一方面指出社会主义和资本主义的历史联系,提倡在现代化建设中学习和借鉴西方现代化的文明成果;另一方面又坚信只有社会主义制度才能使中国实现现代化,所以要坚持四项基本原则,建设有中国特色的现代化。在此基础上解决了中国实现现代化的性质、条件、手段和方式等方面的重要问题,立足世界和中国的实际,规划了中国式现代化的蓝图,找到了在中国实现现代化的道路和切实可行的战略方针。中国特色社会主义现代化范式终于摆脱了中国人民长期以来在现代化发展范式上的困惑,完成了对西方文明范式和非西方的苏俄范式的跨越,最终实现向中国特色的现代化范式的转换,真正找到了中国现代化的前途,成为中国现代化探索史上具有重大意义的历史性事件。

----

① 　钱三强:《中国近代科学概况》,《新华月报》1953 年第 8 号,第 212 页。

三、具有主动型"内生式"特点现代化道路的开辟，
具有重要的世界意义

西方学者按照各国现代化启动与推进的时序差异，将现代化分为早发式和后发式两大类，认为早发式现代化是在国际环境比较宽松的情况下，凭借自身力量主动进行而发展起来的。西方发展理论认为，早发式现代化模式是其他地区仿效甚至全盘接受的样板，他们根据西方中心主义立场，认为发展中国家现代化的唯一途径只能是跟着西方发达国家模式亦步亦趋。这种现代化就是用西方化的观点抹杀各国间国情的重大区别，背离各国必须根据本国实际选择适合于自己的社会制度和现代化的客观要求。当代中国的现代化有一个不同于世界上大多数国家带有本质性的特点，就是中国向现代化的发展，不是在资本主义制度下，而是在社会主义制度下，用社会主义方式来实现的。中国社会主义的现代化既避免了现代化进程中资本主义的片面性，又可集中发挥优势，比资本主义更快、更合理地实现现代化。与此同时，中国的现代化是反映中国特色的社会主义现代化。早在1982年党的十二大上，邓小平就强调："我们的现代化建设，必须从中国的实际出发。无论是革命还是建设，都要注意学习和借鉴外国经验。但是，照抄照搬别国经验、别国模式，从来不能得到成功"，"走自己的道路，建设有中国特色的社会主义，这就是我们总结长期历史经验得出的基本结论。"①邓小平关于中国现代化"三步走"战略，就既突出了从中国的基本国情出发，同时又体现世纪之交的时代特征。后来在我国现代化发展战略的实施过程中，充分考虑到我国底子薄、人口多、耕地少，劳动生产率、财政收入、外贸出口都不可能一下子大幅度提高，国民收入的增长速度也不可能很快等状况。所以，邓小平说："我们的四个现代化是中国式的。"离开了中国国情，现代化在中国就扎不了根。中国特色的社会主义现代化完全不同于西方资本主义国家的"早发式"现代化模式，它不仅具有社会主义的特征，而且具有强调经济社会协调发展以及社会全面进步和人的发展的整体和谐特征以及以人为本的特征。

西方发展理论认为，早发式现代化是时势使然自发进行的，而后发式

---

① 《邓小平文选》第3卷，人民出版社1993年版，第2—3页。

现代化则是由于外部生存环境逼迫所作出的迫不得已的"反应",因而只能是被动的、"外生式"的。这一观点同样无法用来解释中国特色社会主义现代化道路。中国是一个后发展中国家,但是,中国特色社会主义现代化却不是被动的、"外生式"的,相反,表现出了强烈的主动型和内生式的特征。它是已经站起来的中国人民主动迎接现实国际挑战,为振兴中华民族、维护世界和平与促进人类发展所进行的伟大事业。早在改革开放初期,国际竞争的重心逐渐转移到了经济和科技领域,亚太地区一些国家的经济发展势头强劲,这无疑是一种压力。但是,中国把这种国际性的挑战变成了一次难得的发展机遇,正如邓小平所说:"我们国内条件具备,国际环境有利,再加上发挥社会主义制度能够集中力量办大事的优势"①,这些正是有利于我国持续、健康、快速发展的后发优势。在现代化进程中,中国特色社会主义现代化建设更是充分发挥了内部巨大的潜力,极大地推动着经济社会体制的深刻变化。所有制结构的不断变革、企业内部改革不断深化、市场机制作用明显加强、政府及行政的职能逐渐改变、分配制度和社会保障制度改革速度不断加快,等等,这一切都体现了中国主动型和"内生式"现代化的特点。

总之,中国特色社会主义现代化是以马列主义、毛泽东思想为指南,以世界现代化运动为借鉴,走出的一条中国式的现代化道路。当代中国的现代化既不是被动式的,也不是外生式的,中国的现代化更不是照搬西方模式的现代化。强调照搬别国模式从来不能获得成功。中国的现代化道路,以改革开放为动力,实现物质文明和精神文明、政治和经济的协调发展,社会和人的全面进步。中国的现代化是中国共产党领导的,得到广大人民支持和广泛参与的现代化,体现了时代精神和民族精神的统一、社会主义和爱国主义的统一,既是马克思主义的,又是"中国特色的"。历史已经并将继续证明中国完全有能力和条件实现内生式现代化。中国特色的社会主义现代化开创了世界历史新局面,给世界以启迪。

与此同时,中国的发展积累了后发展中国家建设现代化的经验:第一,为追赶早发式现代化的国家,后发展中国家特别需要政治领导权威,需要集中力量办大事,而社会主义制度正好能有效地推进现代化,并为现代化发展提供可靠的制度保证。邓小平说:"我们相信社会主义比资本主义的

---

① 《邓小平文选》第 3 卷,人民出版社 1993 年版,第 377 页。

制度优越。它的优越性应该表现在比资本主义有更好的条件发展社会生产力。"①中国式现代化就是从根本上坚持了社会主义而发展起来的现代化。第二,后发展中国家实现现代化是一场深刻的社会变革过程,在这一现代化推进过程中,必须保持一个稳定的政治秩序,这是实现现代化的前提条件。中国在推进现代化发展中,总是特别强调政治秩序和稳定问题。邓小平指出:"中国的问题,压倒一切的是要稳定。没有稳定的环境,什么都搞不成,已经取得的成果也会失掉。"②中国在实现现代化的同时,不抛弃社会主义,坚持四项基本原则,这是中国现代化发展的政治保证。为了统一思想、稳定社会、推进改革,中国现代化还在强调政府的主导作用下,走了一条摸着石头过河的渐进式发展道路。第三,中国式的现代化以经济建设为中心,以改革开放为根本动力。以经济建设为中心是中国式现代化建设的核心内容,也是中国特殊国情的必然要求。中国式现代化还有一个划时代意义的贡献,就是成功地实现了由僵化、封闭的建设模式向改革开放建设模式的转变,为中国现代化找到了动力源泉,使社会主义现代化事业充满生机和活力。第四,在当代以知识经济为先导的全球化时代,后发展中国家既要完成西方国家早已实现的现代化任务,又面临后现代化的挑战,也即面临实现工业化和信息化的双重使命。对此,中国走了一条新型工业化道路,实行赶超战略,不再重复发达国家先工业化后信息化的老路,为实现现代化的双重任务,采取了跨越式发展,走了一条"以信息化带动工业化,以工业化促进信息化"为核心,科技含量高、经济效益好、资源消耗低、环境污染少、人力资源优势得到充分发挥的新型工业化之路。第五,当代中国的现代化,是包括经济、政治、文化在内的整体现代化,奋斗目标是把中国建设成为富强、民主、文明的社会主义现代化国家,既有物质层面的现代化,又有制度层面的现代化和文化层面的现代化,是现代化的整体性选择和现代化的理性发展。

中国 30 多年来的改革开放和现代化建设成功实践所取得的经验,无疑会给不发达国家提供重要的参考。2004 年 5 月 7 日,英国著名思想库伦敦外交政策中心发表了乔舒亚·库珀·拉莫(Joshua Cooper Ramo)的文章《北京共识》,文章全面总结了中国 20 多年改革开放的经验后指出:中国的

---

① 《邓小平文选》第 2 卷,人民出版社 1994 年版,第 231 页。

② 《邓小平文选》第 3 卷,人民出版社 1993 年版,第 284 页。

经济模式不仅适用于中国,也是可以成为追求经济增长和改善人民生活的发展中国家效仿的对象。中国模式之所以能为发展中国家效仿,原因就在于中国不把这种模式强加于其他国家,也在于中国模式本身就是一条强调和本国国情结合的新型发展道路。[①] 著名学者郑永年也撰文指出:中国的发展经验早已被第三世界国家认可和借鉴。[②]

(作者单位:浙江大学城市学院思政中心)

---

① 乔舒亚·库珀·拉莫(Joshua Cooper Ramo):《北京共识》,见《中国全球化:华盛顿共识还是北京共识》,社会科学出版社 2005 年版。

② 郑永年:《"中国模式"概念的崛起》,《信报》2004 年 4 月 20 日。

从"三大规律"视角看社会包容的现实意义

王学川

"从"包容性增长"理念的生成来看,它主要是作为世界包括中国的经济发展方式的具体指导思想而提出来的。但从其内在逻辑要求上看,倡导"包容性增长"已超越了经济发展领域的"经济包容",它必然要求在整个社会领域中坚持和实现"社会包容"。

一、社会包容的科学内涵

社会包容是指社会的制度体系对具有不同社会特征的社会成员及其所表现的各种社会行为的吸纳和认同。这里的社会特征可以是出身、地位,也可以是民族和性别等等,总之包括一切在特定社会中具有社会意义的标志;而他们的行为则包括其思想、行动等,社会成员不同的目标、习惯和思维方式往往会导致不同的行为,从社会总体上看,这就是行为的歧异性。因此,实际上,社会包容是个体和个体之间、不同群体之间或不同文化之间互相配合、互相适应的过程。更普适的定义则认为社会包容处理的是某一个社会单元中个体或集体行动者的社会联系和互动的范围(广度)、频率(强度)和效果(质量,如认同感等)的问题。社会包容包括经济、社会和政治三个层面。如果说政治平等与融合、经济平等与融合是基础的话,社会平等及心理融合才是社会包容的最终目标。就社会包容的内涵而言,其基本含义应当强调三个特征,即参与性、共享性和正义性。

其一,参与性。它是指所有社会成员能对经济与社会发展过程的积极、普遍参与,而不被社会排斥。社会包容意味着应该使人民群众有充分的发言权,让他们享有行使民主权利的广阔空间,以求在各社会阶层和社会群体之间重建关于发展的共同认知,使每一个个体都能融入社会经济发展的主流之中。要消除任何形式的"社会排斥",将所有的人都包容、容纳到经济与社会发展进程中,消除社会成员之间的隔阂。要倡导把经济与社会发展构建在社会各阶层或所有社会成员充分参与的基础之上,最大限度地激发广大人民群众的参与热情和创造活力。

其二,共享性。它是指所有社会成员能对经济与社会发展成果进行共享。共享不仅是指共享经济增长的成果,同时也是发展、安全和人权的共享。其核心要义是社会最终要惠及更多的贫困人口和弱势群体,惠及更多的普通劳动者,惠及社会的大多数人。这也同时意味着:收入分配更趋合理、社会福利水平更趋提高、市场经济主体参与竞争的机会更趋公平以及人民的权利与尊严得到更严格的保护,从而社会和谐得到更有效的促进。正如温家宝总理所强调的,要让人民过上一种更幸福、更有尊严的生活。要最大限度地实现好、维护好、发展好广大人民群众的根本利益。总之,社会包容所说的共享,是要在正视合理差异的基础上,开辟一条既做大蛋糕又分好蛋糕(理想效果是所有人努力做大蛋糕,所有人平等分享蛋糕)的新路,为人们创造平等发展的环境、公平竞技的舞台。

其三,正义性。它是指要让社会更公正、更和谐。在一个发展不平衡、利益格局多元化的社会,如果没有社会公平正义,就不可能整合各种发展力量,不可能激活各种发展潜力。胡锦涛主席指出:"我们应该坚持社会公平正义,着力促进人人平等获得发展机会,不断消除人民参与经济发展、分享经济发展成果方面的障碍;坚持以人为本,着力保障和改善民生,建立覆盖全民的社会保障体系,注重解决教育、劳动就业、医疗卫生、养老、住房等民生问题,努力做到发展为了人民、发展依靠人民、发展成果由人民共享。"[①]要着重实现"权利公平、机会公平、规则公平、分配公平"。既要解决"机会均等",更要重视"结果不平等"问题,例如,快速城镇化中的群体利益的剥夺、国有企业垄断的门槛保护、严重的收入分配不均等。因此,我们应根据公平正义共享原则来改造事关公民基本经济社会权益的制度安排,通过对弱势群体的特殊援助和推进民主政治建设来促进社会公平正义,并为之提供健全的制度保障。

回顾中国改革开放以来的历史,党中央在发展理念上,从科学发展观

---

① 胡锦涛:《深化交流合作　实现包容性增长》,《人民日报》2010 年 9 月 16 日。

的提出到"和谐社会"的理论与实践、"又好又快发展""共享改革发展成果"和"着力保障和改善民生"等政策取向,无疑为"社会包容"理念在实践中的落实提供了强有力的基础和保证。

二、社会包容的现实意义

(一)从人类社会发展一般规律来看,社会包容是减缓社会矛盾和冲突从而推动社会发展的一种重要动力和途径

所谓人类社会发展规律,就是人民群众历史活动的规律,就是人民群众根本利益的客观表现,就是人民群众意志和愿望的客观反映。在社会生活中,必然存在着各种各样的社会矛盾和冲突。这些矛盾和冲突在社会经济、政治、文化领域里会演变成具体的利益冲突,从而对社会的和谐稳定发展构成隐患、危害和破坏。在我国现行的社会政策、法律法规中,囿于历史和认识的局限性,还不能根本或完全排除"社会排斥"因素在一定程度上的存在,正是由于这种因素的存在,才出现了城乡"二元分割"甚至社会各阶层的"多元分割"格局,某些行业和部门才有了"垄断特权"下超出平均工资福利水平数十倍、甚至上百倍的高工资、高福利,在某些城市才会出现为了市容市貌而不顾小商小贩的生存权利,在某些地方才发生为了加快城市化进程而不顾拆迁户合法利益而上演的"自焚悲剧",在某些企业才存在为了实现资方利益最大化而无视农民工劳动、社会保障权益等现象,由此造成了制度化相互敌视或群体性彼此仇视的社会矛盾。因此,我们必须要坚持和倡导社会包容,科学合理调度生产关系,增强人民对政府的信心,化解矛盾和稳定社会,使民众能够更积极地投入到国家建设当中,从而加快经济与社会发展步伐。

(二)从社会主义建设规律来看,社会包容是中国社会和谐发展的内在要求

中国目前之所以会特别关注或强调社会包容的重要性,是因为尽管改革开放以来中国经济发展取得了举世瞩目的伟大成就,但包括城乡差距、地区差距及群体差距在内的中国内部经济发展不平衡以及不同群体分享社会公共服务不均等因素,导致目前中国按基尼系数指标显示的贫富差距仍在扩

大。这种发展与分享的不平衡性,是社会不包容的典型表现。造成这一现象的根本原因在于不少地方长期奉行的"GDP 主义",即把"发展"简单理解为"经济增长",同时又把"经济增长"简化为"GDP 增长"。在中国改革初期,追求 GDP 主义,或许有助于实现经济的快速发展,迅速做大经济发展这块大蛋糕。但是,进入 21 世纪后特别是在当前环境下,如何分好经济发展这块大蛋糕,即如何合理和平等地分享中国经济发展成果,已经成为当前中国经济发展面临的一个重大问题。当然,影响的原因是多方面的,但我们认为,长期信奉"GDP 主义"是导致中国形成社会不包容现象的根本原因之一。社会包容不能只是政府的支持,所有的利益相关者都必须充分参与进来才能取得成功。最重要的是企业界和企业家的参与。企业界参与的意义远比一般的企业社会责任要更深刻。社会包容需植根于企业的精神和策略中。总之,我国预计将在 2020 年实现全面小康,能不能实现这个目标,"十二五"是一个关键时期,而能否大力倡导和实现社会包容,则起到了重要作用。

(三)从共产党执政规律来看,社会包容是全球化时代对执政党提出的客观要求

把社会包容与党的执政问题紧密联系在一起,是在深入思考我们党长期执政以及世界社会主义经验教训的基础上提出来的,表明我们党对共产党执政规律的认识达到了一个新高度,上升到了一个新境界。对于执政党来说,人心向背是关系到党的生死存亡的头等重要的问题。只有始终代表最广大人民的根本利益,才能得到人民群众的拥护和支持。社会包容可以充分体现社会各阶层群众的利益和意志,更能充分调动各阶层建设社会主义的积极性和主动性,使党更加具有生机和活力。目前中国共产党提出"坚持以人为本,努力构建社会主义和谐社会"的新目标。尽管和谐社会的内容非常丰富,但其主要目的就是要正确处理新形势下人民内部矛盾,协调多种所有制经济成分共同发展条件下的利益关系,认真解决人民群众最关心、最直接、最现实的利益,努力缓解地区之间和部分社会成员收入分配差距扩大的趋势,完善社会保障体系等。因而倡导和实现社会包容,构建和谐社会,是巩固党执政的社会基础、实现党的历史任务的必然要求。

三、为什么要消除社会排斥

在社会学和社会政策学的概念体系中,与"社会包容"相对的反义词是"社会排斥"。所谓"社会排斥",是指占据社会主流地位的阶层或群体在社会意识和政策法规等不同层面上,对边缘化的贫弱阶层或群体的社会排斥。社会排斥可以发现社会的哪些方面存在障碍和壁垒。1993 年,欧洲共同体委员会提出了一个综合性的定义,即:"社会排斥是指由于多重的和变化的因素导致人民被排斥在现代社会的正常交流、实践和权利之外"[①]。2004 年,欧洲理事会提出:社会排斥是某些个人由于贫穷、缺乏基本技能和终身学习的机会,或者由于受到歧视,导致他们被推入社会边缘,无法全面参与各项社会活动的过程。社会排斥表现在社会生活的方方面面,包括经济、政治、公共服务、社会关系、教育文化等方面。社会排斥是威胁社会和谐发展的高危因素之一。其危害主要有以下几点。

(一)从人类社会发展一般规律来看,社会排斥有悖于人的自由而全面发展的终极价值取向

人的自由而全面发展是马克思主义人学理论的重要组成部分,它揭示了社会发展的必然趋势,表达了人类对自身完美状态的不懈追求。唯物史观认为,人的自由而全面发展是指每个人的能力全面提高、人的需要不断满足、人的社会关系丰富、人与自然的关系和谐、个性的自由发展。马克思和恩格斯反对抽象地谈论人,而是把人理解为生活在现实的历史地发生和历史地确定了的世界里面的"现实中的个人",并揭示出"人的本质不是单个人所固有的抽象物,在其现实性上,它是一切社会关系的总和"。全面发展是相对于片面、畸形发展而言的。历史上,"道德人""经济人""工具人"的出现,是由于受生产力发展和社会制度的制约而呈现出人的片面、畸形发展的社会排斥状态。这样的社会排斥,其实质是伦理道德问题,不能使每个人的个性健康发展和潜能充分发挥,不能使社会成员根据自身的条件和能力,通过自己的学识和努力从事自己理想的工作,满足自由而全面发展的需要。归根到底,是不全面、不协调发展的反映。

---

① 转引自李景治、熊光清:《政治排斥问题初探》,《社会科学研究》2006 年第 4 期。

(二)从社会主义建设规律来看,社会排斥有碍于社会主义本质的内在要求

1989年后,苏联解体、东欧剧变,世界上第一个通过"跨越理论"取得胜利的社会主义国家发生质变,社会主义运动陷入低潮,给我国如何建设社会主义提供了经验教训。邓小平在提出我国处于社会主义初级阶段理论之后进一步指出:社会主义的本质,是解放生产力,发展生产力,消灭剥削,消除两极分化,最终达到共同富裕。马克思主义经典作家无数次论述过发展生产力的极端重要性,邓小平则进一步指出:"社会主义阶段的最根本任务就是发展生产力,社会主义的优越性归根到底要体现在它的生产力比资本主义发展得更快一些、更高一些,并且在发展生产力的基础上不断改善人民的物质文化生活。"①在我国全面建设小康社会的进程中,由于各种主客观方面的原因,不同地区和部门,不同群众和个人在享受经济社会的发展成果的多少上是不同的,物质文化生活的改善程度也是有差异的,最突出的是分配不公和贫富差距扩大,已成为广大人民群众关注的热点问题之一。很显然,这些社会排斥现象与社会主义本质的客观要求格格不入,其"不和谐"的因素日益影响着中国社会的发展,甚至在一定程度上阻碍了社会生产力的发展。

(三)从共产党执政规律来看,社会排斥不利于中国共产党执政理念的创新和提升

执政理念是执政的价值取向和价值标准,决定着执政党制定的路线、方针、政策,指导着执政党的行为方式和执政的路径选择。显然,符合"公意"的执政理念是执政党政治合法性最坚实的基础,是执政党意识形态中的核心内容,也是执政党一切行为的出发点和归宿。中国共产党代表着社会发展的规律,代表着无产阶级的整体利益,代表着社会最大多数人的根本利益。全心全意为人民服务,立党为公、执政为民,是我们党同一切剥削阶级政党的根本区别。中国共产党执政的指导思想是马克思列宁主义、毛泽东思想、邓小平理论和"三个代表"重要思想,其执政理念是立党为公、执政为民。党的执政理念全面涵盖了中国共产党的宗旨、方针、原则,符合广

---

① 《邓小平文选》第3卷,人民出版社1993年版,第63页。

大中国人民的"公意"。而经济社会结构整体转型时期出现的社会排斥现象不符合绝大多数民众的根本利益,其后果会导致党群干群之间思想隔阂不断加深、矛盾日益复杂尖锐,甚至会丧失党在群众中的凝聚力与号召力,动摇党的执政基础,危及党的执政安全。

综上,"社会包容"理念的提出及其实践,是我们党深化"三大规律"认识的又一重要成果。它与党中央这些年来提出的"科学发展观""全面小康社会""和谐社会"等思想,从根本上说是一脉相通的。因此,社会包容作为当代中国社会发展的一种价值理念和追求,理应在全社会大力坚持和倡导,并努力落实之。

(作者单位:浙江科技学院社科部)

一种创新思维改变了一个国家、民族的命运

——从社会主义特征论到本质论的思维特征

李勇华

　　长期以来,我们一直是以要素剖析分列的方法来定义事物的性质。如社会主义,就是计划经济、单一的公有制、完全的按劳分配,等等。它的思维特征就是要素切割、静态分析,通称"特征论"或"本质特征论"思维。其存在有它的合理性,但却有很大的片面性。第一,它易把人们的思想凝固在一些具体的构件(要素)上,而忽视了系统整体所要达到的功能和目标。以至于死守这些要件而不惜牺牲整体功能和系统目标。这一点在相当程度上成为我们民族的一种思维定势。第二,它追求并捍卫要素的纯洁性或纯粹性,把任何一种对要素纯度的哪怕是些微的削弱,都看作是对事物本身的侵害乃至否定,从而奋不顾身地加以排斥和遏制。长期以来把计划经济当作社会主义不可或缺的特质,拒绝非公有制经济的存在,排斥资金、技术等生产要素参与分配,否定股份制等混合经济形式等等。循此思维逻辑,必然会提升到"两个阶级、两条道路斗争"的层面,由此,导致了阶级斗争的扩大化。"特征论"思维方式的实践结果是造成这样一个悖论:越是努力做纯这些要素(特征),这些要素一个个做得越纯粹越漂亮,离事物应有的整体功能和目标,比如社会主义制度的整体功能和目标,反而是越来越远了。

　　邓小平的社会主义本质论却向我们展示了一种全新的思维方式:回到原点、整体关注。第一,回溯原点。从事物如社会主义诞生的源头上,即社会主义制度降世的正当性源码上来定义社会主义的性质。世界上为什么要有(产生)社会主义这个东西?它是用来干什么的?马克思历史唯物主义告诉我们,世界上之所以要有(产生)社会主义这个东西,就是因为在人类生产力发展到现时代,社会主义制度能比资本主义制度让现代生产力发

展得更好更快,社会主义制度能比资本主义制度让全体人民生活得更富裕、更公平,从而更幸福。总体来说,就是生产发展、共同富裕。因此,"贫穷不是社会主义""发展太慢不是社会主义""平均主义不是社会主义""两极分化也不是社会主义"。第二,整体关注。即超越或曰不拘泥于具体要素,从事物整体的功能和所在达到的目标上来界定事物的本质,从事物的本质高度来揭示事物的性质。"社会主义的本质,是解放生产力,发展生产力,消灭剥削,消除两极分化,最终达到共同富裕。"回想当时,这是何等的发聩振聋,一时间议论鼎沸:公有制哪去了? 按劳分配哪去了? 疑惑难以消解。

社会主义的性质是一个由社会主义的基本特征与社会主义的本质多层组合的范畴。它至少包括两个层次:一是社会主义的基本特征——共产党领导,马克思主义指导,公有制,按劳分配等不同要素;二是社会主义的本质——它是各要素有机组合后所展现出来的事物的整体功能。社会主义的基本特征制约着社会主义的本质。但历史证明,基本特征并不直接等同于社会主义的本质;脱离社会主义的本质,孤立地理解、固守这些基本特征,必然给丰富的实践生活及其发展带来严重的阻碍乃至损害,只能导致对社会主义性质的偏离(如"文化大革命"时期)。因此,社会主义的本质更具有全局性、根本性。从整体功能和目标的层次来揭示无社会主义的本质、进而揭示社会主义的性质更具有科学性。只有从要素(特征)构成和功能目标两个方面有机统一起来,才能更准确地揭示社会主义的性质。

社会主义本质论的实践意义在于,以事物整体功能和目标要求为依据,不断调整对事物构成要素的认识和要素的状况,更切实更有效地实现整体功能和向既定目标迈进。正是在社会主义本质论及其内涵的新思维方法的指导下,我党调整了对公有制、按劳分配的单一性的认识,消除了认为计划经济是社会主义本质属性的理念,形成了坚持和完善社会主义公有制为主体,多种所有制共同发展的基本经济制度、坚持和完善了按劳分配为主体的多种分配方式(包括按生产要素分配)并存的分配制度、坚持和完善了社会主义市场经济体制的初级阶段的经济政策和纲领,在此基础上开展了史无前例的大规模的社会主义市场经济建设,取得了举世瞩目的巨大成就。可见,一种新的科学的思维方式能给一个国家、一个民族、一个政党的命运带来何等的伟力。

(作者单位:浙江农林大学马克思主义学院)

自由应该成为社会主义核心价值体系的重要内容

——论《共产党宣言》的核心思想对中国当代核心价值体系的启示

孙　蔚

平时我们一谈到"自由",就把它与资产阶级自由化相提并论,认为资本主义国家所谓"自由"和"民主"只不过是资产阶级内部的"民主"和"自由",对广大无产阶级和劳动人民来讲,则只有出卖劳动力的自由,本质上只不过是资产阶级专政。这样的观点,无形当中使得我们有一种压抑感,唯恐一谈到自由,就被贴上"美化资本主义""资产阶级自由化"的标签,马克思当年提倡和信奉的"自由"被严格限定在一定的范围内,竟然连讨论的空间都被划上"红方框"。呜呼,难道这也是真正的马克思主义者的态度吗?

一、马克思的自由价值观是马克思主义重要的核心思想

实际上,马克思对自由的推崇起初来自于对新闻自由的论述。在《第六届莱茵省议会的辩论》(第一篇)中,马克思以争取新闻出版自由为出发点,探讨了自由的深刻含义。他认为:"自由确实是人的本质,因此就连自由的反对者在反对自由的现实的同时也实现着自由。没有一个人反对自由,如果有的话,最多也只是反对别人的自由。"[①]可见,各种自由向来是客观存在的,"不过有时表现为特权,有时表现为普遍权利而已"。由此,马克思对自由的探索从自我意识转到对现实社会中实践自由的追问。他后来担任主编的《莱茵报》多次遭到德国政府的查封,马克思本人也遭到驱逐,这种将自由寄托在新闻自由的幻想最终破灭,最后马克思终于将批判的矛

---

① 《马克思恩格斯选集》第 1 卷,人民出版社 1995 年版,第 167 页。

头对准专制的政权。马克思反对把自由看成是脱离现实的,要求在现实中实现自由。在《1844年经济学哲学手稿》中,马克思把自由的原则从精神本性转为人的本质,即改造世界活动的根本特性。他认为自由只有在人改造世界的活动中才能实现,这个活动将导致共产主义。共产主义的实现则意味着人类真正地实现自由,这个历史任务则必须由无产阶级来完成。① 他认为,只是把自由看作是"排除外来干涉"意义上的,只能算是消极自由,还不能算是积极自由,因为人真正自由的实现来自于在社会现实的生产力的高度发达和雄厚的物质基础作为基本条件,在资本主义社会里,劳动者的劳动是异化的,劳动者也是异化的。在拜物拜金和拜商品的社会里,异化无处不在,泯灭了自己作为生动的人的个性和本质,也丧失了其应该享有的各项权利,人不可能实现真正的自由。只有在物质高度发达的共产主义社会,人才能实现真正的自由解放,这是因为"共产主义是私有财产即人的自我异化的积极扬弃,因而是通过人并且为了人而对人的本质的真正占有。"② 只有这样,人才能摆脱劳动的异化,摆脱政治的异化、经济的异化和宗教的异化,最终达到个人的全面的发展和自由的发展状态。由此完成了马克思对个人自由实现的途径和方式的认识。在《共产党宣言》里,马克思描绘出未来理想的社会将是"代替那存在的阶级和阶级对立的资产阶级旧社会的,将是这样一个联合体,在那里,每个人的自由发展是一切人的自由发展的条件。"③这段话恩格斯曾经给予其极高的评价。1894年,意大利的记者要求恩格斯用简短的话来表述未来社会主义纪元的基本思想。恩格斯在回信中说道,"除了《共产党宣言》中的下面这句话(即以上的那段话——作者注),我再也找不出合适的了"④。从这里我们可以清楚地看出,马克思崇尚自由,向往自由,视个人自由为社会的理想目标是很显然的。按照恩格斯的意思,这段话应该是马克思的核心价值观,马克思认为在阶级社会里,个人自由不可能完全实现,因为在阶级社会里,个人作为阶级的一员,不可避免地受到阶级的压制,马克思把自由的实现寄托在无产阶级的革命自觉和全人类的解放。这里,我们基本勾勒出马克思对自由的基本价值取向和实现方式的逻辑本路,同时也蕴含了对资本主义和阶级社会里对自由的批判。

---

① 《马克思恩格斯文集》第1卷,人民出版社2009年版,第185页。

② 《马克思恩格斯全集》第1卷,人民出版社1974年版,第167页。

③ 《马克思恩格斯选集》第4卷,人民出版社1995年版,第730页。

④ 《马克思恩格斯文集》第10卷,人民出版社2009年版,第666页。

二、从马克思的自由价值观到对马克思主义基本精神的科学认识

应当承认，人的自由、人的自主活动、人的自由个性、每个人的自由发展和由此实现的一切人的自由发展，这是贯穿于马克思全部理论的根本思想和根本目的。同时，马克思指出，每个人的自由发展是一切人的自由发展的条件，没有每个人的自由发展，就不会有一切人的自由发展。自由的个人是他们之间的自由联合的条件。他所表达的是真正的社会主义社会的性质、基本精神和发展方向。由此我们要回到马克思主义的基本精神上来，就要对马克思主义的基本精神作基本的归纳。

我们说坚持马克思主义就是要真正坚持马克思主义的普遍真理。那么马克思主义的普遍真理包含哪些内容呢？第一层次应该就是马克思主义哲学，即马克思主义的科学世界观和方法论。我们说马克思主义是我们的指导思想，这个指导思想的意义主要是马克思主义的科学世界观和方法论，而不是马克思的一些带有历史阶段性和条件性的论断，因为实践的发展、条件的改变不是马克思所能预料得到的。对我们具有指导价值的只能是他最基本的一些思想。马克思主义的科学世界观和方法论主要包含辩证唯物主义和历史唯物主义以及唯物辩证法。其中，实践的观点、群众的观点、生产力的观点、阶级的观点都是对社会历史发展规律的基本认识和科学判断，不但体现了科学性，而且也体现了人民性，反映了绝大多数人的利益要求。马克思主义的第二层次就是马克思主义的基本原理，如经济基础决定上层建筑、生产力决定生产关系、物质生产、分配、交换、消费相互作用的原理，如今后的社会发展的方向是实现每个人的自由和全面的发展等。这些原理对我们搞改革开放和社会主义建设、建设社会主义和谐社会等有极大的指导价值。但是我们也要看到，马克思主义中的一些基本原理在不断变化的实践和条件面前，必须进行科学认识和理性反思，应该把基本原理和现实实践紧密结合，以科学的态度、对人民负责的态度以及用实践着的现实去验证、修正和完善马克思主义基本原理，而不是把一些与现实实践相冲突和相脱节的原理一概引用，以免犯教条主义的错误。马克思主义的第三层次，即马克思生活在他那个年代时所作出的具体结论和个别论断，我们更应该仔细甄别，更不能直接套用在今天迅猛变化的社会中。

批判性地认识马克思主义才是真正的马克思主义者,这也是马克思本人的真正意愿。

把握马克思主义的基本精神是我们做真正马克思主义者的基本品德。坚持马克思主义的指导思想就是要坚持马克思主义的基本精神。那么马克思主义的基本精神是什么? 董德刚认为:"全部马克思主义的基本精神,就是在尊重客观规律特别是社会规律的基础上,为绝大多数人即全体人民(包括其中每一个人)谋利益。"①他认为,尊重客观规律就是马克思主义的科学性,为绝大多数人谋利益就是马克思主义的人民性。马克思主义的科学性和人民性就是对马克思主义的基本精神的概括。对这样的观点,笔者十分赞同。全面把握和始终坚持马克思主义的基本精神的人才是真正的马克思主义者,所有那些回避马克思主义中真正反映科学真理和人民利益的观点,不是装聋作哑,就是别有用心。

我们再回到马克思主义中对"自由"的科学论断和基本观点。不仅是马克思本人,连最了解马克思的恩格斯都对"自由"的价值含义作了高度的评价,恩格斯甚至认为,实现人的自由全面发展就是社会主义的基本思想。自由和全面发展是马克思主义全部理论的根本思想和根本目的。对自由价值的认识是马克思主义人民性的突出表现,马克思认为,每个人的自由发展是未来自由人联合体中一切人自由发展的前提和条件。马克思对资本主义社会所谓"自由"的批判性认识只是针对当时资本主义处于上升发展阶段(自由发展阶段)时劳动者的异化而言的。在资本主义社会里,劳动者不能掌握自己的命运,只能成为雇佣劳动者,在这样的社会里,没有真正自由可言。这并不是对资本主义社会里相对于封建社会对人性的压抑以及自由的剥夺而实现自由的批判,反而,马克思对资本主义社会相对封建社会取得的自由给予高度评价。这就说明,对现实资本主义社会中已经取得的自由,马克思并没有否定。这也说明,自由不是抽象的,是现实存在的。我们必须对资本主义发展到现在的现实中已经存在的更进步的自由给予肯定,而不是一概给予批判,给其加上资产阶级自由化的帽子,这是对资本主义社会劳动人民在自由民主问题上取得进步的不实污蔑。

---

① 董德刚:《科学对待马克思主义》,中央党校内部讲稿 2011 年第 8 期。

三、马克思主义自由价值观对当今构建社会主义
核心价值体系的重要启示

　　每个人的自由发展是一切人自由发展的条件,重视每个个体自由的价值是马克思主义的一个重要价值取向。当马克思认识到对自由的压抑来自于资本主义制度和专制体制的时候(他所工作的《莱茵报》的最后命运即是遭到查封),他的斗争矛头旋即指向阶级压迫的工具——国家以及资本主义制度,并认为只有无产阶级革命和无产阶级专政,并实现生产力极大发展的时候,人才能实现真正的自由。苏联解体、东欧剧变以及苏联共产党倒台给我们的极大的教训就是,在社会主义国家,人民的自由民主更加应该得到保护,特别是人民(无产阶级)内部的言论自由和政治自由等基本权利更应该得到切实保障。如果在资本主义国家都能维护普通群众自由民主权利的方面都做不到,那又何谈什么自由民主呢?而对那些侵害人民利益的言论和行动则要更加警惕,这关系到民心向背的问题。而且,我们这里的人民不是抽象的人民,是包括每一个人在内的绝大多数人的"人民",我们共产党的所有领导干部绝不能打着"人民"的旗号去做侵害人民利益的事,包括人民普遍反映最强烈、最现实、最迫切的利益问题,如打着"公共利益"的旗号去搞侵犯人民利益的征地拆迁、围堵上访群众、暴力清剿无证摊贩人员等问题。实现与完善人民当家做主的无产阶级专政必须切实维护人民群众的言论自由、思想自由和利益诉求输送渠道的通畅,任何对人民群众自由权利给予压制的言论和行动都是与马克思主义的基本精神和根本思想背道而驰的。这样的领导干部才是党内真正的异己分子,是伪装成马克思主义者的政治骗子,他们的目的是要维护他们在人民政权里的既得利益(包括政治利益和经济利益),对这样隐藏在党内的伪马克思主义的政治骗子要坚决给予揭露和批判。我们衡量一种理论、实践和制度是否是马克思主义的,就是要看这些理论、实践和制度安排是否符合马克思主义关于社会主义社会是保障人的自由而全面发展的社会的基本核心价值思想,我们要通过具体的政治、经济和文化制度的安排,切实保护人民群众自由民主的权利。党的十六届三中全会提出以人为本的科学发展观和党的十六届四中全会提出构建社会主义和谐社会,是党思想路线的重要转变,是对人的自由权利、尊严和公平公正的更加重视和尊重,是对社会主

义根本思想价值的重要回归。

建设社会主义核心价值体系,是增强民族凝聚力、提高国家竞争力的迫切需要。当今世界,各国经济既相互融合又相互竞争,不同文化既相互借鉴又相互激荡。经济全球化的不断深入,既挑战着国家主权的内涵,又冲击着人们的国家观念、民族认同感。国家之间的竞争,既表现为经济、科技、军事等硬实力的竞争,又越来越反映在软实力之间的较量中。在软实力中,最关键的就是核心价值体系,它直接反映着民族的凝聚力和国家的核心竞争力。我们正在构建的社会主义核心价值体系,是我们高举中国特色社会主义伟大旗帜的重要思想指南。中国搞中国特色社会主义建设,就必须要有一整套人民群众认可、经得住历史和实践考验的核心价值体系。有了正确的核心价值体系,中国特色社会主义才能对人民群众有巨大的吸引力和号召力,才能有巨大的软实力和空前的国际影响力。相反,脱离人民群众实际和具体需求,离开人民群众的现实自由权利空谈建设社会主义核心价值体系,以为给人民谋点物质福利就能够得到人民的拥护,只能是暂时的拥护,缺乏对人民群众对自由公正精神需求的满足最终不会得到人民的认可。把自由公正作为社会主义核心价值体系的重要内容是落实人民群众真正当家做主的时代需要。"天下之至柔,驰骋天下之至坚。"在这种情况下,提出以自由公正为重要内容的社会主义核心价值体系,有利于进一步凝聚民心、鼓舞斗志,提高经济全球化条件下的国家竞争力,在激烈的国际竞争中维护国家和民族的利益。这不但是对马克思主义关于"什么是社会主义"这个根本思想认识的价值回归,而且是对真正文明和谐、温暖人心的社会主义社会的性质、基本精神和发展方向的正确表达和解读。以人为本的科学发展观已经在一定程度上与马克思主义的自由价值观产生了逻辑上的耦合,在新的时代条件下,以人为本的科学发展观更需要发展和创新,马克思主义关于人的自由全面发展的根本思想已经给我们指明了正确的方向。在大力发展中国特色社会主义生产力的同时,真正逐步实现中国人民的全面自由和全面发展。

（作者单位：中共浙江省委党校）

论社会主义核心价值观的历史文化底蕴*

李　旭

在当今中国,形成价值共识、建设中华民族共有的精神家园,已经成为中国共产党和中国人民的普遍自觉。党的十八大报告中提出,要"用社会主义核心价值体系引领社会思潮、凝聚社会共识",指引了文化建设的基本方向。报告指出,"倡导富强、民主、文明、和谐,倡导自由、平等、公正、法治,倡导爱国、敬业、诚信、友善,积极培育社会主义核心价值观",三个倡导从国家、社会和公民个体三个层次勾勒了社会主义核心价值观的内容,为我们进一步从社会主义核心价值体系中提炼核心价值观提供了指南。党的十八大报告中"二十四个字"的价值理念并不是对社会主义核心价值观具体内容的最终表述,它以"倡导"的方式表明自身是一个动态的开放系统,这为学术界进一步研究讨论、提炼概括留下了空间。①价值观既有个人和国家、社会层面的区别,同时也存在宏观和微观层面的统一性。因为国家和社会是由个人组成的,国家、社会层面的价值观也要靠包括广大党员在内的公民个体去践行。例如,国家的富强离不开每个国民的爱国、自强,民主离不开公民个体对公共事务的平等参与。我们有必要基于国家、社会和个人的统一性进一步提炼社会主义核心价值观,这是理论工作者的使命。价值观的提炼和培育应该是有规律可循的,不能靠个人的主观构想。价值观是人们对美好生活、美好社会的看法,是人们在长期的社会生活实践中形成的,重视历史、尊重传统应该是价值观提炼的一个基本法则,在这方面,古代儒家的"通三统"思想可以为我们提供一些借鉴。

---

*　本文为 2012 年度浙江省中国特色社会主义理论研究中心研究成果(12JDYB02)。

①　吴俊:《"三个倡导"体现高度的价值自觉和自信》,《光明日报》2013 年 1 月 5 日。

一、"通三统"的折中损益精神是中国古代
王朝的文化繁荣之道

"通三统"是儒家春秋公羊学的一个重要观念,其基本精神是尊重本朝之前各朝代的礼乐制度,重视文明的历史连续性。"通三统"的提法虽然出现在汉代,但是思想渊源却来自孔子和更早的周武王以及周公。周王朝取代殷商之后实行分封制,封夏的后代于杞、商的后代于宋,允许他们保存先代的礼乐,对夏和商的后代以客礼相待,在礼乐制度上也继承借鉴了夏和商的传统,创造了灿烂的周代文明,奠定了华夏礼乐文明的根基。因此孔子称赞说:"周监于二代,郁郁乎文哉!吾从周。"(《论语·八佾》)周朝的立国者对夏和商的礼乐制度加以斟酌损益,创造出自己灿烂的礼乐文明。孔子对此赞叹不已,在他自己的政治思想中,他也非常重视这种继承传统加以权衡损益的做法。他回答弟子颜回关于如何"为邦"的问题时说:"行夏之时,乘殷之辂,服周之冕。"(《论语·卫灵公》)孔子这种折中三代以达到文质彬彬的政治理想在春秋战国的乱世中没有得到施行的机会,一直到了汉代,经过董仲舒等儒者的努力,儒家的文教理想和制度主张才得到重视并有所确立。

汉代取代短命的秦朝而立,部分继承了秦朝一系列加强中央集权的制度,同时,汉代的统治者也汲取了秦朝二世而亡的教训,听取了儒者包括"通三统"在内的制度构想,注重以德治天下,对秦代和周代的制度进行了折中损益,奠定了之后中国历代王朝的治理构架,创造了气象雍容的汉代文明,并保持了西汉和东汉约四百年的大一统秩序。汉代之后中国的另一个伟大王朝唐代在政治和文化制度上也具有善于继承传统的智慧和兼收并蓄的气度,唐代在政治上既保留了部分魏晋以来的士族制度,也继承改善了隋代开始的科举制度,形成了士族和庶族共治的局面。在文化上,唐代兼取魏晋六朝的自然风流和汉代的名教法度,同时还对外来的佛教文化和边陲的西域文化采取学习包容的态度,形成了极为雄浑多样的唐代文明,这从唐代的诗歌、书法、工艺等各个方面都可以看到。由此可见,无论是周代还是后来的大汉盛唐,这几个伟大的王朝在政治上的强盛和文化上的繁荣都与它们善于总结前代王朝的得失加以折中损益有很大的关系,概而言之,它们都具有"通三统"的胸怀和智慧。

二、"通三统"对提炼社会主义核心价值观的有益启示

古代儒家的"通三统"思想是主张从本朝的正统出发,重视历史文明的连续性,借鉴继承前代的制度文化传统,以造就文质彬彬中和适宜的制度和文化。不过我们没有必要过分拘泥于字面含义,关键是要把握"通三统"的实质在于重视历史文明的连续性,对前代的制度和文化不是采取全盘否定的态度,而是斟酌损益的态度。就文化而言,从汉朝到清朝,我们民族几千年来最根本的正统就是孔夫子所代表的儒家文化传统。首先,孙中山先生领导的辛亥革命推翻了中国几千年的君主专制,建立了中华民国。中华民国在政治制度上废除了君主制,但在文化上并没有推倒儒家传统,只是强化了儒家传统中本来就包含的"天下为公"的观念。其次,鸦片战争以来,中国人民面临反帝反封建的双重任务,"天下为公"是针对封建专制的家天下,"自强保种"则是针对帝国主义列强的欺凌,追求民族独立和国家富强也是无数有志之士和革命先烈的奋斗目标。孙中山先生将"自强保种"的反帝意识和天下为公的反封建理想概括为"民族、民权、民生"的三民主义。中国共产党所领导的新民主主义革命是对孙中山先生领导的旧民主主义革命的继承和发展,在马列主义指导下将孙中山先生主张并实践的"天下为公"从政治领域推进到经济和社会领域,党的十八大报告指出:"以毛泽东同志为核心的党的第一代中央领导集体带领全党全国各族人民完成了新民主主义革命,进行了社会主义改造,确立了社会主义基本制度,成功实现了中国历史上最深刻最伟大的社会变革,为当代中国一切发展进步奠定了根本政治前提和制度基础。"革命是对旧的生产关系与上层建筑的变革,然而并非将传统的一切推倒重来,毛泽东同志在抗日战争时期就指出:"我们不应当割断历史。从孔夫子到孙中山,我们应当给以总结,承继这一份珍贵的遗产。"①这已经隐含了"通三统"的历史理性在其中。

"通三统"既是一种尊重传统、尊重历史的智慧,也是一种兼容并包、凝聚共识的智慧。当今时代是一个思想多元价值多元的时代,这种多元的局面有利于思想的活跃、精神的自由,但是在政治层面上也需要有基本的文明共识以避免思想和利益纷争的恶化,需要有共同的社会理想凝聚人心。

---

① 《毛泽东选集》第2卷,人民出版社1991年版,第534页。

　　针对当前学术界有人将现代中国与传统中国割裂对立起来,将改革开放的30年与共和国的前30年对立起来,陷入极"左"与极"右"的对立的情况,有学者提出借鉴"通三统"的智慧化解极"左"与极"右"思潮的偏执和对立,认识到孔夫子的仁爱、毛泽东时代的平等、邓小平时代的改革开放是中国文明的连续统一,三者构成中国文化软实力的基本传统。[①] 这一新的"通三统"主张在学理上有不够严格之处,因为邓小平同志的改革开放政策是在坚持四项基本原则的基础上进行的,在政治上不构成与共和国前30年相区别的独立的一统。但是这一主张对于化解思想对立、形成社会共识具有强烈的现实意义。从理论和现实方面看,"通三统"的重视传统、兼容并包的精神对我们当前的社会主义核心价值观提炼都具有重要意义。

　　"通三统"是自觉接上从孔夫子到孙中山以来的中国优秀文化传统,是马克思主义中国化的需要。中国共产党领导中国人民推翻国民党的统治,建立中华人民共和国,确立社会主义的基本制度,这在性质上和历代王朝的更替有很大的差异。中国共产党是马克思主义的政党,在价值观上必定要坚持社会主义的诉求。马克思主义是西方近代文明的产物,继承了西方近代文明的成果,在价值诉求上,科学社会主义继承深化了自由、平等这些启蒙思想所张扬的观念,将启蒙运动所追求的自由、平等这些价值原则从政治领域进一步贯彻到经济领域。中国共产党在马克思主义指导下取得了新民主主义革命的成功和社会主义建设的极大成就,推进了平等、自由的启蒙价值观念在中国大地上的实现,推进了中国的现代化进程。同时,毛泽东所领导的中国革命的成功和邓小平所领导的改革开放的成功是马列主义与中国具体国情相结合的产物,除了"文化大革命"的十年之外,中国共产党一直没有否定从孔夫子到孙中山的历史文化传统。苏联解体、东欧剧变以后,社会主义阵营遭遇了巨大挫折,资本主义在全球范围内呈现复辟的趋势。中国是社会主义国家的中流砥柱,要抵制资本主义的蔓延、节制资本,就必须进一步推进马克思主义的中国化,让公平、自由的观念能够扎根在中国的历史文化传统中,同时也避免抽象的自由、平等、博爱观念带来的弊端。

　　"通三统"是折中损益中国古代、现代和西方的基本价值观念,形成当今中国价值共识的需要。我们党在当前的新形势下提出用社会主义核心

　　[①]　甘阳:《通三统》,生活·读书·新知三联书店2007年版,第3—5页。

价值体系引领社会思潮、凝聚社会共识,一个重要的作用是针对当前社会中存在的价值空虚与价值混乱。这种价值空虚和混乱与新文化运动以来激进反传统的思维方式有很大关系。因为激进的反传统本身具有坏的示范性,通过反传统建立起来的新价值成为新的传统后又可能被更新的价值颠覆,这样一个社会就没法形成稳定的价值观共识,没法形成良好的社会生活,而且激进反传统的价值观由于忽视祖祖辈辈的共同生活所形成的基本价值,其所建立的价值观必定是薄弱的、贫乏的。所以一个社会基本价值观的形成、提炼必定要尊重已有的传统,尊重各个世代长久的生活实践。社会主义核心价值观的提炼要靠经验的提升,而不是先验的构想。从中华文化几千年的优秀传统、百年来的社会革命和建设经验以及当前中国人民的生活实践中总结提升出来的价值观,才能形成深厚的社会共识。

"通三统"是传承更新中国悠久的历史文化遗产,是实现中华民族伟大复兴的需要。文化的复兴是中华民族伟大复兴的重要内容。温故而知新,通过对传统的继承改造生长出根深叶茂的新文化,是文化建设和文化创造的基本规律。中国古代文化繁荣的朝代都是善于继承传统、推陈出新的朝代。五四新文化运动的干将们对传统采取激烈反叛的姿态,在当时有一定的破旧立新的革命意义,为我们今天对古代传统采取自由的审视态度预备了一定的反思空间。时过境迁,如果我们今天还囿于成见,对古代的东西都采取排斥态度,那就是数典忘祖的无知了。显然,如果没有对我们华夏古代文明之伟大灿烂的深切认识,谈中华民族的伟大复兴就没有意义。另一方面,创造社会主义的新文化也不只是对古代传统文化的继承,还包括对五四以来我们学习西方文化以及探索我们自己民族的、科学的、大众的新文化道路各种有益尝试的继承。中华文化的复兴既是古代文化的复兴,也是在兼容并包的基础上民族文化的现代更新。

三、从历史文化传统中提炼出中国特色的 社会主义五大核心价值

党的十八大报告指出,要"发挥文化引领风尚、教育人民、服务社会、推动发展的作用"。这实际上是"以德治国"的内在要求。道德观、价值观是文化的核心,社会主义核心价值观的基本内容就是社会主义的道德观。"以德治国"是我国自《尚书》所记载的尧舜时代以来几千年的政治理念,儒

家思想是这一理念的承传者和捍卫者，通过对历代德治思想和实践的总结，儒家提炼出了仁、义、礼、智、信这五种基本德行，也就是"五常"。这五常用今天的话来说，就是中国古代社会的五种基本价值，其中"仁"是最核心的，是人伦关系最根本的准则，可以生发出其后的义、礼、信这三种伦理美德。因此五常也可以简化为仁和智这两种核心美德。仁与智是中华传统美德的核心，是我们民族精神的精华，如同我们华夏大地上的山川一样历久常青。"通三统"的关键是贯通以儒家文化为主干的民族精神和鸦片战争、洋务运动以来中华民族面对各种内忧外患变革图强的时代精神。改革创新的时代精神是古老的民族精神在中西文化碰撞的新形势下发生的现代转变，其中最为重要的是孙中山先生通过三民主义重新解释的"天下为公"的精神，以及中国共产党人通过马克思主义的中国化所追求的平等、自由的精神。党的十一届三中全会以来的改革开放与洋务运动、戊戌变法以来无数仁人志士变革图强的精神是一脉相承的，体现了《易经》中"穷则变，变则通"的古老智慧，并不是最近30年才冒出来的东西。立足于马克思主义中国化的当代实践，自觉继承儒家文化的仁爱传统、孙中山先生的三民主义所弘扬的天下为公的传统，辩证地看待新中国成立后前30年与后30年的关系，从社会主义核心价值体系中我们可以尝试提炼出以下五种有中国特色的社会主义核心价值。

仁爱。这是儒家的基本价值。"仁"虽然只是儒家道德条目中的五常之一，但却是最重要的德行，如果缺乏仁，礼、义、信只是外在的规范，不是内在的德行，所以孔子说"人而不仁如礼何，人而不仁如乐何"。仁爱的基本含义是"己欲立而立人，己欲达而达人""己所不欲，勿施于人"的忠恕之道，起点是父慈子孝的家庭伦理，推而广之，可以达到老吾老以及人之老、幼吾幼以及人之幼的民胞物与境界。儒家从父慈子孝兄友弟恭的家庭伦理关系出发培育人的基本德性，易知易行，是一条极高明而道中庸的文明道路。仁爱所期望达到的是人与人之间的心气相通，这种相通要以父子、兄弟、夫妇、朋友、君臣的直接感通为起点，脱离最直接的情感起点而讲博爱，容易流于虚妄不实。爱国主义、世界公民，都要从老吾老以及人之老、幼吾幼以及人之幼的仁爱开始。儒家的仁爱不只是古代中国的核心价值观，也是对整个东亚有影响的价值观，也未尝不可以成为人类普遍的价值观。随着全球各地的孔子学院走出去的脚步，不应该只是汉语的偏旁部首，还要有儒家的仁爱价值观。

儒家的仁爱以"亲亲"为起点,但不止于"亲亲"。在历史上,将"仁"狭义化为"亲亲"确实产生过流弊,在民间层次上容易落入狭隘的家族、地方本位主义而缺乏更高的国家认同,在政治层面上容易导致任人唯亲。对孝悌的片面化强调也容易为君为臣纲、父为子纲和夫为妻纲的专制权威秩序张本。对儒家伦理思想中家族本位主义和权威主义的流弊,近现代的思想家有深刻的批判,也提出了补救性的对立价值观,针对家族和地方本位主义,从孙中山到毛泽东用"天下为公"的观念来克服其流弊,孙中山先生的三民主义主要是在政治上发展了《礼记·礼运篇》的"天下为公"思想,毛泽东和中国共产党人在马列主义指导下进一步将"天下为公"的大同思想贯彻到经济和社会领域,赋予了"天下为公"的传统大同思想以平等、自由的现代内涵。但是我们也要看到,"天下为公"是儒家传统本有的政治理想,其恰恰基于民胞物与的大爱之仁,大爱之仁是孝悌、亲亲之仁的扩展。正因为有这一"天下为公"的深厚传统,孙中山先生的三民主义才能为清末广大士人所接受,从而催生出亚洲第一个废除帝制的共和国,马克思的科学社会主义和十月革命才能迅速为新文化运动的知识分子所接受而诞生出中国共产党。

公平。公平是社会主义的基本价值。党的十八大报告指出:"公平正义是中国特色社会主义的内在要求。"公平包含公正和平等两个层次。公正是国家的领导者、管理者阶层必须具备的道德品质。平等则是普通国民要求得到公平对待的权利诉求。"公"是相对于"私"而言的,"正"是相对于"邪"而言的。公正就是无偏私、无偏袒。这是对领导者和管理者的基本道德要求。国家的领导者、管理者承担着维护公共领域并提供公共服务的责任,只有做到了无偏私无偏袒才堪当大任,才能服众。不要说执政党、政府官员,就是做父母的,如果带有偏爱而不能公正对待子女,子女也会有怨言;做老师的如果不能公正对待不同学生,学生会有怨言;公司管理者不能公平对待员工,员工会愤怒。公正是仁爱的拓展,是领袖群伦者所应该有的大爱。仁者爱人,公正则是无偏私的爱。以仁爱为根基,公正才是爱的公正,如阳光的普照,而不是一团漆黑的平等。以公正为目标,仁爱才能上升为普照的阳光,而不是只让身边的人沾光。封建社会实行父死子继的世袭制,"家天下"不可能彻底贯彻公正的原则,不能杜绝任人唯亲。虽然如此,帝王也要以天子自居,宣称自己的统治是效法天的,天无私覆地无私载,君王也不应该有偏私。当然,这只是在名义上如此,实际上未必。在

《礼记·礼运篇》中,孔子提出了"天下为公,选贤与能"的大同理想,这是对上古尧舜禅让时代的向往,隐含着对"家天下"的超越。这一理想只有到了近代受到西方民主共和思潮的激发,才在孙中山先生领导的旧民主主义革命和中国共产党领导的新民主主义革命以及社会主义建设中走向具体实践。

公平里面包含平等,平等是相对特权而言的。民主社会相对贵族社会而言最大的优越性就在于消除了特权阶层,让每个人都有同等的发展机会。平等大体而言也有两个层次,一是起点的公平,二是结果的均平。党的十八大报告指出,要"逐步建立以权利公平、机会公平、规则公平为主要内容的社会保障体系,努力营造公平的社会环境,保证人民平等参与、平等发展权利"。权利公平、机会公平、规则公平,这三大公平都属于起点公平,它们是市场经济公平竞争原则的体现。平等参与、平等发展的权利则属于政治、文化权利的公平。我们国家要建立和完善的是社会主义市场经济,除了保证公平竞争之外,也要关注结果的均平。社会主义的本质是"解放生产力,发展生产力,消灭剥削,消除两极分化,最终达到共同富裕",消除两极分化,最终达到共同富裕的目标是社会主义相对资本主义的优越性所在。共同富裕的目标也体现了大同理想中"矜、寡、孤、独、废、疾者皆有所养"的关怀,体现了"天下为公"的大爱。如果说仁爱是社会主义核心价值观的儒家种子,是中国特色所在,那么公平正义则是社会主义核心价值观的主干。这个主干如果倾倒,社会主义将不再成为社会主义,社会的稳定与和谐就会失去支撑,天下将不太平。

自由。自由是现代社会的基本价值,也是含义极为复杂、极富争议性的现代观念。有人视之为比生命和爱情等等都要尊贵的首要价值、最高的女神,有人视之为洪水猛兽。这往往都是由于缺乏对自由观念的全面、深入的认识。从哲学本体论的层面看,自由确实是人之为人的根本,如果没有自由的意志,只是机械因果链条中的一环,人就是机器,不称其为人。从伦理学的层面看,真正的人的自由也不是任意妄为,不是本能的自发性,而是自主、自律、自强,这个层面的自由是人的尊严所在。自由是近代启蒙运动所张扬的基本观念,是法国大革命的三大口号之一。马克思主义继承和发展了启蒙运动的成果,通过异化劳动和剩余价值学说,揭示了人的不自由、不平等的经济基础,指出只有消灭了剥削和压迫的共产主义社会才是"自由人的联合体",才能实现"每个人的自由发展是一切人的自由发展的条件"。中国共产党人在马克思主义指导下,推进了近代以来仁人志士反帝反封建的时代使命,推翻了三座大山,解除了四大绳索,实现了民族独立和社会解放,将近代以来爱国志士"自强保种"的救亡目标与马克思主义消灭剥削和压迫建立自由人联合体的启蒙理想统一在了新民主主义革命的伟大实践中。因此,谋求民族独立和人类解放本来就是中国共产党人的伟大理想,自由本来就是社会主义的基本价值。

自由首先是人的心灵禀赋、意志品格。只有勤俭自强、克己自律的人才能葆有自由,才配享有自由。只有自由人联结而成的社会才是一个有活力的社会,只有自强不息、奋发有为的国民保卫起来的国家才能成为富强民主的国家。从政治上看,自由大体也可以分为两个层面,其一是公共领域的开放;其二是私人领域的不受侵犯和干扰。前者相当于积极自由,后者相当于消极自由。公共领域的开放也就是每个公民都可以依法平等地参与公共事务,监督公共权力的运用。这既是公民人格的实现,也是监督公权力,让党的干部和政府官员公正运用手中权力的必要保障。可以说,没有公共领域的开放,没有公民的政治自由,就无法真正保障政府的清正廉洁和社会的公平。暗箱操作从来都是腐败的温床。自由的一个重要含义是公私领域的划分,私人利益不能侵蚀公共领域,公共权力也不能侵犯合法的私人利益。私人领域的不受侵犯也是以"亲亲"为起点、仁爱得以生长的土壤,如果这一土壤遭到了破坏,人赖以生存的合法私有财产得不到保障,人与人最基本的亲密关系无法维持,那么一切更高的德行也就只是无源之水、无本之木。仁爱、公平和自由,它们共同构成有中国特色社会主义的三大价值支柱,仁爱是种子,公平是主干,自由则是种子得以生长、主干得以挺拔的土壤和篱笆。个体自由并非社会最高的价值,却是仁爱、公正这些更高的美德得以生长和挺立的基本价值。保护好自由的土壤、筑起公私分明的篱笆,让仁爱得以生长、公平得以挺立,这需要高远的理论眼光和丰富的实践智慧。

科学。无论在中国古代还是西方文明的源头古希腊,智慧、知识都是全社会所重视的基本价值。"智"是儒家五常之一,也与"仁"和"勇"并列为三大主要美德,孔子还把"智"与"仁"并称,列为两大基本美德之一。古希腊人更是推崇智慧,在柏拉图的《理想国》所排定的节制、勇敢、智慧和公正这城邦四大主要美德中,智慧居于极高的位置。与中国古代贤哲的实用理性有所不同,古希腊哲人更是发展出了一种不求实用的纯粹求知精神,一种理论思辨的哲学精神。这种精神是现代科学的原动力之一。现代科学将这种思辨精神与实证态度相结合，在认识外部世界方面取得了极大的成就。通过与技术的结合，科学成了改造世界的强大力量，成了第一生产力。五四新文化运动的先驱们将科学与民主并列为从西方请来的两位"先生"，正是看到了现代科学这种认识世界和改造世界的威力。马克思主义是西方哲学和科学传统的继承者，马克思本人在理论上的最大贡献就是将社会主义从空想变成了科学，创立了科学社会主义。中国共产党在后工业社会的新形势下，将科学发展观确立为执政兴国的指导思想，是对科学社会主义的继承发展，体现了与时俱进的智慧。有中国特色的社会主义是科学社会主义，科学当之无愧地应该是我们的社会主义核心价值之一。

　　不过我们也要看到，"科学"一词的含义是多样的、复杂的。从汉语译名来看，"科学"的字面意思是分科之学，这其实与英文的 science、希腊文的 episteme 有一定距离，它在西文中的本义是知识。知识的最高最整全的形态是哲学，就此而言，哲学是最高的"科学"，是突破了分科之学局限的知识。现代的各门科学从哲学中分化出来，通过实证的方法达到了对客观世界更精确的认识，但也失去了哲学整全的视野和务本穷源的智慧。科学发展观的"科学"显然不能在分科之学的意义上理解，而应在哲学世界观和方法论的意义上理解。因为科学发展的实质在于全面、协调、可持续的发展，这就需要通观全局的眼光、协调各种利益冲突的公心和明智，以及对祖先和子孙后代负责的历史感。这种科学是有良知的"科学"，而不是撇开价值判断只关心事实领域的冷冰冰的科学，是通古今究天人的通识之学，而不是隔行如隔山的专家之学。"科学发展观"首先要求我们对"科学"有一种更深的理解，这种科学应该是一种以良知、责任为出发点的辩证智慧，是贤哲之学，它与古代贤哲的智慧有颇多接近之处，不是现代的分科之学所能涵盖。中国特色的社会主义科学发展观要以仁爱、公平、自由为道德基础，才能实现全面、协调、可持续的发展，才是通向社会主义和谐社会的康庄大道。脱离了道德基础，明智就会变成为私人利益服务的权谋，缺乏哲学的宏观指导，科学就会变成专业领域中冷冰冰的仪器和数据，不是能指导社会全面、协调、可持续发展的"科学"。

　　和谐。和谐是社会主义核心价值观中的最高价值。如果说仁爱、公平、自由、科学可以构成中国特色社会主义核心价值观的四大支柱，那么和谐就是由这些支柱所撑起的殿堂本身内在结构的坚固与美好，犹如由不同音符所构成的旋律与和声。在儒家的大同理想中,"大道之行也,天下为公,选贤与能,讲信修睦",睦就是和睦,修睦就是建设和谐社会。"和为贵"是儒家基本的社会理想,"致中和"是儒家礼乐制度的宗旨所在,它是通过确立社会秩序的礼和沟通社会阶层的乐两者的辩证统一达到的。"和为贵"是礼乐制度所追求的效用,礼乐制度的本体则是仁。儒家所追求的中和、和乐的社会理想,是以仁爱为生长点的。在马克思主义所构想的共产主义图景中,"每个人的自由发展是一切人自由发展的条件",也就是人与人之间建立在自由、平等基础上的和谐。有中国特色的社会主义道路所要实现的和谐社会可以也应该继承我们古人和而不同的智慧,可以借鉴古代礼乐制度中今天仍然可行的内容。但是我们也要注意到,社会主义的和谐与古代封建社会的和谐相比应该有重大的进步,它是建立在公平、自由基础上的和谐,而不是以等级制为基础的和谐,因此社会主义和谐社会应该是比封建社会的和谐更有活力、更有包容性的和谐社会。

建设社会主义和谐社会,是对中国古代"和为贵"的优秀传统文化的继承发展,是对马克思主义"自由人联合体"思想的继承发展,是马克思主义中国化的最新成果。从内容上来看,社会主义和谐社会的建设包括各方面利益关系的协调、人民内部矛盾的妥善处理、各种文化传统艺术风格和思想观点的兼容并包以及人与自然的和谐相处。简而言之,对内而言,和谐作为一种包容差异的胸怀和求同存异的思维方式,可以贯彻在社会主义的经济、政治、文化、社会和生态文明建设五个方面;对外而言,和谐还可以贯彻在外交中,在独立自主的和平外交政策中与世界各国一道建立一个和睦互信、公正互利、包容开放的世界。在全球性问题越来越突出的时代,和谐将成为中国文化贡献给世界的重要理念,成为社会主义的中国贡献给全人类的普遍价值。和谐,是仁爱、公平、自由、科学这些核心价值所拱卫起来的极顶,是社会主义核心价值中的王冠。要锻造这顶王冠,需要全体中国人民的共同努力,尤其需要中国共产党的正确领导,需要继承发展中华民族五千年来的文明和智慧、继承发扬鸦片战争100多年来无数爱国志士和革命先烈的遗志、总结反思新中国成立60多年来社会主义建设的经验教训,借鉴儒家"通三统"的历史理性,在科学发展观的指导下实现社会全面、协调、可持续的发展。

四、培育社会主义核心价值观的几条途径

仁爱、公平、自由、科学、和谐,这五大基本价值可以构成社会主义核心价值观的宏伟殿堂,它们是借鉴儒家"通三统"的历史理性,从社会主义核心价值体系中尝试提炼出来的,这些基本价值是中国人在几千年的文明传统和百年来的革命与建设实践中用生命总结出来的,并非出于个人的主观构想。它们应该作为社会主义文化上层建筑而起到引领社会风尚、教育人民、服务社会、推动发展的作用。价值观的生命力在于得到人们的内心认同和言行实践,否则理论构造得再严密也只是空中楼阁。党的十八大报告指出要"积极培育社会主义核心价值观",也就是要让社会主义核心价值观进入人们的内心认同和言行实践之中,这样仁爱、公平、自由、科学、和谐这些价值观才能积淀为公民的个体美德,才能融汇为社会的良好风尚,才能成为国家的文化软实力。培育社会主义核心价值观的途径多种多样,以下几条可能是最重要的:

第一,将社会主义核心价值体系和核心价值观落实在执政党的建设和政府官员、公职人员的思想道德建设中。中国共产党是中国特色社会主义道路的开辟者和引领者,是民族复兴伟大使命的担纲者,理所当然地要率先认同和践行社会主义核心价值观。上行下效是道德风气形成和变化千古不易的逻辑。古人说:"尧舜帅天下以仁,而民从之;桀纣帅天下以暴,而民从之;其所令反其所好,而民不从。是故君子有诸己而后求诸人,无诸己而后非诸人。"(《礼记·大学》)如果党的干部和政府官员对社会主义核心价值观没有从内心认同,只是在口头上提倡,实际行为却违背社会主义核心价值观,所好的是权势、金钱、美色、享乐等等,那么培育社会主义核心价值观的目标势必落空。

第二,将社会主义核心价值体系和核心价值观落实在国家的文教制度中。学校教育是价值观传承最基础、最重要的载体。古人云,"建国君民,教学为先。"我们国家长期以来一直提倡德、智、体、美、劳并重而德育为先的全面素质教育,但在片面的应试教育中往往偏向了智力一端,德育在内容、方式和效果上都有值得改进之处。我们推行共产主义和爱国主义教育,但对于更为基本的爱家人、爱朋友、爱家乡等等注重不够,使得爱国主义教育容易落空。长期以来,我们的学校教育中优秀传统文化的分量严重

不够。党的十八大报告指出,"要建设优秀传统文化传承体系,弘扬中华优秀传统文化"。优秀传统文化最重要的传承载体就是学校教育。我们要研究四书五经、诸子百家、《史记》和《资治通鉴》、唐诗宋词等传统文化经典应如何系统地进入学校教育,让中华民族的传统美德通过经典教育的方式代代相传。其次,我们的革命历史教育和中国特色社会主义共同理想的教育等等也有值得改进的地方,要考虑怎样才能获得受教育者的内心认同。在国家文教领域,我们需要借鉴"通三统"的智慧,合理分配社会主义核心价值体系不同部分的内容。

第三,将社会主义核心价值体系和核心价值观落实在法治建设中。依法治国是中国共产党的基本治国方略,是党对全国人民的承诺。党要在宪法和法律所允许的范围内活动,这是法治的第一要义。社会主义的法律体系是公平的体现,是自由的保障。只有法律的权威得到了尊重,法律得以健全实施,社会的公平和公民的自由权利才能得到保障。中华人民共和国宪法是经由全国人民代表大会这一最高权力机关制定和批准的,是公民政治权利的体现。同时,现行宪法也是对中国共产党领导全国人民取得新民主主义革命的胜利和社会主义建设的极大成就的确认,是对中华民族五千年文明历史的确认,尊重宪法就是尊重革命先辈的遗志。我们需要将宪法所规定的各项公民权利加以落实,这本身就是在培育和践行社会主义核心价值观。另一方面,我们也需要以社会主义核心价值观指导进一步的立法活动。有中国特色的社会主义法律体系应该与资本主义的法律体系有所区别,我们的法律体系可以借鉴中华法系中礼法并治的传统,更多体现中国传统的仁爱原则、和谐原则,例如更多地重视家庭的价值和婚姻的稳定性,法庭审判中更多地运用调解的方式等等。

第四,用社会主义核心价值体系和核心价值观指导民主政治建设。民主是现代世界的潮流,在废除了君主世袭、贵族制和科举制的现代社会,民主是干部和官员选拔最具有正当性的基本途径。民主选举和被选举权是公民的政治权利,是政治自由的体现。民主也是监督公权力的实施、防止权力腐败以及保障社会公平的必要途径。民主是现代自由、平等的价值观念在政治运作层面的体现。另一方面,我们也不能将民主偶像化、绝对化,不能将民主原则不加分析地运用到各种天然需要一定权威的差序伦理关系中,如在父子关系、师生关系等等伦理关系中盲目地推行民主。我们要用法治来避免多数的暴政,保护个体的合法权利;也要用仁爱、和谐的价值原则来避免民主抹平各种天然差序并导致社会离心离德的危险倾向。我们既要民主,也要集中,但不只是集中到一把手的领袖意志上,更重要的是集中到社会主义核心价值和中国特色社会主义共同理想上,集中到中华民族伟大复兴的目标上。

民主、法治诚然也是社会主义的基本价值,但主要是保障公平、自由、和谐这些目标性价值得以实现的工具性价值,因此我们没有把民主和法治列入社会主义核心价值之列,这并非因为它们不重要,而是要对价值的不同层次作出区分。法国大革命的三大口号——自由、平等、博爱里面就没有包括民主,实际上,从自由、平等两大原则中可以推导出民主和法治。科学则既可以是一种工具性价值,同时求知本身就是美好的,知识和智慧本身就是美好的,因而也可以是一种目标性价值。我们这里借鉴"通三统"的历史理性,从社会主义核心价值体系中提炼出五大核心价值观,只是在学习党的十七届六中全会精神和十八大报告的基础上尝试提出来的一家之言。社会主义核心价值观的提炼和培育是我们整个社会文化建设的大事,是民族复兴伟业中的重要一环,需要在党的领导下,依靠全国各族人民的共同努力。仁爱、公平、自由、科学、和谐,这些社会主义的核心价值既扎根于中国的传统与现实,又具有一定的普世意义。以这些具有普世意义的价值为目标,中华民族的伟大复兴将给全球化时代的人类带来福音,将是具有世界历史意义的伟大事业。

（作者单位:浙江省社会科学院政治学所）

社会主义价值体系视角下的中国传统文化核心价值观的现代意义

吴荣耕

中国传统文化中的核心价值观应当是构建当今中国社会主义核心价值体系的重要来源之一。这里所讲的中国传统文化是指 1840 年以前的中国文化,其核心价值观主体应表现在儒家思想上。尽管在这一时期的历史发展中,中国的传统文化也在加入新的因素,正如希尔斯所言,对传统而言"增添是一种常见的形式"①。但在 1840 年以前,中国基本的文化秩序没变,核心价值观也没变。魏晋南北朝儒释道三教合流,儒家思想仍是主流。宋以后的理学也不过是儒学的新形式,"四书""五经"仍是经典。但中国传统文化中的核心价值观毕竟是一定时代的产物,要能成为中国社会主义核心价值体系的一个组成部分,就必须进行科学的检讨和清理。

一、中国传统文化核心价值观的构成

围绕中国传统文化中的价值观,学者们从不同的角度有着不同的概括。价值观是社会群体判断社会事务所依据的是非标准,也是一定社会秩序得以维持的基本依据。而核心价值观是在中国传统社会中起主导作用的价值观,从这一角度出发其应当由三部分观点组成,即仁爱观、孝道观、礼治观。

三大价值观是紧密联系的一个整体。"仁"是中国传统文化价值观,被作为核心概念而受到推崇,《易经》上说:"立天之道,曰阴与阳。立地之道,曰柔与刚。立人之道,曰仁与义。"在上古时期"仁"与"义"含义相同,秦汉

---

① [美]爱德华·希尔斯:《论传统》,傅铿、吕乐译,上海人民出版社 1991 年版,第 37 页。

之后在长期的中国传统文化中，"义"这个概念则逐步成为某类特定关系行为的概念，而与"忠"概念连缀，成为次一级的概念。"仁"则一直作为人类生活理想状态总的评价原则，由于"仁即爱人"，①所以"仁"便与"爱"连缀。中国传统社会生活过程中一切合理的表现都可称之为"仁"，孔子也是通过各方面的具体表现来揭示"仁"的丰富含义。仁爱观作为总的原则，运用到人类社会活动中，则形成了两个评价人类社会活动的准则，对个人行为评价准则构成孝道观，而对群体生活秩序的评价准则构成礼治观。由于孝道观和礼治观反映了人类社会活动两个最基本的方面，因此在中国传统文化中也受到了极大的推崇。孔子说："孝悌也者，其为人之本也与。"荀子讲："礼者，人道之极也。"宋代的两程在《遗书》中讲到："礼即是理也。"作为整体，它们在中国传统文化价值观中占据主导的地位。

其一，从与社会结构的关系来看，仁爱观、孝道观、礼治观是构建中国传统社会的基本思想依据。

中国传统社会的社会结构是"家国一体"的社会结构。在古代较早发育形成的农耕经济，造就了中国传统社会生存的基本形态是家族制度。之后在中国传统社会的发展中，家族生存环境虽然已不是整个社会生活的全部，但仍然是中国传统社会生活的主体，而且整个社会的其他方面也是以家族制度为范本构建起来的。在这样的结构下，家族的繁荣，也就意味着天下的繁荣。因此在传统中国社会，判断是非、维系社会系统正常运行的核心准则，应是从对待家族关系的准则中发展起来的。仁爱观、孝道观、礼治观则正是以家族关系为核心而确立的价值观，随着发展进而成为构建中国传统社会基本社会网络的价值观。

其二，从与其他价值观的关系来看，仁爱观、孝道观、礼治观则处于中国传统文化价值观的中心位置。

首先，三大价值观是处于与心俱来的本源位置。孟子讲："人之所不学而能者，其良知也。所不虑而知之，其良知也。""良知""良能"是"不学""不虑"与心俱来的。那与心俱来的"良知""良能"是什么？孟子讲就是仁、义、礼、智这"四端"，而孝"行仁自孝悌始"，是仁爱的最初表现。到宋明理学，更赋予其"天理"的位置，其绝对性的地位得到了强化。其次，三大价值观决定了其他价值观形成的思维定势。如从仁爱的价值观出发，反映在政治

---

① 王国轩：《四书》，中华书局 2011 年版。

领域则提出了民本思想,正是仁爱价值观中包含的泛爱主张,"泛爱众而亲仁",从而得出了"民为贵"的政治主张。进而推及到天下,由于仁爱的表现还在于要承认个体间的不同,从而又有了认同多样性统一的和谐思想,这种"中和"的观点,在国家观上则是主张"大一统"的国家观,在目标社会的设想上是大同社会的提出。当然大同思想在中国传统社会中并不占主导地位,因为在传统社会中"同"并不认为是合理的状态,只是在近代这一思想才凸显出来。在邦国关系上则是主张"协和万邦",孔子讲:"虽之夷狄,不可弃也。"总之,四海之内皆兄弟。

其三,从与历史实践的关系来看,仁爱观、孝道观、礼治观是评价个人行为和看待社会政策和个人行为的核心准则。

在中国传统社会中,评价好坏优劣,都是围绕三大价值观来展开的。在中国传统社会中,有利于社会的政策被称为"仁政",孔子就是从"仁"的角度评价圣人有利社会的政策,并把"施民济众"看成圣人政治活动中的最高成就。《论语》载:"子贡曰:'如有博施于民,而能济众,何如?可谓仁乎?'子曰:'何事于仁,必也圣乎!尧舜其犹病诸!'"《孝经》则讲:"'君子之教以孝也,所以敬天下之为人父者也。'何以知其通称也?以天子至于民。"这是从孝的角度给君子下了第一个定义。宋人欧阳修在《新五代史》中痛斥冯道,则是从礼义的角度,"礼义治人之大法,廉耻立人之大节,盖不廉则无所不取,不耻则无所不为,人而如此,则祸乱败亡,亦无所不至,况为大臣,而无所不取无所不为,则天下其有不乱,国家其有不亡者乎!"经过长期的历史沉淀,上述价值观也成为人们评价是非的核心准则。

二、中国传统文化核心价值观的现代意义

仁爱观、孝道观、礼治观组成的传统核心价值观,曾经深刻地影响了中国传统社会的发展,但是在今天,我们发现这些价值观在各层次中还包含着一些现代中国社会生活所需要的思想内容。反思传统核心价值观,具有现代意义的思想内容主要有四个方面。

其一,在个体发展方面,主张个人自我的道德完善。

重视道德力量,是由中国传统社会寻找世界价值来源的认识方法决定的。中国文化是通过内心体验来寻找世界价值来源的,这就使得那些由内心体验而获得的观念常具有神圣的地位。占主导地位的仁爱观则认为与

心俱来的是善的倾向,从而确立了从善为仁是人性的本质。因为是本质,所以也就坚信每个人应该会也必然会从善为仁。孔子讲:"仁远乎哉? 我欲仁,斯仁至矣。"仁是心中固有的,也是随时可以实践的。正是认识到了从善为仁的绝对性,从而主张个体道德完善与否是解决各类问题的主要方法,虽然也没有绝对排斥"法"的作用,主张"齐民以刑",但内心自觉更为重要。如何自觉? 传统文化中还提出了许多"修身"的主张,如《大学》讲诚意、正心,以求实现内心自觉。

通过道德力量去调节人们的行为,在历史的实践中受到了各种挑战。即使是在传统社会的背景下也未能获得普遍的结果。在中国传统社会中还有着两个重要的因素使道德调节的力量得到强化,一是天命这一神秘力量带来的内心压力,所谓抬头三尺,即有神明,善有善报,恶有恶报,依靠这一力量使违背道德的人感到一丝不安和恐惧;二是熟人世界的舆论压力,熟人世界是长期交往,人言可畏,人言甚至还可杀人。现代社会中这两点影响有了很大的改变,但在实践中,无论是历史上还是现实中,道德仍向人们证明着它不是完全无用的,还是调节人们行为的一个重要方面。面对现代科学发展所带来的种种问题,人们就把追求个人道德完美看成是解决科学中出现的有些问题的一条解决途径。

其二,在人与人交往方面,主张"推己及人"的交往原则。

"推己及人"的交往原则在中国传统文化中既是仁爱思想在交往方式上的体现,也是仁爱思想的实现途径。这一原则主要体现在孔子的两句话中:一是"己欲立而立人,己欲达而达人",二是"己所不欲,勿施于人"。总的要求就是要站在别人的立场上来考虑问题。其意思是自己希望在社会上立足,也就要帮助别人也能立足,自己希望能够办事通达顺利,也就要帮助别人通达顺利;自己不希望要的,就不要强加给别人。这就是所谓的"忠恕"之道,宋朝时把这一原则概括为"推己及人",用通俗的语言来讲就是将心比心。这一交往原则与基督教的"己所欲,必施人"的主张比较,在对人的态度上显示出尊重、关心和帮助态度。基督教的主张使得其在近代与中国的交往中,总是带着殖民者的狰狞面目。

这一原则从实践的角度讲,运用到有些场合不免出现放弃原则的问题,但这是求同存异的思想基础和感情基础,在历史上,这一交往原则的主流影响,使得中华民族富有包容性,在文化上最明显的例证就是对佛教的吸收,在生活上即使身处穷乡僻壤,也懂得尊重外来者的文化习俗。所以就主体方面来看,应是现代社会交往、乃至国际交往中有积极意义的交往原则。1998 年在北京举行的一次学术讨论会上,学者们把"推己及人"这一原则看成是人类群体可以共同生存最基本的原则。①

其三,在个体和群体的关系方面,主张饮水思源、施恩图报的思想。

饮水思源、施恩图报的思想是传统孝道思想的一大内容,或为一大公理。孝道是仁爱原则在实践中的最初体现,也是个人行为的总体要求,所以在胡适先生那里,孝道思想是被赋予中国人宗教的地位,胡适先生讲:"外国人说我们没有宗教,我们中国是有宗教的,我们的宗教就是儒教,儒教的宗教信仰便是一个'孝'字。""孝"这一行为原本是针对"事亲"提出来的,之所以要行孝,为了是报答父母的养育之恩,当然具体的行孝方式表现在方方面面,对于这些具体表现,从现代中国社会的角度出发,应当进行有选择的批判,如把"无后"作为最大的不孝。但在中国传统社会中,这些表现还被看成是人的一生应当贯穿始终的要求,还应当扩大到对待其他群体的范围中,所以"孝"就有了终生的意义。《孝经》讲:"孝始于事亲,中于事君,终于立身。"在"事君"层次上,后来为了强调其特有内涵,便添加了"忠"的概念进行替换。在"孝"的实践中,由于为了强化"家国一体"的结构,逐步在报答这一要求中贯彻着无条件服从这一要求,致使在历史上演绎出了一幕幕人间悲剧,对此糟粕也要予以批判和否定。

但其中饮水思源、施恩图报的思想则培养了中华民族的许多美德,在家庭社会中则是尊老爱幼的社会风尚,在国家范围中则是精忠报国的爱国表现。

其四,在社会组织方面,主张责任意识和义务意识的思想。

责任意识和义务意识是反映在中国传统思想的许多方面,但最集中的是反映在社会组织的思想中。中国传统核心价值观一方面主张个人自觉,"为仁由己";但另一反面也主张制度秩序保证。"三纲五常"则是这一制度秩序最集中的思想表现,这一思想一则确立了君臣、父子、夫妇之间的地位等级,二则明确了调整君臣、父子、兄弟、夫妇、朋友等人伦关系的准则是仁、义、礼、智、信。在这一秩序规定中,表现出了强烈的等级意识,这也是中国传统社会构建的要求。但其中还包含着一个具有一般意义的思想,即

---

① 杜维明:《全球化与本土化冲击下的儒家人文精神》,载《伟大传统》(三),华夏出版社 2008 年版。

指出了处在社会不同位置的社会成员都有着相应的责任和义务,每个人应当尽力去完成相应的责任和义务,这就是名分的思想。"为人臣止于敬""为人子止于孝""为人父止于慈"等思想表明责任和义务不仅仅是臣、子单方面的,对君、父也有着相应的要求,否则便君不君、臣不臣、夫不夫、子不子。为了强调每个人都有相应的责任和义务,还通过责任和义务的互动来说明。孔子讲:"君待臣以礼,臣事君以忠。"孟子则说:"君之视臣如手足,则臣视君如腹心;君之视臣如犬马,则臣视君如路人;君之视臣如土芥,则臣视君如寇仇。"因此"五常"不过是责任义务在不同方面的具体要求。当然在历史上,这种责任和义务常常被变成弱势一方单方面的要求,而强势一方可以完全不予理会。这一实践的不平等,也成为人们批判"三纲五常"的又一个重要的理由。但其中所包含名分思想则不能在批判的同时不加区别地予以否定。

在家族关系占主导地位的社会里,强调责任义务这一面是正常的,因此中国传统文化中权利意识是一直隐藏在责任义务意识中,被责任义务意识所取代,这是中国传统核心价值观中一个重要的局限,这是我们在中国现代社会生活中需要增强的。但在中国现代社会生活中绝不意味着不需要责任和义务。

三、在继承和交融中构建中国社会主义核心价值体系

对一个民族来讲,传统和现代化不可能分割为决然的两极。这在世界各民族的演变发展中都是如此,当今西方的价值体系就是由希腊的理性精神、古罗马的法制观念、希伯来的宗教情怀三个组成部分经过整合形成的。有着两千多年沉淀的中国传统价值观更不会轻易地离开现代中国的社会生活。所以中国社会科学院程恩富教授把中国社会主义价值体系构建路径概括为"马学为宗、国学为根、西学为鉴"。[①] 之所以要以"国学为根",是因为中国传统核心价值观是从特定认识角度出发形成的一整套概念体系,这套概念体系不仅从思维定势而且从历史经验两个方面影响着中国现代生活中的核心价值观的形成。

---

① 周兴茂:《中国人核心价值观的传统变迁也当代重建》,《东南大学学报》(哲学社会科学版)2010 年第 3 期。

　　从中国近现代的历史来看,中国传统文化及价值观在中国近现代曾受到两次大的冲击。中国社会步入近代后,现实中总是处处被动挨打,最终使得人们开始反思这一社会赖以生存的文化及价值观。第一次大的冲击是近代的新文化运动,新文化人士高举"打倒孔家店"的旗帜,对中国传统文化进行了全面的、无所顾忌的、毫不留情的冲击,虽然如蔡元培所讲,这是"用石板压驼背"的办法,但毕竟对中国的传统文化进行了一次理性的清理。第二次是20世纪六七十年代的"文化大革命",在打倒"封、资、修"的口号下,其波及面涉及具有更大稳定性的小传统,每个家庭对传统文化遗留的零星收藏大都付之一炬,这是一次带着非理性特征的冲击。但相伴随每次冲击之后,总会迎来一次对传统文化价值观的重建努力。第一次冲击之后是1935年,王新民、何炳松等十位教授联名发表了《中国本位的文化建设宣言》,新儒学得到了发展,学者们对儒家传统进行了新的解释,希望重建与现代生活相适应的新儒学。第二次冲击之后,20世纪80年代在国内开始兴起了一股"文化热",这股"文化热"至今方兴未艾。虽然其间仍有着全盘肯定的"复兴儒学论"和全盘否定的"全盘西化论"之争,但事实上任何人都是这两种文化和价值观的集合体,就中国传统文化及核心价值观来看,仍在指导着中国人的生活,正是看到了中国的传统文化和核心价值观并没有一刻离开过中国人的生活,所以重建诉求才会不断提出。

　　分析现实情形,同样表明中国的传统文化和核心价值观仍在指导着中国的现代生活。从经验来看,整体上中国传统核心价值观的许多概念及其转化的一些概念仍暗暗指导着中国人对人、对事的方式。除了公开的正式场合,人们更愿意运用传统价值观的概念来进行表达和评价,从接受者的心理机制来看,这样更容易理解和认定。余英时讲:"各大文化当然都经过了多次变迁,但其价值系统的中心部分至今仍充满着活力,这一活生生的现实是决不会因为少数人闭目不视而立即自动消失的。"[①]如"良心"这一观念还是在现实中被运用,这一概念是从传统价值观中人性本善的仁爱观转化而来的一个概念,用来指人有从善的思想和情感,它的这一意义使得现实中,当人们在批判丑恶、自我制约时就经常使用这一概念,从而在中国现代生活中这一概念不仅是人们通行的表达形式,而且在调节人们行为中能

---

　　① 余英时:《从价值系统看中国文化的现代意义》,载《伟大传统》(三),华夏出版社2008年版。

发挥较许多概念更强的道德力量。在评价社会成员时,现实中我们更多地使用的评价准则是义、忠、孝等概念,因为使用这些概念时能获得历史经验的支撑而变得具体化,而不是冠冕堂皇的陈词滥调。

由于传统核心价值观仍然指导着中国现代社会生活,因此我们要看到,这些思想不可避免地存在着许多与现代中国社会不相适应的思想内容,因为在它的影响下,中国人身上有着许多落后的德性,这一点五四新文化人士对此曾进行过猛烈的抨击。但在同样的价值观影响下,历史上也出现了许多今天看了荡气回肠、让人骄傲的表现。这表明中国的传统文化和核心价值观还存在着与人类共存原则相契合的具有普适意义的价值观。这需要我们对传统核心价值观进行解构,剔除其不适应的因素,从而成为中国社会主义核心价值体系的一个有机组成部分。

参考文献

[1] 王国轩.四书.北京:中华书局,2011.

[2] 程颐,程颢.二程集.北京:中华书局,2004.

[3] 严协和.孝经白话译解.西安:三秦出版社,1989.

[4] [美]爱德华·希尔斯.论传统.傅铿,吕乐译.上海:上海人民出版社,1991.

[5] 蔡元培.中国伦理学史.北京:商务印书馆,1999.

[6] 李德顺.新价值论.昆明:云南人民出版社,2004.

[7] 余英时.现代儒学的回顾和展望.北京:生活·读书·新知三联书店,2004.

[8] 张岱年,方立克.中国文化概论.北京:北京师范大学出版社,2008.

[9] 朱汉民.中国传统文化导论.长沙:湖南大学出版社,2010.

[10] 杜维明.儒家传统与文明对话.北京:人民出版社,2010.

[11] 张世英.中西文化与自我.北京:人民出版社,2011.

[12] 陈爱平.孝说.重庆:重庆大学出版社,2007.

（作者单位:浙江中医药大学）

社会主义核心价值体系建设内在张力摭探 *

沈卫星

一、社会主义核心价值体系目的因与内在逻辑

要分析社会主义核心价值体系,就要提及"南方谈话"。表面上看,"南方谈话"对核心价值未置一词,社会主义核心价值体系也未提及南方谈话。但事实上,两者遥相呼应,渊源殊深。

如果说"目的"是根本问题,那么南方谈话的目的是什么? 从生存论角度看,这是一次对中华民族想要过上什么样生活以及如何过上这种生活的重大反思。这种反思不是横空出世,而是渊源有自:自鸦片战争以来,"中华民族往何处去"就一直是历史主题。为此我们付出了巨大代价,南方谈话其实是在新的历史条件下对这个历史主题所作的新的探索。邓小平作出的回答是:"社会主义的本质,是解放生产力,发展生产力,消灭剥削,消除两极分化,最终达到共同富裕。"①请注意,这个"本质论"中的关键词是"共同富裕",其含义至少有二:一是国强民富,二是平等。这是中华民族民族对自己想要过上一种什么样的生活的理解,这样的理想生活非常易于理解,我们每个人都有深切感受。

现在要问的是,社会主义核心价值体系提出的目的是什么? 这个问题可以从两个方面加以考察:第一,从意识形态本质来看,"占统治地位的思想不过是占统治地位的物质关系在观念上的表现,不过是以思想的形式表

＊ 基金项目:教育部人文社会科学研究专项任务项目(马克思主义中国化、时代化、大众化)《认同视角下以社会主义核心价值体系引领高校校园文化研究》(12JD710087)。

① 《邓小平文选》第 3 卷,人民出版社 1993 年版,第 373 页。

现出来的占统治地位的物质关系"①。作为社会主义意识形态的本质体现，社会主义核心价值体系体现的是统治阶级意志，如果说我们的政权是劳动人民当家作主，那么其所要求体现的物质关系是什么呢？在最根本的意义上说，那就是国强民富，或者说民族复兴。第二，从所处地位来看，中国特色社会主义共同理想是主题，其目标是"富强、民主、文明、和谐"，这就是中国人想要过上的理想生活。在此，可以发现，南方谈话与社会主义核心价值体系在目的上乃是一脉相承的。

以上是对中华民族想要过上一种什么样的生活的分析，还有一个问题是：如何过上这种生活？南方谈话与社会主义核心价值体系各自如何回答这个问题？

南方谈话存在这样的内在逻辑：以实现共同富裕这个宗旨为核心，基本路线提供政治保证，改革开放提供发展动力，两手抓提供思想保证，组织路线提供人才保证，初步勾勒出一个核心、四大保证的蓝图设想。

社会主义核心价值体系内在逻辑为：共同理想目标回答了百余年来中国人追问的第一个问题："中国往哪里走？"而共同理想中的中国特色社会主义道路和理论体系则回答了"怎么走"的问题。接下来的问题是，为了实现这个目的需要什么条件？回答是：马克思主义提供指导思想，民族精神提供精神动力，荣辱观提供理想人格。这样，共同理想居于核心地位，其他三方面有如鼎之三足，拱起共同理想这个大鼎。这样就给出了一个民族复兴的方案。在这种意义上说，社会主义核心价值体系乃是民族复兴纲领。

可见南方谈话与社会主义核心价值体系渊源殊深，两者主旨都是对中华民族要过上什么样生活以及如何过上这种生活的探求。如果说南方谈话还是对这种理想生活处于探索阶段，那么社会主义核心价值体系则以集大成方式理论化系统化地表述出来。至此，几乎可以说，中华民族复兴理论成熟了。但是，社会主义核心价值体系又内在地蕴含着矛盾，从而充满张力。

二、富强至上与资本主义发展方式的采用

社会主义核心价值体系中的四个内容地位是不同的，其中共同理想处

---

① 《马克思恩格斯选集》第 1 卷，人民出版社 1995 年版，第 98 页。

于核心地位,而共同理想中的四个目标的地位又是不同的,其中富强放在优先发展地位。这种战略选择有其不得已性:落后挨打的屈辱历史、国际竞争的压力、国内矛盾的丛生、人民改善生活的迫切愿望,凡此种种,都要靠发展去解决,因此有"发展就是硬道理、发展是执政兴国第一要务"的口号。问题是怎么发展?

计划经济、公有制、按劳分配是传统社会主义发展方式的三大手段,并作为与资本主义相区别的本质特征看待。在实践证明这些发展手段行不通后,我们就开始转到利用资本主义发展方式来发展社会主义了。

1984年党的十二届三中全会确立我国社会主义经济是公有制基础上的有计划的商品经济。1985年,邓小平会见外宾时提出,"社会主义和市场经济之间不存在根本矛盾"①。1992年,邓小平南方谈话指出,"计划和市场都是经济手段"。党的十四大正式提出了建立和完善我国社会主义市场经济的构想。

所有制结构的变革则可粗分为三个阶段:第一阶段是从新中国成立初期到党的十一届三中全会之前。这个阶段片面追求"一大二公",认为公有制的实现形式越纯越好。第二阶段是从党的十一届三中全会到党的十四大召开。从提出发展有计划的商品经济到强调以公有制经济为主体,其他经济成分为补充,多种经济成分共同发展。此时,非公有制经济逐步走上历史舞台。第三阶段是党的十四大召开之后。党的十四大提出发展社会主义市场经济,以市场为基础对资源进行配置,这决定了所有制结构的多元性和多样性,非公有制经济得到蓬勃发展。此后历次党代会都谈到所有制问题,如今,坚持和完善公有制为主体、多种所有制经济共同发展成为我国的基本经济制度。

市场经济与多种所有制的实行,必然引起分配关系的变动。原来实行的按劳分配,经过多次表述更动,到党的十七大被表述为:要坚持和完善按劳分配为主体、多种分配方式并存的分配制度,健全劳动、资本、技术、管理等生产要素按贡献参与分配的制度,最终的结果是出台物权法保护私有财产。

这样,市场经济、多种所有制、生产要素参与分配等方式,原先都以为

---

① 《邓小平文选》第3卷,人民出版社1993年版,第148页。

是资本主义发展手段,在作了既不姓"社"又不姓"资"的正名之后,①用来发展社会主义。

可见,中国的国情决定了富强至上的战略选择,这种选择又必然带来对资本主义发展方式的采用。资本主义发展方式有着自身的内在发展逻辑,这种发展逻辑必然挑战着社会主义理念,这就产生了矛盾。

三、社会主义核心价值体系内在矛盾

如果说"南方谈话"已经敏锐地意识到资本主义发展方式可能冲击基本路线、思想道德等内容,那么其对社会主义核心价值体系的冲击则明显地导致了内在矛盾,这种矛盾体现为对指导思想、精神动力、人格保证构成挑战。

(一)资本主义发展方式对马克思主义指导思想的挑战

"思想和政治是统帅,是灵魂。"②作为社会主义核心价值体系的灵魂,马克思主义指导思想受到来自这样两方面的挑战:普世价值和中国传统文化。③

自由就是市场经济的灵魂。同时市场经济是一种自主经济、平等经济、竞争经济、信用经济、法制经济,由此催生出了平等、民主、法治、公平和正义等观念,这些观念以"自由"为核心构成一个系统,被认为是人类生活"好"与"坏"的评价标准,称之为普世价值,为当今世界各国所普遍承认和追求,从而成为当今世界各个国家和民间交往互动的价值准则,因而在一定范围内具有道义上的约束性。④

有人说,改革开放以来创造的"中国奇迹"是在普世价值指导下取得的,而正统的观点则认为马克思主义是改革开放的指导思想。"由于可以理解的原因,在世界分为社会主义与资本主义两大敌对阵营的历史背景

---

① 尽管如此,但在传统社会主义的理解中,这些发展手段就是属于资本主义。在这种意义上,它们就是工具论,是用来发展社会主义的手段。

② 《毛泽东著作选读》(下),人民出版社1986年版,第803页。

③ 传统文化对马克思主义指导思想也构成冲击。限于篇幅,本文从略不论。

④ 崔宜明:《以"自由"为核心的普世价值观念与中国伦理学》,《道德与文明》2009年第3期。

下,仍然是除了'平等'以外,其他普世价值观念都被当作资本主义的意识形态来否定,都被当作是为资产阶级的腐朽生活方式辩护的思想观念来理解。"①同时,普世价值在中国被当作意识形态使用。如以民主、自由、平等、人权为标准来衡量中国特色社会主义的实践,百般指责,要求按照西方的战略意图改造中国。

究竟如何看待普世价值对马克思主义指导思想的挑战?应有这样的态度:

普世价值并非悬置在神圣王国彼岸的空中楼阁。从原理上说,普世价值是普世主义、全球伦理的进一步延伸,是西方非意识形态思潮的当代产物,蕴含着资本主义特有的价值观,主张民主、自由、人权、平等、博爱的所谓"普世价值",其哲学基础是从抽象的人性出发,强调民主、自由、平等的超阶级性,否认人的现实阶级性、社会性及历史性,强调人类共同的价值观和价值体系,其实践追求是要将人类文明纳入资本主义所建立的所谓普遍文明的轨道。"普世价值"具有鲜明的非意识形态性以及"终结"意识形态的价值诉求和政治倾向,与我们要构建的以马克思主义为指导的社会主义核心价值体系的诉求明显相悖。社会主义核心价值否定凌驾于历史与民族差别之上的"普世价值",又强调立足于现代化实践和多民族世界的多样化价值领域存在共同性,承认市场意义上的"自由""民主""人权"的普遍性质,但强调"自由""民主""人权"等的具体内涵及实现必须与中国当代国情相联系,在坚守马克思主义指导思想地位的前提下,建构实现社会主义的自由、民主和人权。

(二)资本主义发展方式对民族精神的瓦解

"民族精神是一个民族赖以生存和发展的精神支撑。一个民族,没有振奋的精神和高尚的品格,不可能自立于世界民族之林。"由此,党的十六大报告提出了"以爱国主义为核心的团结统一、爱好和平、勤劳勇敢、自强不息的伟大民族精神"。② 经济全球化与资本主义生产方式的采用严重冲击了民族精神。

民族是作为利益共同体存在的,在共同利益基础上,形成了民族精神

---

① 崔宜明:《以"自由"为核心的普世价值观念与中国伦理学》,《道德与文明》2009 年第 3 期。

② 《江泽民文选》第 3 卷,人民出版社 2006 年版,第 559 页。

的集体主义、凝聚力和奉献精神这样三个特征，但它们同样面临着严重冲击。

公有制是与集体主义相关联的，而随着公有制消退、非公有制蓬勃发展，共同利益这个基础遭到销蚀，使得利益共同体瓦解，于是集体主义意识也随之瓦解，取而代之的是个人意识、主体权利的兴起。

市场经济人性论的基本假设就是经济人，这个经济人假设有两个基本特征：一是以自我为中心，二是追求利益最大化。以自我为中心与私有制互为表里，产生的相应结果就是个人主义兴盛，集体主义衰竭。经济理性必然追求利益最大化，而这种利益追求在市场经济中就表现为物欲的无限贪婪，欲望与精神天生就是死敌，结果就是贪欲炽盛，精神堕落，加上理性的斤斤计较，使得凝聚力削弱，共同体就彻底瓦解成为名存实亡的"麻袋里的土豆"，奉献精神跟着枯萎。

按劳分配是对主体劳动价值的肯定，但市场经济奉行等价交换原则，按劳分配客观上就起到了理性比较作用，奉献精神就会减弱。每个人都作为独立的利益主体登场，利益的分化必然促成凝聚力的瓦解。

可见，资本主义生产方式侵蚀着民族精神。刁诡的是，在经济全球化愈演愈烈的今天，作为民族复兴的精神动力，民族精神却越来越受到重视。2008年汶川大地震救灾与北京奥运会的成功举办，所爆发出的民族精神着实使我们自己都大吃一惊，这说明市场经济对民族精神所起的作用还存在不确定性。就如何加强民族精神，至少有以下三方面可以改善：

第一，国家要成为公民权利的最大保护神。民族认同是个非常奇妙的事情，即使市场经济在瓦解着民族精神，但每个人内心深处依然在寻求着民族归属感，一旦民族利益遭到侵害或遇到苦难时，民族精神就会不可思议地爆发。而这种爆发有赖于国家对公民权利的保护，公民权利得到保护就会产生认同感和归属感，这事实上是在挽救民族精神，以爱国主义为核心的民族精神才能得到增强。

第二，大力发展以股份制为主要实现形式的公有制。民族精神是建立在共同利益基础上的共同体意识，在社会主义初级阶段，市场经济的实行使得原有的公有制被削弱，而新的所有制还处于发展中，导致民族精神赖以建立的共同利益基础丧失。可以想象，一旦人们有了共同利益基础，那么集体意识、凝聚力、奉献精神就会增强，毕竟，"人们奋斗所争取的一切，都同他们的利益有关"①。

第三,培育理性的成熟的市场意识。市场经济还有好的一面,比如等价交换和自负盈亏会产生责任意识,股份制会产生合作精神,追求利益最大化会考虑长远规划,等等。等到市场经济发育成熟了,这些意识也会跟着发展成熟,而这样的市场意识才是理性的、成熟的,而这将有利于民族精神的发展。要言之,归根结底要从市场经济出发重建民族精神,当前市场经济对民族精神的瓦解,缘于市场经济的不成熟。

(三)资本主义发展方式对社会主义道德的冲击

社会主义道德的核心是全心全意为人民服务,毫不利己专门利人。但是,市场经济以人的自我为中心,奉行等价交换原则,追求利益最大化。显然这两者是对立的。

社会主义道德原则是集体主义,集体主义是建立在公有制基础上的,而非公有制的蓬勃发展使集体主义失去了经济基础。相反,私有制的盛行使个人主义兴盛。这两者又是对立的。而实践恰恰证明了公有制的无效率性,私有制效率更高。当为人民服务、集体主义都失去了经济基础时,社会主义道德还可能存在吗?如果社会主义道德都不存在,那么,社会主义与资本主义还有什么区别呢?我们还搞什么改革开放?这是相当一部分人的疑惑。

事实上,道德只能在市场经济中产生。以前的社会主义道德,乃是应然层面上的道德设想,在生产力相当落后的条件下设计这种道德理想,其实是脱离现实的假道德,其结果就是假话、空话、大话连篇,言行不一,这一点必须认清。而与私有制相表里的个人主义,其实是一种真实的人性反映,道德只有坐实在真实的利益基础上才有生命力。至此,我们也应该为个人主义正名了,它不姓"社"也不姓"资",它符合"三个有利于"的标准。当个人有了真实的权利保障,那么在此基础上谈为人民服务才是有意义的、真实的。而当股份制得到大力发展时,建基其上的集体主义就焕发青春了。

————————————

① 《马克思恩格斯选集》第 1 卷,人民出版社 1995 年版,第 82 页。

四、不是结论

党的十一届三中全会后,中华民族走上了改革开放道路,重新对自己想要过上什么生活以及如何过上这种生活展开严肃深沉的追问与反思。在顽强地摸着石子过河时,把富强作为首要的目标追求,于是采用了资本主义发展手段,导致姓"资"姓"社"的大争论。在十字路口,"南方谈话"平息了这种争论,并初步勾勒出了民族复兴理论。社会主义核心价值体系则接过这种思考,以系统化、理论化的方式指明了中华民族想要过上的理想生活目标。

但是资本主义发展方式的采用导致了社会主义核心价值体系的内在冲突,面对冲突该怎么办?左派主张放弃改革,回到传统社会主义去;自由主义认为问题的产生不是市场经济的错误,而是市场经济没有改革到位,所以要继续深入改革;保守主义则膺服传统文化,主张用传统文化来救中国人。"中华民族往何处走、怎么走"这个问题再次摆在中国人面前。对此,有三点简单结论值得注意:

第一,资本主义发展方式不可废。其一,科学社会主义只能建立在资本主义高度发展的成就基础之上。不管理论界费了多少笔墨,实践中曾经多么轰轰烈烈地试验过,但"卡夫丁峡谷"还是固执地存在着。毕竟"新的更高的生产关系,在它的物质存在条件在旧社会的胎胞里成熟以前,是决不会出现的"①。初级阶段国情决定了不得不采用资本主义发展手段。其二,这种资本主义发展手段仅仅是用来发展社会主义的工具而已,绝不是目的。这点必须说清楚。其三,在上述分析矛盾时,可以看出矛盾并非无解。当这些矛盾得到解决时,也就是我们利用资本主义战胜资本主义之时。当前的问题是怎么解决?

第二,要解决矛盾,就要不停地解放思想。解放思想是个法宝,中国的改革开放史就是一部思想解放史,迄今掀起了 1978 年、1992 年和 2007 年三次思想解放,每一次思想解放都极大地推动了社会进步。但是这些思想解放主要集中在经济与社会领域,而政治与思想领域却鲜有突破,而这两个领域如果没有大的思想解放,经济与社会领域的存在的矛盾就无法根本

---

① 《马克思恩格斯选集》第 4 卷,人民出版社 1995 年版,第 33 页。

解决,已有的改革成果也可能付诸东流。纠结在于,虽然喊了这么多年要破除姓"资"姓"社"的束缚,但事实上我们潜意识里一直在作茧自缚。

第三,应达成重叠共识。意识形态领域的思想解放是最后一块领域了,导致这块阵地"保守"的一个重要原因是担心价值多元会引起社会混乱。当美国遇到同样问题时,罗尔斯提出用重叠共识去解决,"由自由而平等的公民——他们因各种合乎理性的宗教学说、哲学学说和道德学说而产生深刻分化——所组成的公正而稳定的社会如何可能长治久安"①。罗尔斯认为,政治正义乃是重叠共识的本质内涵,当前中国最大的政治正义是什么? 这就是发展,也就是民族复兴。当下中国存在形形色色的社会思潮,但共同的主题则是民族复兴,反对这个主题的社会思潮则应予以打击。而在这个主题下,则可以尊重差异,包容多样。在这个共识下进行思想解放,改革就可以大踏步前进。

(作者单位:台州学院)

① 〔美〕约翰·罗尔斯:《政治自由主义》,译林出版社2000年版,第3页。

妥善应对微博时代意识形态领域的挑战

张合营

微博作为一种新兴的网络互动媒介,以其快捷互动的传播方式,关注社会、传递信息、解析问题、导引舆论、叩问政治,在引发大众生活习惯、思维方式和整个社会组织形态改变的同时,正日益从权力的媒介走向媒介的权力,深深地影响到主流价值观构建和政治话语的维系、变革与发展,成为意识形态交锋的新领域。积极应对微博对社会主义意识形态建设带来的挑战,探索微博时代的意识形态规律,是提升党的媒体执政能力,维护我国意识形态安全亟待深入研究和解决的课题。

一、必须高度重视微博中的意识形态因素

微博的迅猛发展,使它不仅成为当代社会最重要的信息集散地和社会舆论场,更成为各种意识形态运作的重要场所和利益集团维护自身利益的工具,是实现国家和社会控制的重要手段。"大众传媒从出现的第一天开始,就介入到了政治和政治活动中,它是一种工具、手段、途径,有时甚至就是政治本身。"①微博中的意识形态因素越来越引起广泛关注。

(一)微博对政治领域的介入和渗透日益广泛,对政治的直接性挑战越来越大

微博作为当今互联网世界中新兴的传播媒介,以其简洁、高效、开放、交互的特征和功能,在全世界范围内掀起了一次由互联网带来的"140个字

---

① 刘华蓉:《大众传媒与政治》,北京大学出版社 2001 年版,第 7 页。

符"的信息传播革命,其对政治产生的潜在影响不容小视。微博作为触发舆论的先锋,在揭露问题、批判现实、引发社会关注与共鸣的同时,拓宽了政治空间,使政治主体日益多元化,政治参与形式多样化,形成虚拟政治与现实政治之间的联系与冲突。微博既可以使参政议政和民意表达走入新境界,也可以成为破坏政治稳定的力量。微博的"坏消息综合征"容易引发人们心理的失衡与对现存社会秩序的不满,导致其对国家政治事务的过度干预,其隐含的利益诉求、价值导向,在主体毫不知觉的情况下实现着意识形态整合功能,成为改变政治秩序、挑战国家政治议程和社会稳定的潜在能量,从而影响到政治发展。2011 年,突尼斯阿里政权和埃及穆巴拉克政府垮台、英国伦敦大骚乱、美国"占领华尔街"运动、西亚北非"茉莉花运动",社会化媒体都起到了某种社会动员的作用,而其中微博更是有力的直接推手。

(二)微博成为意识形态领域斗争的前沿阵地,争夺话语权成为微博时代维护国家意识形态安全的新态势

微博深度融入社会,影响着人们的心理、思维、价值观念和行为导向,具有很强的意识形态渗透性,成为意识形态传播的有效工具。微博时代,不同意识形态的冲突与交锋更为复杂、激烈和多样化。有学者提出,"未来十年,中国有四大安全问题非常重要,即经济安全、社会安全、周边安全和意识形态安全,而意识形态安全问题最重要"[①]。

在微博等新媒体迅猛发展的背景下,一些国家把抢夺新媒体前沿阵地,作为巩固意识形态和抢占政治传播的制高点。西方的一些政客和敌对势力看中了微博强大的政治颠覆功能,企图靠新技术来推动新思想观念的交流,叫嚣着要用"Twitter 挑战中国网络长城"。2012 财年预算中,美国广播管理委员会主动删减 800 万美元"美国之音"中文广播经费,并将这部分经费主要挪用到微博等新媒介的投入,约请一些海外的中国"持不同政见者""民族分裂分子"制作访谈节目,开设博客、播客等新的自主互动方式,传播西方的价值观念和思维。美国前任驻华大使、现共和党总统候选人洪博培认为,应联合他们的盟友和中国国内的支持者,这些人是被称为互联网一代的年轻人。中国有 5 亿互联网用户,有 8000 万博主。他们将带来变

---

① 李慎明:《全球化背景下的中国国际战略》,人民出版社 2011 年版,第 263 页。

化,类似的变化将"扳倒中国"。①

(三)微博作为"杀伤力最强的舆论载体",成为执政者控制和利用舆论工具的新宠

"玩微博"的总统们开启了"微博外交"的新时代。2010 年,阿根廷美女总统克里斯蒂娜发表博文,阐述对马岛问题的主张和立场,称英军为"强盗",誓言为了马岛主权不惜进行一场"永久性斗争"。号称"微博更新王"的委内瑞拉已故总统查韦斯,实时"借微博打击政敌"。为了巧妙地表明自己登上南千岛群岛的态度,时任俄罗斯总统的梅德韦杰夫,在微博上连发三条消息,称"总统有义务掌握俄罗斯所有地区的发展情况,其中也包括最偏远地区"。俄《消息报》发表评论说,"在总统的带领下,俄罗斯政治开启了微博时代"。

由于微博具有强大的信息传播力,许多政要人物已熟知其背后推广政见、搜集民意、沟通感情的巨大潜力,而纷纷开通了微博。仅在二十国集团,就有超过半数的国家领导人是"微博"追随者,有的还互为"粉丝"和"博友",如英国首相卡梅伦、加拿大总理哈珀、德国总理默克尔、澳大利亚总理吉拉德等,其中最受关注的是美国总统奥巴马,拥有近 600 万粉丝。作为"第四媒体",微博成为了各国政要政治角力的新秀场。

(四)微博对社会公共事件影响力的不断扩大,微博问政在考验着政府执政能力的同时关乎着意识形态领导权

微博问政不仅是公民表达自身意愿,通过政治活动实现自己利益的重要途径,而且还是公民自我教育的主要方式和政治社会化的重要手段。从这个意义上说,微博问政对于推进公民政治参与、权利监督、政治社会化建设和社会主义民主政治的进程有着积极的意义。近年来"两会"微博、政务微博、官员微博的兴起,正是抢占先机、顺势而为的举措。但是与此同时,微博传播内容的泛娱乐化、低俗化、非理性化,传播方式的暴力化、碎片化,议题设置的情绪化,煽情新闻和虚假信息的不断出现,使网络形成了不确定的社会风险,对主流意识形态的认同构成间接性的销蚀。有人形容主流

---

① 刘瑞生:《我国应高度重视新媒体时代的意识形态安全》,《中国青年报》2011 年 2 月 15日,第 7 版。

意识形态所倡导的制度认同、价值认同、利益认同、文化认同对于网民已经是魂不附体。面对着微博传播分散和不可控、堵不住的现实，如何巩固执政党的意识形态领导权，是提高执政能力的新要求。

二、深刻认识微博时代意识形态领域的复杂形势

微博对意识形态产生重大而复杂的影响，在为主流意识形态建设创新平台、扩展空间的同时，又存在着矛盾和冲突，使我国主流意识形态建设面临诸多挑战。

（一）炒作热点敏感问题，借题发挥，以文明的名义占据制高点，质疑政府的合法性

微博的意识形态传播具有一定的隐蔽性和欺骗性，尤其在官民冲突、警民冲突、城管与摊贩冲突、交通事故等突发公共事件中，一些"微博问政"的意见领袖更是借题发挥，尽其所能向公众兜售其政治态度、价值立场。少数别有用心的人还绞尽脑汁利用微博进行恶意炒作、煽动民情、挟持民意、左右舆论，致使网上舆论错综交织，简单问题复杂化、局部问题全局化，一般问题上升到政治问题。"微博达人"们在随时呼叫国家机器干预的同时，肆意责备并攻击国家机器，对政府形象造成极大的伤害。郭美美的微博炫富，引爆了公众对官办慈善组织的质疑和深深失望。钱云会案被微博"合理想象"和无限放大，成为草根民众维权无望和基层政权"黑恶化"的标本，对诠释基层官民关系起到恶劣的示范效应。"7·23"动车事故，微博借"高铁体"广泛造句，表达对突发事件信息不公开的抱怨特别是对政府公信力的质疑，折射出市民心态与中产阶级意识以及政治势力博弈等多种因素。"随手拍"运动和"拼爹"博客，把"民主、自由、人权、平等"等理念包装成为"普世价值"，在召唤笼统的"爱心"和"文明"的背后，隐藏着不自觉的身份认同、阶级意识和对社会主义公平正义的公开叫板。其转移民间能量、聚合各种政治情绪、挑战政府的公信力和权威、诋毁和丑化社会主义形象，瓦解人们对社会主义认同的能量不可小视。

（二）以反权威、去中心化自我标榜，争夺话语权、激发边缘意识、召唤反叛情结，挑战执政党意识形态话语权

在非实名制的背景下，博主身份纷杂，话题随意多样，立场态度多元，一些微博意见领袖以公众利益"代言人"的面目出现，善于抓住人们普遍关注的热点问题发表见解，以"权威"形象，对人们的思想困惑给出看似合理的解答，对政府政策的出台进行"对抗性解读"或"反向解读"。为了抓住受众，不惜"语不惊人死不休"，尽量满足和迎合一些普通群众的"围观""猎奇"心理，以召唤叛逆情结。一些微博借"反腐"之名，企图播下所谓"普世价值"的"龙种"，收获的却是"用一些激动人心的政治上的空话来玩弄'老百姓'"①的跳蚤，为新自由主义、民粹主义、历史虚无主义鸣锣开道。其潜在影响就是逐步侵蚀人们"意志功能"，消弭对主流意识形态和执政党指导思想的认同。

一些微博甚至不惜散布谣言和负面信息，传播破坏性言论，挑战政府权威，肆意诋毁国家形象，使微博从传播信息、互动交流的平台沦落为"谣言横飞的公共厕所"。微博的"负面消息综合征""谣言制造机"，遮蔽了本来有价值的公共信息，造成了大量的信息垃圾，在加大舆论管控压力的同时，使主流价值观边缘化，为非主流价值观的长驱直入提供了空隙，损害了社会主义意识形态的舆论环境，使社会主义意识形态安全面临着更为复杂的形势。

（三）将娱乐享受标上"中立"的标签，以娱乐至死消解弥合价值空虚

微博政治是一种感官和情感的政治，也是高风险的政治。有人比喻，微博就像一个感觉、情绪胜于理性的神经器官，可以传达和引发剧烈冲动。一些以"重口味""恶趣味""情色""身体日记"等为名的微博用户，通过播发涉黄、鬼怪信息、明星八卦吸引关注度。2011年，走红的"咆哮体"微博，"在伤不起、有木有"的"咆哮"中，使严肃的政治问题披上游戏化、娱乐化的外衣。这种无信仰的繁盛与无原则的宣泄，流露出受众对空虚的愤慨或是"傻乐"的追随，在"躲避崇高"中有意无意地调动了人们对权威和规范的顺从与抵抗的复杂心态。

---

① 《列宁全集》第27卷，人民出版社1959年版，第238页。

微博某种程度上变成了人们想象中摆脱意识形态控制的新的意识形态形式。微博时代,公众在平面化的文化消费中宣泄情绪、解压心理的同时,逐渐逃避现实,失去思想和深度。大众实际上躲在相机和微博后面,"看见"了乞丐,却不"认识"乞丐。"越来越多的人浸渍在媒体打造的娱乐世界中,越来越少的人关注政治。民主的走向,变成了一场缺乏公民参与的游戏。"①微博这种欺骗性的操作,实现着对大众的操纵与控制,使大众无法实现对国家、集体、他人的社会责任感,政治冷漠化、情绪躁动化、行为无责任化"其结果是我们成了一个娱乐至死的物种",②最终带来的是道德底线的下移、理想信念的颠覆、心灵价值的扭曲、行为规范的失矩。

(四)以传播方式的多向度、裂变式、碎片化,挑战主流意识形态的建构,加大了意识形态的管控难度

微博是通讯技术与网络技术结合的产物,是具有自媒体性质、准入门槛低的网络新贵。微博时代,人人都是记者,人人都有麦克风,这大大突破了党和政府对媒体的控制范围,使国内舆论导向的控制和管理难度加大。微博"碎片化"的传播方式,一定程度上使大众社会正在分崩成为个别化、差异化的小型群体,集体主义意识进一步弱化已是不争的事实,依靠组织权威进行意识形态灌输的优势受到前所未有的冲击,有组织的"认同"实现起来难度更大。微博中带有浓烈的政治色彩和意识形态色彩,甚至西方一些颓废、有害的碎片化信息,会通过互联网这条渠道影响我国的民众,容易给人们的思想带来混乱,动摇社会指导思想和社会政治信仰,进而影响到国家安全。无国界、无限制的网络信息传播,对党的意识形态工作带来了很大的挑战。

三、妥善应对微博挑战,掌握意识形态建设的主动权

微博作为网络媒体的新贵,为执政党意识形态的创新提供了机遇,增强了执政党意识形态的辐射力和影响力,同时也带来了巨大的挑战与冲击。在微博等新媒体环境下,能否有效应对意识形态领域的复杂形势,牢

---

① 吴飞:《传媒·文化·社会》,山东人民出版社 2006 年版,第 260 页。

② [美]尼尔·波兹曼:《娱乐至死》,章艳、吴燕莛译,广西师范大学出版社 2009 年版,第5 页。

牢掌握意识形态的领导权,确保社会主义意识形态主导作用,直接关系到人民群众对党的政治信仰,对党的方针、政策路线的情感认同,直接影响党的执政基础。因此,我们要高度警惕,要从加强执政能力建设、维护国家安全的高度积极回应微博等网络新媒体对意识形态工作的挑战。

(一)积极应对微博挑战,把握微博时代意识形态建设的主导权

大众传媒从诞生之日起,就与政治有着不可分割的密切联系。党和政府必须高度重视微博等新兴传媒对意识形态的影响,更好地利用互联网技术加强和改进对意识形态工作的领导,巩固社会主义意识形态的主导地位。要更新传播理念,主动占领微博传播的制高点,努力使微博成为构建社会主流意识形态的新阵地。充分发挥主流媒体在微博舆论引导中的作用,坚持贴近实际、贴近生活、贴近民众,以权威、公正、平等、包容的媒体形象,传达党的声音,引导社会舆论,凝聚共识,巩固社会主义意识形态的"软实力"。要以加强微博内容建设为重点,根据国内外热点和关注焦点,设置议题,营造"话语场",引导微博政治参与,掌控舆论引导的话语权。要强化党政干部和政府部门的媒体意识,提升应对媒体的能力。要高度关注微博问政的影响力,善于运用政务微博、官员微博,及时发布对热点敏感问题的判断、信息传递和决策,批驳谣言,包容不同意见,反击错误言论,改善党群关系,维护政府形象。加强微博舆情研判与引导,透过微博舆情,体察民意,疏导民情,在与公众的互动中,增进民众对主流意识形态的信任,形成良好的舆论环境,凝聚对社会主义主流意识形态的价值共识和情感认同,提升主流意识形态在互联网空间的影响力。

(二)培养微博"意见领袖",掌握微博时代舆论引导的话语权

意见领袖是微博舆论形成和发展的重要一环。培养意见领袖是有效引导网络舆论的重要方法。意见领袖在引发关注、设置议题、舆论导向等方面具有强大引导作用,甚至会改变公共事件在现实中的走向。当前,微博意见领袖身份复杂,既有知名学者、社会名流、大众明星,更有三教九流等各色人群。代表正确舆论方向的意见领袖,能起到辨明事实真相、遏止社会流言的作用。但一些意见领袖往往起负向作用,引发网络舆论动荡,甚至危及社会稳定,其危害不容忽视。党和政府应积极应对这一挑战,引导和培养认同国家主流意识形态的意见领袖,掌控舆论话语权。要协调与

既有意见领袖的关系,注重从体制内知识分子和社会名人中物色和培养舆论领袖,如"新华微博"开设的以新华社记者和编辑为主体的"新华微群"及以大学生村官为主体的"大学生村官群"等。注重发现和引导草根舆论领袖,约束意见领袖的负面言行,促使他们严于自律,把握分寸,承担社会责任。引导受众合理表达诉求,使理性思考的声音成为微博言论的强势,营造意识形态建设的良好舆论氛围。

(三)强化微博管理,维护微博时代党对意识形态的领导权

意识形态的传播和巩固,是同一定时期传播的技术手段和传播方式紧密相连的。对于微博这种新兴媒介,党和政府要善于管理,要贯彻以疏为主、引导优先的把关策略,建立开放型、参与型、回应型的传播新体制。要时刻关注技术发展新动向及舆情发展新走向,充分发挥微博在推动民众参政议政、加强政府与民众交流方面的平台作用。推进政务微博建设,适度地将微博纳入公共应用平台或是电子政务平台,完善新闻发言人制度,发挥其在信息沟通与立场协调中的作用,及时对涉及人民群众切身利益的重大信息进行发布,并接受人民群众的监督。开通政务微博,提高政府的公信力,"不做僵尸、不作秀",积极推进信息透明化建设,最大程度地避免谣言和失实信息的出现,减少微博潜在的负面作用。

完善微博政治参与机制,将依法治网作为扩大网络民主的基本原则,引导微博问政的有序参与,保障公民的政治参与权。要明确政府的权限范围,保证政府对公民微博参政的监管范围和法定程序,要对"微博问政"的局限性保持清醒认识,对政治参与的内容和形式作出规定,使微博在赋予网民更多自主表达利益诉求、参与政治生活机会的同时承担起维护社会政治稳定的义务,推进社会主义民主法治建设。要逐步建立完善微博管理的相关法律法规,大力拓展"信息疆域",建立和完善微博实名认证机制,掌握信息监控权,加强我国信息安全保障。

(作者单位:湖州职业技术学院思政理论教研部)

邓小平历次南方视察视阈下的科学发展思想及其启示*

——纪念南方谈话 20 周年

胡　峻　任水才

党的十一届三中全会后,邓小平共有七次南方视察,即 1979 年 7 月的"改革之初播春风"之第一次、1980 年 7 月的"中原大地谈小康"之第二次、1983 年春节前夕的"江南春早论市场"之第三次、1984 年 1 月的"关键时刻特区行"之第四次、1986 年 1 月的"巴山桂水总关情"之第五次、1991 年春节前后的"催生浦东开放潮"之第六次和 1992 年的"东方风来满眼春"之第七次。在邓小平七次南方视察时的七次谈话之视阈下研究,可以探析出其科学发展思想及其对当前现实的启示,尤其是南方谈话,"在南方谈话中,邓小平同志集中论述了当代中国的发展问题……"①

邓小平的七次南方视察的谈话中蕴含着丰富的辩证速度、台阶式、全面、和谐、以人为先和重民生等六方面的科学发展思想,对解决目前发展中存在的问题有重要的启示。

一、发展要有速度的辩证发展思想

"发展才是硬道理。"②辩证的速度是科学发展的第一要素。快速发展是邓小平一贯的发展思想,科学发展首要任务就是高速发展,停滞不前或缓慢挪行的发展都不是科学的发展。科学的发展的首要表现即高速,尤其对于中

　＊　本文为杭州科技职业技术学院 2011 年度科研资助重点课题的最终成果(KZYZD-2011-5)。

　①　教育部中国特色社会主义理论体系研究中心:《南方谈话对发展问题的探索和回答》,《人民日报》2012 年 2 月 13 日,第 7 版。

　②　中共中央文献研究室编:《邓小平年谱》(1975—1997)(上),中央文献出版社 2004 年版,第 377 页。

国这样的落后的社会主义发展中国家来说,更需要一种辩证的高速度。

(一)发展要有速度就必须处理好"快—好"的辩证关系

邓小平辩证速度发展思想中,"快"是由中国社会主义初级阶段的特定国情决定的,是发展的首要特征。只有加快发展,社会主义的优越性才能得以真正体现,中国的主要矛盾,即人民日益增长的物质文化需要同落后的社会生产之间的矛盾,才能得到解决。第四次南方视察宝钢时邓小平说:"宝钢二期必须上……要争取时间……"①"还可以考虑上得快一些,不要耽误时间。"②"快"是邓小平辩证速度发展思想中的首要观点,如果没有改革开放初期10多年的快速发展,国家强大起来、人民温饱问题解决,在苏联解体、东欧剧变等影响下,我们都将遇到很大困难。事实证明,正因为有了"快"的发展,人民群众才始终跟着我们党走中国特色社会主义道路。

另一方面,邓小平在南方谈话中多次重申"好"是"快"的保证,真正的快速发展,发展过程中要兼顾"好"。在首次南方视察时他指出,"质量不好,是最大的浪费。宁可少生产,甚至可以停产整顿。质量不好,产量增长有什么用?"③他于1984年南方视察来到厦门特区时题词:"把经济特区办得更快些更好些。"④强调发展要"快"和"好"并重。南方谈话时,他更进一步从微观角度明确了质量、效益和速度的辩证关系:"当然,不是鼓励不切实际的高速度,还是要扎扎实实,讲求效益,稳步协调地发展。"⑤

(二)发展要有速度就必须体现出"闯—'冒'"的辩证精神

改革是发展的动力,要改革就必须要有敢闯敢"冒"的辩证精神,否则,就只能束缚在现成的框框之中。邓小平在"文化大革命"的社会经济发展动荡后,认识到过去人民群众的生产积极性被压制,工作创新力被压抑。

---

①　中共中央文献研究室编:《邓小平年谱》(1975—1997)(下),中央文献出版社2004年版,第960页。

②　中共中央文献研究室编:《邓小平年谱》(1975—1997)(下),中央文献出版社2004年版,第961页。

③　中共中央文献研究室编:《邓小平年谱》(1975—1997)(上),中央文献出版社2004年版,第545页。

④　中共中央文献研究室编:《邓小平年谱》(1975—1997)(下),中央文献出版社2004年版,第958页。

⑤　《邓小平文选》第3卷,人民出版社1993年版,第375页。

针对生产关系的这一弊端,他在历次南方视察中大胆鼓励工农干部在发展中要有闯和"冒"的精神和干劲:"没有一点闯的精神,没有一'冒'的精神,没有一股气呀、劲呀,就走不出一条好路,走不出一条新路,就干不出新的事业。"①没有这两种精神,是无法又快又好地高速稳定发展的,温饱和小康是无法在 20 世纪基本实现的。

邓小平强调对于闯和"冒"的精神,需要一个辩证的态度。他在南方谈话中充分肯定了改革需要闯的精神,要辩证地看待西方资本主义的事物,否则就是蛮闯。"改革开放迈不开步子,不敢闯,说来说去就是怕资本主义的东西多了,走了资本主义道路。"②他不仅对姓社姓资的改革问题上强调要敢于试验、敢于闯,在其他发展问题上也强调"不争论,大胆地试,大胆地闯。农村改革是如此,城市改革也应如此。"③他对"冒"的精神更是自始至终强调要有度,早在 1983 年总结第三次南方视察的谈话中就指出:"现在的问题是要注意争取时间,该上的要上。大战打不起来,不要怕,不存在什么冒险的问题。"④

这种发展思想对于当前关于发展的速度和安全的国际国内争论有着直接针对性的启示价值。邓小平的辩证速度发展思想对当前经济发展到底是过快还是过于保守的争论,具有现实判断的启示价值,即发展中既要跳好"保八"和通胀的交谊舞;发展中又要唱好促增长"红脸"和保稳定"白脸"的京剧。

二、阶段周期性的台阶式发展思想

唯物辩证法的发展规律表明事物的发展是螺旋式的发展道路。邓小平在南方谈话时一再强调发展一般会出现一个阶段上一个台阶的发展特征,这是真正又快又好发展的结果,快不必然导致直线发展,阶段性的台阶式发展才是真正好的发展。

---

① 《邓小平文选》第 3 卷,人民出版社 1993 年版,第 372 页。
② 《邓小平文选》第 3 卷,人民出版社 1993 年版,第 372 页。
③ 《邓小平文选》第 3 卷,人民出版社 1993 年版,第 374 页。
④ 中共中央文献研究室编:《邓小平年谱》(1975—1997)(下),中央文献出版社 2004 年版,第 892 页。

(一)发展应呈现出赶超发展的阶段周期性

邓小平借鉴当时其他国家和地区的发展特点,敏锐地指出:各国和地区,尤其是和我国发展基础和背景类似的东南亚国家和地区,发展具有明显的阶段周期性。"从国际经验来看,一些国家在发展过程中,都曾经有过高速发展时期,或若干个高速发展阶段。日本、南朝鲜、东南亚一些国家和地区,就是如此。"①"在今后的现代化建设长过程中,出现若干个发展速度比较快、效益比较好的阶段,是必要的,也是能够办到的。"②

(二)发展会呈现出台阶式的特点

邓小平发展思想中阶段周期性的发展要达到预期效果,就要每个阶段周期的发展至少上一个新台阶。他在南方谈话时要求:"我国的经济发展,总要力争隔几年上一个台阶。"③实践证明,台阶式发展的特点适合中国国情,也在实际改革发展中起到了积极作用,为后发国家追赶发达国家的发展总结了一种新的发展思想。"如果不是那几年跳跃一下,整个经济上了一个台阶,后来三年治理整顿不可能顺利进行。"④

这种发展思想对于20年后和平崛起的发展中的中国而言,有着难能可贵的启示价值。当今国际和国内的各方面现状下,我们要实现民族复兴的必由之路和正确选择,唯有以邓小平的台阶式发展思想为指导,即发展的周期是可控的动态;发展的台阶是可跨的"楼层"。

三、多样化的全面发展思想

根据马克思主义唯物辩证法基本原理,普遍联系是世界物质统一性的内在体现,但矛盾的普遍性需要具体矛盾表现出来,也有其特殊性。邓小平七次南方视察时的谈话中反复强调各行各地共同发展的方式需要有多样性,但这种差异发展中又必须要有重点,"不能胡子眉毛一把抓"。

---

① 《邓小平文选》第3卷,人民出版社1993年版,第377页。
② 《邓小平文选》第3卷,人民出版社1993年版,第377页。
③ 《邓小平文选》第3卷,人民出版社1993年版,第375页。
④ 《邓小平文选》第3卷,人民出版社1993年版,第377页。

(一)发展的方式需要多样性的共同发展

邓小平在南方谈话中,充分肯定了发展方式的多样性,即多行业多地区的共同发展。他在南方谈话时总结道:"农业和工业,农村和城市,就是这样相互影响、相互促进。"①他在之前六次南方视察中,多次特别关注各行各地的具体发展,例如,他在多次南方视察时重视旅游业的发展,先后要求各地重视旅游业的规划和开发,带动其他行业的招商引资等工作,从而促进共同发展。第三次南方视察时也在杭州指出:"你们一定要保护好西湖名胜,发展旅游业。"②在第六次南方视察中到上海时他说:"飞机制造业也是国民经济的带头工业,是很有发展前途的。闭关自守不行。"③

(二)发展的方式需要有重点的差异发展

俗话说:"牵牛要牵牛鼻子。"各行各地的各时期发展是差异中有重点。南方谈话时结合当时建立社会主义市场经济体制的需要,邓小平把创品牌作为 20 世纪企业生产的重点:"企业要创名牌,要创出我们中国自己的牌子。"④

矛盾的特殊性原理结合到国情,决定了无法要求各地各行都以一个速度和方式发展。邓小平多次肯定了差异发展前提下的有重点的发展思想,地区发展就必须有差异,南方谈话时他指出:"比如江苏等发展比较好的地区,就应该比全国平均速度快。"⑤行业发展也必须有差异,他于第三次南方视察时指出:"一个行业一个行业地搞规划,就可以解决技术交流。"⑥总之,正如他南方谈话时的总结:"全国各行各业都要通力合作……每一行都要

---

① 《邓小平文选》第 3 卷,人民出版社 1993 年版,第 376 页。

② 中共中央文献研究室编:《邓小平年谱》(1975—1997)(下),中央文献出版社 2004 年版,第 889 页。

③ 中共中央文献研究室编:《邓小平年谱》(1975—1997)(下),中央文献出版社 2004 年版,第 1325 页。

④ 中共中央文献研究室编:《邓小平年谱》(1975—1997)(下),中央文献出版社 2004 年版,第 1337 页。

⑤ 《邓小平文选》第 3 卷,人民出版社 1993 年版,第 375—376 页。

⑥ 中共中央文献研究室编:《邓小平年谱》(1975—1997)(下),中央文献出版社 2004 年版,第 889 页。

树立明确的战略目标。"①

这种发展思想对现今"一窝蜂"的发展窘境,有着现实的针对性启示。当前,各地区的差异发展、各种方式的特色发展、地区和方式差异中的重点发展,都迫切需要以邓小平的多样化全面发展思想来调整,即规划好发展中经济结构升级中的方向;规划好发展中产业地区转移中的定位。

四、统筹兼顾的和谐发展思想

马克思主义哲学的系统论思想是邓小平统筹兼顾的和谐发展思想的哲学底蕴。系统论揭示了系统存在、系统关系及其规律,即事物是各要素互相作用建构的整体,绝不是它们的简单堆加的基本原理。因此,邓小平在历次南方视察中都强调,发展的要求应是环境资源、人口增长的等其他要素与经济生产的统筹兼顾,各要素的发展和谐才能体现出稳定前提下统筹兼顾的和谐发展思想。

(一)发展的要求是环境资源和经济生产的统筹

社会的发展是合目的性与合规律性的统一。我国在推动科学发展过程中,把生产力快速发展作为发展的首要目标无可厚非,但应同时尊重自然发展的客观规律。邓小平绝不以牺牲环境资源的代价来换取经济的高速增长。他在第三次南方视察到无锡时,特地询问了当时太湖周围工业对太湖的不利影响,并指示:"你们围湖造田,湖面小了,影响了平衡……太湖水要注意保护好,不要弄坏了。"②第五次南方视察在桂林时他又关切地了解:"一九七三年来的时候有个工厂污染漓江,漓江的污染问题解决了没有?"③他充分认识到了发展是一个系统工程,不能缺少环境资源与经济生产的协调,否则就是畸形的发展,就不可能实现中国特色社会主义道路所需要的科学发展。

---

① 中共中央文献研究室编:《邓小平年谱》(1975—1997)(下),中央文献出版社 2004 年版,第 1337 页。

② 中共中央文献研究室编:《邓小平年谱》(1975—1997)(下),中央文献出版社 2004 年版,第 887 页。

③ 中共中央文献研究室编:《邓小平年谱》(1975—1997)(下),中央文献出版社 2004 年版,第 1103 页。

(二)发展的要求是人口增长和经济发展的兼顾

历史唯物主义认为,广义的生产包括物质精神财富的创造和人自身的生育再生产。人口问题是邓小平成为第二代领导核心后才得以重视和科学规划的发展问题。我国的人口问题如到 20 世纪 80 年代仍不着手开始解决,就会直接影响到我国的科学发展和民族复兴。邓小平南方视察谈话历史中对人口问题政策的阐述,反映了我国计划生育政策形成、发展和完善的过程。如他在首次南方视察时指出:"人口问题是个战略问题,要很好地控制。"①第三次南方视察在浙江时,又指出了经济发展与人口增长关系的客观规律:"一般来说,经济发达的地方,生活越好,越会控制生育。"②

这种发展思想对于"环境资源之殇"问题已经完全显现的 21 世纪的今天,有着重要的启示。邓小平的统筹兼顾的和谐发展思想,客观上要求我们的发展道路必须明确为统筹兼顾的和谐发展之路,即不是以牺牲环境资源为代价的短视发展,不是以人均低总量高的畸形发展。

五、重人才和科技的以人为先发展思想

以人为先发展思想是邓小平历次南方视察谈话中谈到科学发展时必然涉及的问题。具体体现为重视人才和科技作为现代化建设的前提性作用。他重视人才具体化是人才观念的转变,即人才的保护、评价、选拔和培育;重视科技,首先明确了科技是第一生产力的地位,其次强调了科技创新对发展的关键性意义。要想快速发展,就要重视作为推动发展的主体——人的发展。

(一)发展的前提包括人才和教育观念的转变

人才观念转变的首要任务就是明确人才的地位。南方谈话时邓小平首先肯定了知识分子的地位:"知识分子是工人阶级的一部分。"③他指出要

---

① 中共中央文献研究室编:《邓小平年谱》(1975—1997)(上),中央文献出版社 2004 年版,第 540 页。

② 中共中央文献研究室编:《邓小平年谱》(1975—1997)(上),中央文献出版社 2004 年版,第 889 页。

③ 《邓小平文选》第 3 卷,人民出版社 1993 年版,第 378 页。

极大地激发人才的积极性。南方谈话中他多次强调对人才的保护,如对海外人才:"不管他们过去的政治态度怎么样,都可以回来,回来后妥善安排。这个政策不能变。"①

邓小平又明确了科学发展所需人才的选拔和培养观念的转变。南方谈话时他公开表态:"二十一世纪是年轻人的。干部要年轻化,用人也要解放思想,胆子要大一点。"②他要求在用人问题上要胆子再大些,思想再解放些。而大胆不等于没有原则,原则之一就是用其所才:"要任人唯贤,选真正好的……这是最大的解放思想。"③第四次南方视察时他指出另一原则,即年轻化:"现代化没有年轻人不行,要鼓励年轻人挑起重担,多干工作。"④

他也清楚,科学发展更要能培育出所需人才。在珠海时他提醒众人:"要挖掘人才,要不断造就人才。"⑤这需要大力改革和发展教育事业。在第五次南方视察中他说:"'文化大革命'的一大错误是耽误了十年人才的培养,现在要抓紧发展教育事业。"⑥"希望大家通力合作,为加快发展我国科技和教育事业多做实事。"⑦

(二)发展的前提包括科学创新的社会认可

科技是社会发展动力体系中的一种重要动力。科技创新能否得到社会认可,直接关系到快速和可持续发展的原动力问题。邓小平在南方谈话时多次斩钉截铁地指出了科技的价值:"我说科学技术是第一生产力。"⑧

选拔培育出来的人才能否把科技转化为生产力,实现快速发展,关键就在于人才能否创新,而不是一味地学习和模仿。第三次南方视察时邓小

---

① 《邓小平文选》第 3 卷,人民出版社 1993 年版,第 378 页。
② 中共中央文献研究室编:《邓小平年谱》(1975—1997)(下),中央文献出版社 2004 年版,第 1339 页。
③ 中共中央文献研究室编:《邓小平年谱》(1975—1997)(上),中央文献出版社 2004 年版,第 357 页。
④ 中共中央文献研究室编:《邓小平年谱》(1975—1997)(下),中央文献出版社 2004 年版,第 955 页。
⑤ 中共中央文献研究室编:《邓小平年谱》(1975—1997)(下),中央文献出版社 2004 年版,第 1338 页。
⑥ 中共中央文献研究室编:《邓小平年谱》(1975—1997)(下),中央文献出版社 2004 年版,第 1105 页。
⑦ 《邓小平文选》第 3 卷,人民出版社 1993 年版,第 378 页。
⑧ 《邓小平文选》第 3 卷,人民出版社 1993 年版,第 377 页。

平为宝钢题词："掌握新技术,要善于学习,更要善于创新。"①这明确了科技创新才是人才的终极性目标。他还指出了科技创新的永恒性:"特别是不要满足现在的状况,要日日新,月月新,年年新。不断创造出新的东西出来,才能有竞争力。"②

这种发展思想对于南方谈话发表 20 年后的今日仍有着重要启示价值。教育人才体制改革始终是 20 年来改革的重要环节,在 2011 年我国 GDP 总量跃居世界第二位后,邓小平的重科技和人才的以人为先的发展思想必然成为唯一的策略选择,即人才教育培养选拔机制的根本性变革,科学创新激励体制的根本性突破。

六、以民共富的重民生发展思想

按照马克思主义的政治哲学一般原理,社会公平实现的程度总要与特定的社会制度相关联,同时又必然会反映出一定的社会经济基础。邓小平在历次南方谈话中反复强调了发展的目的不仅是为了强国,更是为了富民,这是由我国特定的社会主义制度决定的,但具体的发展过程不可能平均的、同步的发展,这又是由我国当前特定的社会经济基础决定的,这才是体现社会公平和反映社会经济基础的科学发展。

(一)发展的目的在于民生改善与国家富强的统一发展

马克思主义历史唯物论认为,"历史是人民群众创造的"。首次南方视察时,邓小平就明确了发展的目的是现代化实现与人民生活提高的统一:"我们的根本问题是要搞四个现代化,提高人民生活水平。不能搞穷过渡、穷社会主义。"③他始终把以工人和农民为主的人民群众生活的改善和国家强大的统一起来,共同作为改革发展的目的。第三次南方视察时他说:"你们生活好,

---

① 中共中央文献研究室编:《邓小平年谱》(1975—1997)(下),中央文献出版社 2004 年版,第 961 页。

② 中共中央文献研究室编:《邓小平年谱》(1975—1997)(下),中央文献出版社 2004 年版,第 1338 页。

③ 中共中央文献研究室编:《邓小平年谱》(1975—1997)(上),中央文献出版社 2004 年版,第 537 页。

我就高兴。"①南方谈话时又说:"现在的农民日子并不难过……这就是社会主义的优越性。"②

(二)发展的目的在于人民共享富裕的平衡发展

人的需要是发展的,并只有具体化为主体的活动目的,才能不断满足人的多方面的需要和实现人的全面发展。邓小平在历次南方谈话中非常强调人民群众共享富裕的平衡发展思想。共享富裕的过程是"一部分地区有条件先发展起来,一部分地区发展慢点,先发展起来的地区带动后发展的地区,最终达到共同富裕"③。他并不回避现阶段我国发展不平衡的现状,提出了科学的平衡发展思想:"就全国范围来说,我们一定能够逐步顺利解决沿海同内地贫富差距的问题。"④这表明了平衡发展是人民共享富裕,但不是平均发展和同步发展,平衡发展强调的是目标和最终结果,而不是过程中的具体特定时空。

这种发展思想对于当前改革已进入深水区后显现出的社会新矛盾下的发展问题具有重要启示。当前,社会经济发展过程中出现了收入分配差距拉大、物价上涨过快等社会公平正义等亟待化解的发展阵痛问题。邓小平的以民共富的重民生思想就更像是一盏"明灯",时刻启示着党和政府需要转变发展目的的理念,即把提高人民生活质量和尊严的发展作为中心;把促进彰显社会主义初级阶段的公平正义内蕴的发展作为重心。

七、结　　语

邓小平历次南方视察视阈下的历次谈话中所提炼总结出的六个方面的科学发展思想及其启示,是具体历史的统一思想整体,构成了邓小平理论的重要组成部分,也是科学发展观的思想渊源。

---

①　中共中央文献研究室编:《邓小平年谱》(1975—1997)(下),中央文献出版社 2004 年版,第 891 页。

②　中共中央文献研究室编:《邓小平年谱》(1975—1997)(下),中央文献出版社 2004 年版,第 1336 页。

③　《邓小平文选》第 3 卷,人民出版社 1993 年版,第 374 页。

④　《邓小平文选》第 3 卷,人民出版社 1993 年版,第 374 页。

(一)科学发展思想的内蕴

邓小平七次南方视察视阈下的科学发展思想的内蕴有两个方面:第一,其是社会和历史维度下的生产力的发展思想;第二,其是社会和人文维度下的人的自由发展的发展思想。两个方面既在中国特色社会主义的伟大实践中对立,从而推动改革事业的向前不断发展;又统一于中国特色社会主义的伟大实践中,从而保持发展的科学性。

(二)科学发展思想的逻辑结构

邓小平历次南方视察视阈下的科学发展思想有纵向的七次时间和横向的六个方面。在逻辑结构的纵向中,按客体分析,七次只针对各自当时国内外社会经济发展的实际出发而作出的重大发展思想的判断和转变;按主体分析,七次都深层次地逐步发展完善了对中国特色社会主义的发展道路和价值目标的演进和明确。在逻辑结构的横向中,按社会经济发展的调节分析,六个方面彰显了其始终围绕着国家如何不断发展的诉求,紧紧抓住了"解放和发展生产力"的这一社会主义本质中的根本任务;按党的实践发展分析,六个方面隐含了其始终围绕着党的如何不断建设的追求,牢牢把握了"发展为民"的这一立党的"血肉关系"。

(三)科学发展思想的历史定位

邓小平在历次南方视察谈话中的科学发展思想的历史定位需要明确。邓小平通过七次南方视察,针对中国改革开放历史的现实,逐步提出了一些关于中国特色社会主义的科学发展思想,但体现出的是模糊化、零散化和指导化的特点。由此看来,七次南方视察的谈话历史视阈下,其科学发展思想与科学发展观共同统一于中国特色社会主义理论体系中,一脉相承,而科学发展观更多地体现出具体化、系统化和明确化的特点。

(四)科学发展思想的理论实践价值

邓小平在历次南方视察的谈话中所内蕴的科学发展思想的理论实践价值主要包括三个方面:第一,其解决了社会主义市场经济的发展目标和价值取向;第二,其提供了科学发展观的思想资料和理论源泉;第三,其积累了中国特色社会主义的科学发展的意识和文化。三方面的理论实践价值本质内在统一于马克思主义基本原理之唯物史观的社会发展规律下。

综上,"罗马城不是一夜建成的。"科学发展观不是一蹴而就的,是一个在实践中不断总结积累的过程,是一个继承、发展、完善的过程,是一个从权威谈话中提炼和渊源中探析的过程,邓小平历次南方视察中就蕴含了科学的发展思想,是邓小平理论所包含的重要思想,与科学发展观是一脉相承的。

从邓小平南方视察视阈的谈话史角度研究邓小平的科学发展思想,是一次将两者有机结合的探析,是一次透过南方视察的谈话史剖析科学发展思想的升华,是一次从历史的维度中启示当前发展中若干问题的探寻,是一次对科学发展观的应有之义的再学习和再贯彻。

（作者单位:杭州科技职业技术学院）

邓小平"不争论"思想的政治哲学内涵探析

段治文　王亚明

　　"不争论"是邓小平理论中一个重要思想，它贯穿着改革开放的整个历程。早在 1979 年 6 月邓小平同万里谈包产到户问题时说："不要争论，你就这么干下去，实事求是地干下去。"[①]1986 年，邓小平为了总结农村改革的经验并推动城市改革的发展时强调："对这个政策有一些人感到不那么顺眼，我们的做法是允许不同观点存在，拿事实来说话。"[②]1992 年，邓小平在南方谈话中更是总结性地指出："对改革开放，一开始就有不同意见，这是正常的……我们的政策就是允许看。允许看，比强制好得多。""我们推行三中全会以来的路线、方针、政策，不搞强迫，不搞运动，愿意干就干，干多少是多少，这样慢慢就跟上来了。不搞争论，是我的一个发明。不争论，是为了争取时间干。一争论就复杂了，把时间都争掉了，什么也干不成。不争论，大胆地试，大胆地闯。农村改革是如此，城市改革也应如此。"[③]邓小平将"不争论"思想深入到特区建设、农村改革、城市改革和整个改革开放的路线、方针和政策之中。这种"不争论"思想充满着政治智慧，展现了其内在深刻的政治哲学内涵。

　　第一，体现马克思主义实践观和群众是历史创造者的唯物史观，展现了其中的政治哲学本质。

　　邓小平"不争论"思想诞生于改革开放事业中，具有很强的针对性和指导实践的方法论意义，其理论基础和核心是马克思主义实践观点。马克思主义认为，实践是检验真理的唯一标准。"人的认识是否具有客观的真理性，这不

---

①　参见《大型电视文献纪录片〈邓小平〉》，中央文献出版社 1997 年版，第 168 页。

②　《邓小平文选》第 3 卷，人民出版社 1993 年版，第 155 页。

③　《邓小平文选》第 3 卷，人民出版社 1993 年版，第 374 页。

是一个理论的问题,而是一个实践的问题。人应该在实践中证明自己思维的真理性,即自己思维的现实性和力量,自己思维的此岸性。"①邓小平反对"两个凡是",支持真理标准的讨论,他说:"目前进行的关于实践是检验真理的唯一标准问题的讨论,实际上也是要不要解放思想的争论。大家认为进行这个争论很有必要,意义很大……从这个意义上说,关于真理标准问题的争论,的确是个思想路线问题,是个政治问题,是个关系到党和国家的前途和命运的问题。"②在改革开放的进程中,邓小平一直强调解放思想、实事求是,用事实说话,反映了邓小平尊重实践标准。"不争论"思想正是邓小平贯彻马克思主义实践观的重要方针。"为了争取时间干"和"拿事实来说话"③正是实践观的朴素表达。农村改革在邓小平的支持下发展起来,几年改革,农村面貌一新,邓小平给予了积极评价。1980年,邓小平提出了党和国家领导体制改革的任务,"中国的政治改革是中国领导人重建政治统治合法性的理性选择,是以政治稳定为现实目标的,其特点是渐进的和累积的,它是通过一系列政策选择来实现的"④。就是说,不是从抽象的民主来规划政治改革,而是考虑到政治体制的复杂性和经济体制与政治体制的互动,这一切都反映了马克思主义实践观。总之,"不争论"思想体现了马克思主义的实践观点,适应了新时期社会发展的客观需要,深化了对什么是社会主义以及怎样建设社会主义这一社会主义建设规律的认识,丰富和发展了马克思主义。

在贯彻马克思主义实践观的同时,邓小平"不争论"思想也体现了尊重群众创造性的唯物史观。尊重群众是邓小平"不争论"思想的又一政治哲学基础。尊重群众的核心是尊重群众的首创精神。"不争论"就是保护群众的创造精神,尊重群众的意愿。"历史活动是群众的事业,随着历史活动的深入,必将是群众队伍的扩大。"⑤包产到户是群众的创造,邓小平将它概括为责任制,在大力支持的同时,进一步推广到城市。在改革进程中,各种社会思潮和社会力量也在很长的历史时期中进行了反复的理论争辩和实际较量。邓小平坚持打破习惯势力的影响,坚决反对"因循守旧,安于现状,不求

---

① 《马克思恩格斯选集》第1卷,人民出版社1995年版,第55页。
② 《邓小平文选》第2卷,人民出版社1994年版,第143页。
③ 《邓小平文选》第3卷,人民出版社1993年版,第155页。
④ 徐湘林:《以政治稳定为基础的中国渐进政治体制改革》,《战略与管理》2000年第5期。
⑤ 《马克思恩格斯文集》第1卷,人民出版社2009年版,第287页。

发展,不求进步,不愿接受新事物"①,认为"不打破思想僵化,不大大解放干部和群众的思想,四个现代化就没有希望"②。尊重群众还包括坚持在改革中实行群众志愿原则,邓小平多次强调,不争论,就是允许看,不搞强迫。正是邓小平对"不争论"思想的坚持,尊重群众的创造和实践,才推进了改革开放。

第二,强调意识形态意义的同时淡化意识形态冲突,实现了政治观念更新。

改革开放前,政治意识形态的范围扩充到前所未有的地步,意识形态的功能也扩张到了极致。根据社会存在决定社会意识的原理,作为社会意识的意识形态应该是第二性的,但当时意识形态对社会存在的反作用被无限地夸大,颠倒了社会意识与社会存在的关系,正如《建国以来党的若干历史问题的决议》所说:"认为党内的思想分歧都是社会阶级斗争的反映,因而形成频繁激烈的党内斗争","以致党内同志间不同意见的正常争论也被当作是所谓有修正主义路线的表现或所谓路线斗争的表现,使党内关系日益紧张化"。对此,党的十一届三中全会重新确立了实事求是的思想,果断停止以阶级斗争为纲,将工作重点转移到社会主义现代化建设上来。1980年1月,在中央召集的干部会议上邓小平强调:"现在要横下心来,除了爆发大规模战争外,就要始终如一地、贯彻始终地搞这件事,一切围绕着这件事,不受任何干扰。"③同年4月,邓小平同中央负责同志谈话时指出:"革命是要搞阶级斗争,但革命不只是搞阶级斗争。生产力方面的革命也是革命,而且是很重要的革命,从历史的发展来讲是最根本的革命。"④这体现了邓小平思想的重大转折,也预示着政治主题和政策的重大变化,也就是"不争论",特别是不搞意识形态的争论,专注于实践。这实现了政治观念的重大更新。

邓小平的"不争论"就是要"争取时间干",否则"什么也干不成"。他坚定地纠正了"文化大革命"中造成的意识形态泛化的现象,把一般的思想认识问题与意识形态问题区分开来,鼓励人们大胆地实践与探索。他认为,那些无谓的、无休止的争论,尤其动辄把认识问题说成是不同意识形态斗争的做法,不仅会丧失干的时间,而且会束缚人的思想,挫伤人的社会主义

---

① 《邓小平文选》第 2 卷,人民出版社 1994 年版,第 142 页。
② 《邓小平文选》第 2 卷,人民出版社 1994 年版,第 143 页。
③ 《邓小平文选》第 2 卷,人民出版社 1994 年版,第 249 页。
④ 《邓小平文选》第 2 卷,人民出版社 1994 年版,第 311 页。

积极性。正是邓小平"不争论"思想的推进,意识形态的约束开始下降,僵硬性减少,务实感增强,干部群众的思想观念发生了重大变革,进而历史性地冲破了姓"资"姓"社"的束缚,创造性地在对社会主义的认识逐渐深化的基础上,形成了包括社会主义市场经济在内的中国特色社会主义理论。

同时,邓小平的"不争论"绝对不是非意识形态化的,它是在坚持了马克思主义意识形态原则基础上开展的,对于违背马克思主义原则的必须要争论。比如对待否定四项基本原则的言论,邓小平坚决反对,他说:"他们'改革'的中心是资本主义化。我们讲的改革与他们不同,这个问题还要继续争论的。"①他还说:"反对资产阶级自由化,我讲得最多,而且我最坚持。"②邓小平强调意识形态的意义,同时提倡民主集中制原则:"民主是解放思想的重要条件","党的领导就是要善于集中人民群众的正确意见,对不正确的意见给以适当解释"。③"我主张采取辩论的方法,面对面,不要背靠背,好好辩论辩论。真理就是辩出来的。"④可见,邓小平的"不争论"思想并不是要反对任何形式的争论,而是要反对用政治斗争和政治迫害手段来处理改革开放中出现的问题,这极大地推进了政治观念的更新。

第三,展示了正确处理权威和妥协关系的政治哲学智慧,推进了民主和现代化建设。

马克思曾经批评反权威主义者所谓"权威成为没有意义的东西而归于消失"的观点,指出:"我们看到,一方面是一定的权威,不管它是怎样形成的,另一方面是一定的服从,这两者都是我们所必需的,而不管社会组织以及生产和产品流通赖以进行的物质条件下是怎样的。"⑤解放思想本来是好事,但是政治权威缺失会出现意见不一,争论不休,议论纷纭,改革的政策难以出台,有可能导致新的动乱,经济建设会受到影响,现代化的目标也不可能实现。改革会损害一部分人的利益,让一部分人先富起来,可能引发不同集团之间的意识形态冲突和阶层矛盾。历史也证明,后发展国家的现代化会导致不稳定以至暴力,因此确立政治权威推进稳定很重要。

"不争论"就是体现出了这种权威,其力量所指就是不允许"左"倾思想

---

① 《邓小平文选》第 3 卷,人民出版社 1993 年版,第 297 页。
② 《邓小平文选》第 3 卷,人民出版社 1993 年版,第 181 页。
③ 《邓小平文选》第 2 卷,人民出版社 1994 年版,第 145 页。
④ 《邓小平文选》第 2 卷,人民出版社 1994 年版,第 201 页。
⑤ 《马克思恩格斯选集》第 3 卷,人民出版社 1995 年版,第 226 页。

干扰改革,坚持"一个中心,两个基本点"的党的基本路线。在改革开放进程中,邓小平批判"两个凡是"催生出了新权威,对真理标准的讨论的结论体现了新的权威,坚持正确的思想路线、政治路线和组织路线展现了权威,强调加强党的领导宣示了权威,维护安定团结强调了权威,加强法制体现了国家的法律权威,打击经济领域和其他领域内破坏社会主义的犯罪昭示了权威。所有这些权威都是为了最广大人民的利益。邓小平在很多场合强调:"一个目标,就是要有一个安宁的政治环境,不安宁,政治动乱,就不可能从事社会主义建设,一切都谈不上"①,"我们的经济体制改革,也是有领导有秩序地进行,不能搞无政府主义"②,"我的中心意思是,中央要有权威。改革要成功,就必须有领导有秩序地进行。没有这一条,就是乱哄哄,各行其是,怎么行呢"③。

邓小平"不争论"思想强调了权威,但为了更好地推进改革,又在一定意义上包含了对保守势力妥协的内容,展现了邓小平的政治智慧。"政治妥协作为人类理性自觉的产物,作为人类政治智慧的结晶,内蕴着工具理性与价值理性的统一,体现着大原则的坚定性与具体策略设定的灵活性的统一。"④改革的性质和重要性决定了妥协的必要。邓小平多次强调反对运用过去的政治运动的方法。他说:"国外有些人过去把我看作是改革派,把别人看作是保守派。我是改革派,不错;如果要说坚持四项基本原则是保守派,我又是保守派。所以,比较正确地说,我是实事求是派。"⑤这表明邓小平坚持改革是社会主义的自我完善和发展,并非完全否定新中国成立以来的成就和做法,即意味着一定程度的政治妥协。"不争论"从根本上说是为了纠正以往"左"的错误,更好地贯彻党的基本路线,为社会主义现代化建设创造一种宽松、稳定与和平的内外环境,是解决国内改革开放中出现的新情况、新矛盾和建立国际新秩序而创造的一种解决问题的新方法和新思路。在改革进程中,邓小平坚持"不争论""允许看,不强制",就是耐心等待一部分还不适应形势的干部和群众思想变化,从而表现出极高的妥协和宽容精神与政治哲学智慧,这无疑极大地推进了民主和现代化建设的开展。

① 《邓小平文选》第 3 卷,人民出版社 1993 年版,第 124 页。
② 《邓小平文选》第 3 卷,人民出版社 1993 年版,第 252 页。
③ 《邓小平文选》第 3 卷,人民出版社 1993 年版,第 277 页。
④ 万斌、罗维:《论政治妥协》,《浙江学刊》2005 年第 1 期。
⑤ 《邓小平文选》第 3 卷,人民出版社 1993 年版,第 209 页。

第四,从经济上理解政治,推动了政治文化变革,服务于经济建设和改革开放。

由于漫长的封建社会影响,我国的政治思想有着浓厚的封建色彩,虽然经过新民主主义革命和社会主义建设的实践,已经初步形成以马克思列宁主义、毛泽东思想为核心的社会主义政治文化,但由于传统影响,封建主义的影响仍然存在。正如有的学者指出的:"中国经济政治或思想文化领域所受资本主义发展不足的苦,使封建主义的陈货可以借'左'的伪装或掩护而顽强地延续下来。封建主义和民粹主义成了中国革命的最大障碍。"①长期的群众性革命运动,尤其是十年"文化大革命"的政治浩劫,使我国一度政治文化扭曲,常常以革命运动方式大搞群众性政治运动、教条主义盛行、政治挂帅,特别是对改革开放的各项方针政策的出台和推行常常被姓"资"姓"社"问题所困扰,步履维艰。邓小平"不争论"思想的提出,冲破了这种旧的落后的政治文化,强调要以经济建设为中心,要从经济的高度来理解政治,推动了政治文化的变革。

辩证唯物主义历史观并不是经济决定论者,恩格斯指出:"物质生存方式是虽然是始因,但是这并不排斥思想领域也反过来对这些物质生存方式起作用,然而是第二性的作用。"②毛泽东说:"当着不变更生产关系,生产力就不能发展的时候,生产关系的变更就起了主要的决定的作用","当着政治文化等等上层建筑阻碍着经济基础的发展的时候,对于政治文化的革新就成为主要的决定的东西了"。③邓小平"不争论"思想正是体现了政治文化的革新,其原初理论背景就是解放思想、其理论宗旨就是要不纠缠、其理论运作目标在于更新观念、其实际效能指向就是敢想敢干。经济建设是中心,也是最大的政治。邓小平强调,没有经济的发展,没有社会生产力的提高,人民生活贫困,再标榜社会主义,再吹牛也没有用,只有达到中等发达国家水平,才能说我们真正搞了社会主义。

新中国成立以来中国现代化取得了重要成就,但生产力仍然落后,人民生活水平不高,主要原因就是陷入了姓"资"姓"社"的意识形态争论,耽误了经济发展。为此,邓小平多次指出发展经济的重要性,并且采取了不

---

① 李泽厚:《中国近代思想史论》,生活·读书·新知三联书店 2008 年版,第 315—316 页。

② 《马克思恩格斯选集》第 4 卷,人民出版社 1995 年版,第 691 页。

③ 《毛泽东选集》第 1 卷,人民出版社 1991 年版,第 326 页。

同于过去发展经济的思路和办法。他说:"经济工作是当前最大的政治,经济问题是压倒一切的政治问题。不只是当前,恐怕今后长期的工作重点都要放在经济工作上面。"①"经济工作要按经济规律办事,不能弄虚作假,不能空喊口号,要有一套科学的办法。"②由于邓小平摆脱了一味的意识形态争论,从经济上来理解政治,所以,"邓小平的政治哲学,是一种经济政治哲学。他把社会主义现代化经济建设理解为我国新时期的最大政治,从而突破了在一个时期以来人们对政治的狭隘理解"。③而"不争论"就是要解放思想,不要在姓"资"姓"社"的问题上纠缠,要放大胆子,进一步发展经济和生产力,要敢想敢干,"改革同生产力发展不相适应的生产关系和上层建筑,改变一切不适应的管理方式、活动方式和思想方式",④"为了发展生产力,必须对我国的经济体制进行改革,实行对外开放的政策"。⑤同时,"在改革中坚持社会主义方向"⑥。"不争论"就是要求不仅不要阻碍改革,而且要突破过去传统的约束。改革是中国生产力发展的必由之路。

第五,继承和超越了中国传统政治哲学中的中庸之道。

中庸之道是中国传统政治哲学的重要内容,如"过犹不及""执两用中"等。"过犹不及"语出自孔子与子贡的对话,子贡问:"师与商也孰贤?"子曰:"师也过,商也不及。"曰:"然则师愈与?"子曰:"过犹不及。"⑦"过犹不及"体现了质量互变规律的要求,它说明一切事物都有一个极限,超出了这种极限,事物就不再是自身而变为他物。"中庸"就是美好事物保持自己质的数量界限,亦即"度"。中庸之道用于政治生活反映了中国人传统的政治理性和智慧,是中国文化的集中体现。

中国近现代政治生活中长期存在着"左"倾和右倾思想,而且往往在反对一种错误倾向的同时又会形成另一种错误的倾向,从一个极端走向另一个极端,更多的是因为反对右倾而向"左"倾转向,在民主革命时期和社会主义建设时期都出现过偏差,反映了中国共产党人在对中国革命和建设的

---

① 《邓小平文选》第 2 卷,人民出版社 1994 年版,第 194 页。

② 《邓小平文选》第 2 卷,人民出版社 1994 年版,第 196 页。

③ 参见胡象明:《论邓小平经济政策理论的政治哲学基础》,《毛泽东思想研究》2001 年第 2 期。

④ 《十一届三中全会以来重要文献选读》(上册),人民出版社 1987 年版,第 4 页。

⑤ 《邓小平文选》第 3 卷,人民出版社 1993 年版,第 138 页。

⑥ 《邓小平文选》第 3 卷,人民出版社 1993 年版,第 138 页。

⑦ 朱熹:《四书集注》,岳麓书社 1987 年版,第 183 页。

规律性把握上曾存在度的偏差,"左"倾错误拿大帽子吓人,往往也能迷惑不少群众,错误打击党的干部和群众,造成巨大危害。

邓小平"不争论"思想的一个重要创造就是认识到社会主义和资本主义不是极端对立的,而是认为社会主义和资本主义在相互对立和斗争的领域之外,存在着一个广泛的中性区域,如先进的科学技术、先进的管理等本身没有阶级性,"既可为资本主义所用,也可为社会主义所用"①。计划和市场也是中性的,资本主义有市场也有计划,社会主义有计划也有市场。这些都不能人为地贴上标签进行无谓的争论。同时,"不争论"思想还看到了社会主义与资本主义是相互依存关系,进而提出社会主义需要包容资本主义所创造的现代文明成果。强调要从不断发展着的资本主义中获取社会主义的自身规定性;通过改革开放从资本主义中获得发展的动因和目标;包容和吸取资本主义所创造的文明成果,只有这样,社会主义才能高于资本主义、优越于资本主义。另外,"不争论"还与社会主义初级阶段这一特殊的发展阶段相联系,在这一特殊阶段,不能追求纯而又纯的社会主义,而应容纳适量的资本主义所有制关系和分配关系。

邓小平"不争论"思想对社会主义和资本主义关系分析中包含的以上思想认识是非常突出而重要的,它一举突破了以往非"社"即"资"、非"左"即右的极端思维,反映了邓小平丰富的革命和建设的经历积淀以及对革命和建设规律的深刻把握,完成思想解放,冲破姓"资"姓"社"的束缚。这无疑强烈地体现了邓小平"不争论"思想对"中庸之道"这一中国传统政治哲学的继承和超越。

总之,邓小平"不争论"思想排除"左"倾教条主义的干扰,为改革开放创造了良好的舆论和政策环境;化解意识形态冲突,为改革开放的顺利进行创造了良好的政治环境;坚持"不争论"方针,中国改革的总的方向在党的最高核心层达到了完全一致,维护了内部团结,避免了领导层内部分裂和社会动荡不安。减少意识形态的刚性约束,促进了中国的经济增长和社会进步。强调了党的基本路线的政治权威的同时,极大地推进了人们思想认识上的宽容和民主,调动了一切可以调动的积极性,推进了经济建设和现代化发展。由于"不争论"方针,改革在不断推进,对于社会主义的认识也在不断深化,进而创造性地形成了中国特色社会主义理论体系。当前,

---

① 《邓小平文选》第 3 卷,人民出版社 1993 年版,第 192 页。

经济建设任务艰巨,社会改革正进入攻坚战,维护稳定的形势也严峻,社会利益矛盾和风险大量存在,党提出了科学发展观和构建社会主义和谐社会的战略任务,在这新的改革进程中,深入领会和继续发扬邓小平"不争论"思想中的政治智慧和政治哲学内涵,无疑仍然具有重要的指导意义。

(作者单位:浙江大学马克思主义学院)

论共同富裕的"质""量""度"

于成文

长期以来,理论界对共同富裕的论述主要集中在"质"的方面,很少有学者从"质"与"量"的结合上对共同富裕理论进行深入分析,这不利于把研究引向深入。研究共同富裕,必须从"质""量""度"等层面进一步作出有说服力的回答,为全面建设小康社会提供理论支撑。

一、共同富裕的"质"

认识共同富裕首先要分析共同富裕的"质",即对共同富裕进行定性研究。没有对共同富裕的定性分析,就不能把握其本质规定。

(一)共同富裕是社会主义的本质要求

共同富裕是生产力水平、生产关系性质的集中体现,具有相互关联的两层含义:第一层含义,即共同富裕中的"富裕",反映了社会对物质财富的拥有,它是指一个社会的所有成员都摆脱了绝对贫困状态,过上富裕的生活。第二层含义,即共同富裕中的"共同",则反映了社会成员对财富的共同占有方式,是指人们之间的收入保持着适度差距,不存在两极分化。因此,共同富裕又是社会主义生产关系性质的集中体现,它内在地包含着公平分配与社会公正。共同富裕并不否定人民收入上的差距,但是,这种差距只是富裕程度上的差别,是"大富"与"小富"的差别。欲实现共同富裕这两个方面的要求,则必须实现经济效率与社会公平的统一。

坚持社会主义就必须坚持走共同富裕的道路。社会主义与资本主义有许多区别,比如:所有制、收入分配、政治制度、价值观等等,但其中一个根本区别，就是社会主义坚持共同富裕，不搞两极分化。正如邓小平所说："社会主义与资本主义不同的特点就是共同富裕，不搞两极分化。"①"社会主义不是少数人富起来、大多数人穷，不是那个样子。社会主义最大的优越性就是共同富裕，这是体现社会主义本质的一个东西。"②这里，邓小平不仅是把共同富裕看成社会主义的"一个重要方面"或"特征"，而是看作"体现社会主义本质的一个东西"。1992 年，邓小平在南方谈话中进一步强调："社会主义的本质，是解放生产力，发展生产力，消灭剥削，消除两极分化，最终达到共同富裕。"③

（二）共同富裕是中国特色社会主义的核心价值目标

中国特色社会主义的核心价值目标，是指在中国特色社会主义价值目标体系中居核心地位、从最深层次科学回答"什么是中国特色社会主义"这一根本问题的价值追求。中国特色社会主义的核心价值目标是共同富裕。

首先，共同富裕是实现中国特色社会主义其他价值目标的基础。中国特色社会主义的价值目标是一个完整的体系，富强、民主、文明、和谐是其基本方面。其中，共同富裕在其中居于核心的地位，它是检验中国特色社会主义是否够格的核心标准，离开了这一目标，社会主义的其他价值目标就失去了存在的意义，这一价值目标不实现，社会主义的其他价值目标——民主、文明与和谐等等也就无法实现。

其次，共同富裕是实现共产主义的价值目标——"人的自由而全面的发展"的前提。马克思、恩格斯认为，共产主义社会的终极价值目标是"人的自由而全面的发展"。"共同富裕"和"人的自由全面发展"是共产主义价值目标的两个不同发展阶段。这两个阶段是紧密结合在一起的，前者是后者的必要前提，后者是前者发展的必然结果。目前，我们必须把中国特色社会主义所要实现的价值目标——共同富裕与共产主义所要实现的价值目标——人的自由全面发展结合起来。"人的自由全面发展"这一终极目标的实现是以社会生产力的充分发展及"一切社会成员有富足的生活"为前提的。

---

① 《邓小平文选》第 3 卷，人民出版社 1993 年版，第 123 页。
② 《邓小平文选》第 3 卷，人民出版社 1993 年版，第 364 页。
③ 《邓小平文选》第 3 卷，人民出版社 1993 年版，第 373 页。

（三）共同富裕包括物质生活、政治生活和精神文化生活等多方面的富裕

共同富裕是以物质上的共同富裕为基础的，这是共同富裕的最重要的内容。然而，仅有物质生活的富裕，而没有精神生活的充实、健康水平的提高、社会的和谐发展，这种富裕与现代文明是相背离的。邓小平指出，要在建设高度物质文明的同时，提高全民族的科学文化水平，发展高尚的丰富多彩的文化生活，建设高度的社会主义精神文明。他认为，物质生活的富裕、精神文化生活的丰富、人的自身文明素质的提高，这几方面有机结合，才能构成社会主义共同富裕的鲜明特征。江泽民在论述中国特色社会主义时明确提出："贫穷不是社会主义，精神生活空虚，社会风气败坏也不是社会主义……人类社会发展的历史证明，一个民族，物质上不能贫困，精神上也不能贫困，只有物质和精神都富有，才能成为一个有强大生命力和凝聚力的民族。"[1]胡锦涛指出："物质贫乏不是社会主义，精神空虚也不是社会主义。"因此，共同富裕是经济、政治、文化、社会和生态等方面的有机统一体。中国特色社会主义的共同富裕要求我们：在经济上要赶上和超过资本主义发达国家，在政治上要创造出比资本主义社会更高的民主思想和形式，在文化上要能够满足人民群众的精神文化需要，创造出比资本主义社会更加进步、更符合人类社会发展需要的精神文明，在社会领域要构建一个更加和谐的社会，要积极推进生态文明建设，提升可持续发展能力。

二、共同富裕的"量"

仅仅认识共同富裕的"质"是很不够的，必须对共同富裕进行定量分析。定量分析是定性分析的深化、具体化和精确化。只有定性分析与定量分析相结合，才能全面准确地把握共同富裕的实质，从而为实践提供可靠的指导思想和方法。

（一）"总量"和"个量"目标是实现共同富裕的两个必要条件

共同富裕是一个"总量"概念，是指全社会财富的相对丰盈和富足，以

---

① 《江泽民论有中国特色社会主义（专题摘编）》，中央文献出版社 2002 年版，第 380 页。

及人均占有量的相对较多；共同富裕也是一个"个量"概念，是指社会每个成员都普遍富裕，收入较高，能够享有较高的物质和文化生活水平。也就是说，社会财富的增长必须体现社会公平正义的原则，要使经济发展的成果惠及全体人民。无论是达不到"总量"要求，还是达不到"个量"要求，都不能说是实现了共同富裕。

在资本主义私有制条件下，是无法使共同富裕"总量"和"个量"目标统一起来的。"目前，世界上实行私有制及推行私有化的国家有近 200 个，其中发达资本主义国家只有极少一部分。2009 年联合国公布的 49 个最不发达国家中，48 个都是资本主义国家。"①可见，在绝大多数资本主义国家，共同富裕的"总量"目标并未实现。在一些发达资本主义国家，社会财富已经较为丰富，基本达到了共同富裕的"总量"要求，但它们采取的是片面追求效率、财富过多倾向于资本要素的分配模式，这就造成了社会财富占有的不平衡，使贫富两极分化继续存在和扩大。因此，资本主义发达国家并没有实现共同富裕的"个量"目标，因而不是共同富裕。

原始社会虽然在公社内部人人均等地占有财富，但由于社会财富总量很少，人均占有量极少，物质文化生活水平很低，充其量只能称为共同占有和平等分配，共同富裕的"总量"要求与"个量"要求均未实现，不能称之为共同富裕。

共同富裕的"总量"与"个量"是相互依存、相互促进的。社会财富"总量"达到要求是实现共同富裕的前提与基础，但"总量"达到要求并不意味着"个量"就能达到共同富裕的要求。社会财富"总量"的增加是建立在个人财富"个量"增加的基础之上的，没有共同富裕"个量"目标的实现，也就没有"总量"目标的实现。

（二）社会主义共同富裕是"总量"与"个量"目标的有机统一

建设中国特色社会主义，在经济上必须把共同富裕的"总量"和"个量"目标统一起来。邓小平设想的小康社会和现代化社会，充分体现了经济"总量"目标和"个量"目标的有机统一。按照邓小平的设想，20 世纪末小康社会经济发展的"总量"目标是，年人均国民生产总值达到 800 美元，按 12

---

① 中共中央宣传部理论局：《划清"四个重大界限"学习读本》，学习出版社 2010 年版，第35 页。

亿人口计算,总量达到 1 万亿美元。这个经济总量"如果按资本主义的分配方法,绝大多数人还摆脱不了贫穷落后状态,按社会主义的分配原则,就可以使全国人民普遍过上小康生活"①。"所谓小康社会,就是虽不富裕,但日子好过。我们是社会主义国家,国民收入分配要使所有的人都得益,没有太富的人,也没有太穷的人,所以日子普遍好过。"②邓小平强调的"全国人民普遍过上小康生活"、"没有太富的人,也没有太穷的人",指的就是小康生活的"个量"标准。

邓小平设想的 21 世纪中叶我们基本实现现代化要达到的社会财富的"总量"目标是,年国民生产总值为 6 万亿美元,人均量达到 4000 美元。邓小平认为,我国人民在人均 4000 美元时所过上的生活要高于资本主义国家人均 4000 美元时的生活标准,因为我们能够把共同富裕的"总量"与"个量"目标统一起来。也就是说,我们坚持中国特色社会主义道路,国民收入完全用于整个社会,相当大一部分直接分配给人民,能够实现共同富裕的"个量"目标。

尽管我国目前已经实现的"总体小康"、2020 年将要实现的"全面小康"以及 21 世纪中叶将要实现的"共同富裕",其"总量"目标和"个量"目标都是较低水平的,但是这种目标必须既包括社会总的财富的增加,也包括社会上每个成员物质文化生活水平的提高,也就是说,体现了"总量"与"个量"的统一。

(三)共同富裕是一个动态的相对的概念,在不同的历史时期,共同富裕"量"的标准是有区别的

人类在追求物质生活和精神生活方面不是一劳永逸的,而是没有止境和极限的。因此,共同富裕"量"的标准不是静止的、绝对的,而是一个动态的、相对的概念,其外延即数量界限是不断变化的,对共同富裕"量"的方面的理解不宜绝对。

共同富裕不是作为社会主义发展的最终目标去追求的静态过程,而是随着社会主义建设的发展而不断实现的动态过程。在经济社会发展的不同阶段,都有着受当时生产力状况制约的共同富裕"量"的尺度和标准,这

---

① 《邓小平文选》第 3 卷,人民出版社 1993 年版,第 64 页。
② 《邓小平文选》第 3 卷,人民出版社 1993 年版,第 161—162 页。

可以视为共同富裕的阶段性目标。当社会成员的富裕程度普遍达到原有的阶段性目标时,将会出现更高层次的富裕标准和目标,于是人们又朝着新的共同富裕目标迈进。同样的道理,共同富裕的每个阶段性目标又是由许多具体目标和步骤组成的。在实现共同富裕的每个阶段、每个步骤,都有着与之相适应的共同富裕的"量"的标准。

在我们党的历史上,毛泽东和邓小平分别为我们规定了不同的共同富裕"量"的标准。毛泽东是以当时富裕农民的生活水平作为共同富裕"量"的参照,以此作为衡量农民富裕程度标准的。邓小平的共同富裕的"量"的标准,是以当时中等发达国家的富裕程度为参照的,即人均国民生产总值4000美元。同时,他为我们设计的温饱、小康以及基本实现共同富裕的标准,均是以国际通用指标——美元为衡量的。在21世纪中叶基本实现共同富裕的目标以后,共同富裕的"量"的标准还要继续提高,我们将向着新的更高标准的共同富裕目标迈进。

三、共同富裕的"度"

共同富裕的"度"是共同富裕的"质"与"量"的对立统一。在社会主义初级阶段,个人收入差距必须保持在"度"的范围内,才可能实现共同富裕的"总量"和"个量"目标。

(一)"平均主义"会使共同富裕的"总量"目标无法实现,从而使"个量"目标也无法实现,是共同富裕"度"的一个节点

实现共同富裕的"富裕",必须依靠生产力的发展和社会财富的增加,生产发展是扩大分配、人民富裕的前提,是能够促进我们向"富裕"目标不断迈进的进程。实践证明,如果实行平均主义,就会影响生产的发展,只能导致国家的普遍贫穷,从而达不到共同富裕的"总量"和"个量"要求,不可能实现共同富裕。

新中国成立以后,毛泽东始终把共同富裕作为社会主义的奋斗目标和价值追求,但是,在对共同富裕的认识上,他把共同富裕等同于同等富裕和同步富裕,反对个人"单干"致富,宁愿慢点,也要同步富裕。在个人收入分配问题上,忽视劳动者在能力强弱、贡献大小上的客观差别,搞平均主义,吃"大锅饭"。据估计,当时的基尼系数大概在0.15~0.2,人们之间的收入

差距非常小。这种平均主义的分配制度和分配结果极大地制约了经济活动的效率,严重地挫伤了广大人民群众的积极性和创造性,使社会上的多数成员不能摆脱绝对贫困状态。这是离开生产力的发展、综合国力的增强、社会的进步来谈共同富裕,只能是无源之水、无本之木。因此,只有突破"平均主义"这个节点,才能实现共同富裕的"总量"目标,从而为实现共同富裕的"个量"目标奠定基础。

(二)"收入过分悬殊"会导致共同富裕的"个量"目标无法实现,最终影响共同富裕"总量"目标的实现,是共同富裕"度"的又一个节点

改革开放以来,我国的收入分配关系发生了重大变化,社会贫富差距拉大已是不争的事实。认识我国的收入分配问题,必须全面理解邓小平"共同富裕"的思想,在邓小平关于共同富裕的构想中,既主张适度拉开收入差距,以不断刺激劳动效率,又反对收入差距过大,以避免造成两极分化,并且提出先富应当帮助后富,最终实现共同富裕。实践证明,让一部分人先富起来,适度拉开收入差距是打破平均主义,实现共同富裕的"总量"目标所必需的。但如果只强调一部分地区、一部分人先富起来而忘掉其他大多数人的富裕问题,又会导致个人收入差距过大,从而达不到共同富裕的"个量"要求,甚至会导致两极分化。因此,邓小平强调:"中国发展到一定的程度后,一定要考虑分配问题。也就是说,要考虑落后地区和发达地区的差距问题。不同地区总会有一定的差距。这种差距太小不行,太大也不行。如果仅仅是少数人富有,那就会落到资本主义去了。要研究提出分配这个问题和它的意义。到本世纪末就应该考虑这个问题了。我们的政策应该是既不能鼓励懒汉,又不能造成打'内仗'。"①

实践证明,"收入过分悬殊"不仅会影响共同富裕"个量"目标的实现,而且最终会从根本上影响经济的健康、可持续发展,从而影响共同富裕"总量"目标的实现。近年来,大多数社会成员因收入偏低导致消费需求不足,直接造成了中国经济发展后劲乏力,就是一个鲜活的例证。

---

① 中共中央文献研究室编:《邓小平年谱(1975—1997)》,中央文献出版社 2004 年版,第1356—1357 页。

（三）只有在"度"的范围内调整收入差距，才能逐步实现共同富裕的"总量"目标与"个量"目标

改革开放以前，我国城乡居民总体基尼系数小于0.2，这个指标在世界上几乎是最低的，收入分配呈现为高度平均状态。20世纪80年代中期，我国的基尼系数还处于0.3以下，但由于很多人根深蒂固的平均主义观念，"收入差距拉大"已不时成为社会舆论的中心。进入90年代以后，我国收入差距过大的不合理现象日益突出，2000年基尼系数已越过0.4。国际上通常把0.4作为收入分配差距的"警戒线"，基尼系数应保持在0.2～0.4，低于0.2说明社会动力不足，高于0.4表明社会不安定。中国首部《社会管理蓝皮书——中国社会管理创新报告》指出，中国贫富差距正在进一步扩大，逼近社会容忍线。如果收入差距达到或超过了一定的"度"，就会影响共同富裕的正常进程。我们必须在合理的"度"的范围内不断调整收入差距，逐步实现共同富裕所要求的"总量"和"个量"目标。

长期以来存在的不合理、不合法、过度的收入差距，特别是群众深恶痛绝的按权力分配、按关系分配，甚至违法乱纪地暗中分配造成过大的收入差距，不仅违背了社会公平和正义，而且直接侵害了人民群众的切身利益。如果得不到及时有效的遏制，很可能会出现两极分化，从而偏离共同富裕的社会主义方向。因此，要把解决居民收入差距扩大问题作为当前和今后一个时期的突出任务来抓。

（作者单位：宁波大学）

论邓小平坚持改革开放与防止两极分化的思想[*]

万泽民

　　坚持改革开放与防止两极分化是邓小平晚年一直思考的重要问题,也深刻反映了他对中国未来发展问题的牵挂和忧思。党的十一届三中全会以来,我国进行全方位多层次宽领域的改革开放,涉及经济政治文化社会各个方面,随着社会生产力的发展,社会财富的增加,特别是市场经济的价值指向追求效率,实现利益最大化,由此,贫富差距也就产生了。贫富差距如果不断拉大,社会财富逐步向少数人转移集中,而绝大多数人的财富却越来越少,两极分化也就不可避免了。我们是社会主义国家,坚持社会主义制度,根本原则是全体人民共同富裕,社会出现两极分化与社会主义的发展目标完全是背道而驰的。在邓小平看来,一方面,"坚持改革开放是决定中国命运的一招"①,放弃则死路一条;另一方面,"如果我们的政策导致两极分化,我们就失败了"②。邓小平针对既要坚持改革开放,又要防止两极分化,实现两者有机结合和辩证统一提出了一系列正确的观点,指导我们如何正确处理好坚持改革开放与防止两极分化的矛盾。现在,我们重温邓小平这些语重心长的谈话,对我们继续深化改革开放,全面建设小康社会起到重要的指导作用。

一、社会主义改革开放面临的难题:两极分化

(一)分配不公导致的贫富差距正在考验着中国

　　近年来我国各阶层之间的收入差距不断扩大,城乡之间的收入差距也

---

　　* 本文是浙江省社会科学重点研究基地课题"我国社会主义制度的政治优势和实现方式"(11JDZT02YB)阶段性成果之一。

　　① 《邓小平文选》第3卷,人民出版社1993年版,第368页。

　　② 《邓小平文选》第3卷,人民出版社1993年版,第111页。

在持续扩大,贫富悬殊的问题日益突出。兴业银行与胡润研究院联合发布的《2012中国高净值人群消费需求白皮书》指出:"目前中国个人资产在600万元以上的高净值人群达到270万人。"①按照基尼系数的理论,衡量居民收入差距的指标在0.2以下,是过于平均化,在0.4以上就是贫富悬殊过大。0.4是观察一个国家是否能稳定持续发展的一个临界点,是警戒线。根据国际经验,超过0.4以后很容易发生各种各样的社会矛盾、社会问题,甚至造成动乱,它是社会不稳定的一个重要因素。所以世界各国都把0.4看成一个临界点给予特别关注,而采取措施来缓和社会矛盾。按照联合国制定的国际标准,基尼系数低于0.2,表明收入绝对平均,0.2~0.3表明比较平均,0.3~0.4表明相对合理,0.4~0.5表明收入差距较大,0.5以上表明收入差距悬殊。"国家统计局自2000年公布全国基尼系数为0.412之后,10年之间没有再次公布过……而现在社会相对接受的基尼系数,一个是世界银行测算的,中国2009年基尼系数是0.47;另一个是2007年北京师范大学收入分配与贫困研究中心主任李实计算出的0.48。"②目前有的学者推测,2010年我国基尼系数实际已超过0.5。

邓小平指出:"如果搞两极分化,情况就不同了,民族矛盾、区域间矛盾、阶级矛盾都会发展,相应地中央和地方的矛盾也会发展,就可能出乱子。"③我国经济社会经历了30多年的快速发展,年国民经济总量已达到47万亿元人民币,综合国力大大增强。然而,社会贫富差距的扩大,逐步露出贫富两极分化的端倪。这正是邓小平晚年常常担心的问题,现在亡羊补牢,防患于未然,及时制定相应的政策,加快控制贫富差距的扩大,逐步缩小存在的区域差距、贫富差距和城乡差距,绝对不能出现两极分化的局面,否则,中国的改革开放将会前功尽弃。贫富差距从根本上说就是收入分配差距,这个问题长期不解决,会影响社会稳定,特别是经济发展。造成收入分配不公的原因是多方面的,也是复杂的。如居民收入在国民收入分配中的比重偏低,普通劳动者收入过低,垄断行业收入过高,不合理收入没有得到有效规范,违反分配政策的现象大量存在等等,引起社会各方面高度关注,也是近10多年来全国"两会"热议的重要话题。广大人民群众对党和政府解决分配不公问题、缓解收入分配差距过大现状充满期待。

---

① 引自:http://www. hurun. netzhcnNewsShow. aspx? nid=187,2012年3月27日。
② 王羚:《揭开基尼系数的面纱》,《第一财经日报》2012年1月19日,第A05版。
③ 《邓小平文选》第3卷,人民出版社1993年版,第364页。

(二)两极分化背离社会主义原则

我国正处于由计划经济向市场经济转型的过程中,一套健全的市场经济运行机制尚没有真正建立。正是在这种情况下,一部分人能够投机钻营,利用非法违法经营和权力资本化,造成不合理的贫富分化,导致社会贫富差距悬殊。按照马克思主义观点,所有制决定分配制,财产关系决定分配关系。财产占有上的差别,才是收入分配差别最大的影响因素。西方著名经济学者萨缪尔森也承认,收入差别最主要是由拥有财富多寡造成的。

邓小平指出:"社会主义的目的就是要全国人民共同富裕,不是两极分化。"①分配中出现的问题主要是:在第一次分配中,一些人靠非法致富;一些行业靠垄断致富;以及国家公务员在不同地区不规范分配。在第二次分配中,税收制度不够健全,政府在教育、医疗等方面公共投入不足,同时也由于社会保障制度不健全,致使一部分群众未能同全体人民共享改革发展成果。社会贫富差距不断扩大,没有采取有效的政策和措施缓解和遏制,其结果只能走向两极分化。马克思分析的两极分化,是指"在一极是财富的积累,同时在另一极,即把自己的产品作为资本来生产的阶级方面,是贫困、劳动折磨、受奴役、无知、粗野和道德堕落的积累"②。在社会主义条件下,执政党和政府代表人民的根本利益,绝对不能出现两极分化,也不允许两极分化出现。"社会主义有两个非常重要的方面,一是以公有制为主体,二是不搞两极分化。"③邓小平在 1984 年第二次会见中日民间人士会议日方委员会代表团时还指出:"如果走资本主义道路,可以使中国百分之几的人富裕起来,但是绝对解决不了百分之九十几的人生活富裕的问题。而坚持社会主义,实行按劳分配的原则,就不会产生贫富过大的差距。再过二十年、三十年,我国生产力发展起来了,也不会两极分化。"④在社会主义制度下,劳动者平等地占有公共的生产资料,所有劳动者都有利用公共的生产资料、公共的土地、公共的工厂进行劳动的同等权利。正如邓小平所指出的:"社会主义与资本主义不同的特点就是共同富裕,不搞两极分化。"⑤

---

① 《邓小平文选》第 3 卷,人民出版社 1993 年版,第 110—111 页。
② [德]马克思:《资本论》第 1 卷,人民出版社 1975 年版,第 708 页。
③ 《邓小平文选》第 3 卷,人民出版社 1993 年版,第 138 页。
④ 《邓小平文选》第 3 卷,人民出版社 1993 年版,第 64 页。
⑤ 《邓小平文选》第 3 卷,人民出版社 1993 年版,第 123 页。

我国如果允许两极分化,偏离共同富裕的道路,也就违背了社会主义制度的根本原则。总之,两极分化与马克思科学社会主义理论格格不入,也违背广大人民的根本利益。

(三)公有制占主体地位可以避免两极分化

只有确保公有制的主体地位,才能防止两极分化,实现共同富裕。"只要我国经济中公有制占主体地位,就可以避免两极分化。"[①]社会主义公有制经济的主体地位是公有制的性质以及它在国民经济中的地位决定的。"坚持公有制的主体地位,是社会主义的一条根本原则,也是我国社会主义市场经济的基本标志。在整个改革开放和现代化建设的过程中,我们都要坚持这项原则。只有确保公有制经济的主体地位,才能防止两极分化,实现共同富裕。"[②]第一,社会主义公有制适应社会化大生产的要求,代表了社会主义经济发展方向,以国有经济为主导的公有制,实现了生产资料占有的社会化,从而与我国生产力中已居于主导地位的社会化大生产相适应,从根本上克服了资本主义生产方式中生产资料私人占有同生产社会化之间的矛盾,解放了生产力,为国民经济协调发展和扩大再生产的顺利进行提供了经济基础。第二,社会主义公有制是社会主义生产关系赖以存在和发展的最基本的前提条件,是社会主义制度的本质特征。公有制实现了劳动者在社会或集体范围内对生产资料的平等占有关系,从而铲除了经济剥削的根源,消灭了剥削制度;公有制从根本上改变了劳动者在生产过程中的地位和相互关系,建立起在根本利益一致上的互助互利关系;公有制改变了劳动者劳动的性质,劳动产品归劳动者共同占有,使按劳分配原则成为社会主义的主要分配方式,从而有效地实现社会公平,保证全体人民走向共同富裕的前提。第三,社会主义公有制是社会主义现代化建设的物质技术基础、国家财政收入的主要来源和国家实行宏观调控的主要物质基础,为按照社会整体利益配置资源提供了必要的条件。第四,社会主义公有制经济的发展壮大,从根本上保证了个体经济、私营经济和国家资本主义经济等沿着有利于社会主义方向发展,并使其成为社会主义市场经济的重要组成部分,从而加快了社会主义现代化的进程。

---

① 《邓小平文选》第3卷,人民出版社1993年版,第149页。
② 《江泽民文选》第1卷,人民出版社2006年版,第468页。

　　由此可见,社会主义是建立在公有制基础上的社会制度,公有制带来共同富裕具有必然性,虽然目前我国人民还不是很富裕,但公有制的建立,为实现全体人民的共同富裕创造了前提条件,提供了物质基础,随着公有制的发展和完善,全体人民的共同富裕必将从愿望变为现实。社会主义公有制不仅决定了人们在生产过程中的关系,而且决定了人们在交换、分配和消费过程中的关系,成为社会主义生产关系的基础,体现社会主义经济关系的本质。坚持公有制的主体地位,是社会主义的一条根本原则,也是我国社会主义市场经济基本标志。在整个改革开放和现代化建设过程中,我们都要坚持这条原则。只有确保公有制经济的主导地位,才能防止两极分化、实现共同富裕。任何动摇、放弃公有制主体地位的做法,都会脱离社会主义的发展方向。

二、社会主义改革开放的终极目标:共同富裕

(一)坚持改革开放是决定中国前途命运的正确抉择

　　改革开放是党在社会主义初级阶段基本路线必须坚持的两个基本点的一个,是中国的强国之路。中国"要得到发展,必须坚持对外开放、对内改革。"①"不坚持社会主义,不改革开放,不发展经济,不改善人民生活,只能是死路一条。"②改革是社会主义发展的直接动力,改革是当代中国不可抗拒的时代潮流,改革是一场革命,改革是中国现代化的必由之路。社会改革是生产力与生产关系、经济基础与上层建筑矛盾运动的必然产物,通过对一定社会制度下的不合理的社会体制的改善和革新,不断巩固、完善一定的社会制度或使其持续存在,从而推动社会经济、政治和文化有某种程度的发展。发展是硬道理,发展是全面的,但重点和关键是经济的发展,特别是生产力的发展。发展就是反对墨守成规、闭关锁国,所以改革开放是社会主义发展的动力,革命不仅是解放生产力,改革也是解放生产力。

　　作为中国改革开放的总设计师,邓小平曾多次谈到"希望"问题。在邓小平看来,改革开放就是中国的希望。"不开放不改革没有出路,国家现代

---

① 《邓小平文选》第 3 卷,人民出版社 1993 年版,第 202 页。

② 《邓小平文选》第 3 卷,人民出版社 1993 年版,第 370 页。

化建设没有希望。"①"中国一定要坚持改革开放,这是解决中国问题的希望。"②"认真地真正地把改革开放搞下去,没有改革开放就没有希望。"③邓小平所开辟的中国特色社会主义道路,给中国带来前所未有的强大、繁荣和蓬勃生机,给中国人民带来前所未有的富裕、安定和美好生活。要"使人民感到我们真心诚意搞改革开放。人民,是看实践。人民一看,还是社会主义好,还是改革开放好,我们的事业就会万古长青"④。因此,改革开放是中国走向繁荣富强的必由之路,是中国特色社会主义发展的成功之路。改革开放符合党心民心、顺应时代潮流,方向和道路是完全正确的,成效和功绩不容否定,停顿和倒退没有出路。发展没有止境,改革也没有止境,只要有发展,就必须有改革。改革开放将贯穿于社会主义现代化建设的整个过程,任何时候都不能动摇。

(二)共同富裕体现社会主义最大的优越性

邓小平指出:"社会主义最大的优越性就是共同富裕,这是体现社会主义本质的一个东西。如果搞两极分化,情况就不同了,民族矛盾、区域间矛盾、阶级矛盾都会发展,相应地中央和地方的矛盾也会发展,就可能出乱子。"⑤共同富裕是全体人民通过辛勤劳动和相互帮助最终达到丰衣足食的生活水平。中国人多地广,共同富裕不是同时富裕,而是一部分人、一部分地区先富起来,先富的帮助后富的,逐步实现共同富裕。共同富裕是社会主义的本质规定和奋斗目标。共同富裕的实现前提一是解放和发展生产力,为实现共同富裕创造雄厚的物质基础;二是坚持社会主义,防止两极分化,为实现共同富裕提供牢固的政治保障。"一个公有制占主体,一个共同富裕,这是我们所必须坚持的社会主义的根本原则。"⑥共同富裕有一个逐步实现的历史过程,不可能使全体成员一下子都实现同时富裕、同步富裕。尤其是我们这样一个处于社会主义初级阶段的大国,人口多、底子薄,生产力发展水平参差不齐,经济发展极不平衡,不同地区、行业和所有制形式之

---

① 《邓小平文选》第 3 卷,人民出版社 1993 年版,第 219 页。
② 《邓小平文选》第 3 卷,人民出版社 1993 年版,第 284 页。
③ 《邓小平文选》第 3 卷,人民出版社 1993 年版,第 320 页。
④ 《邓小平文选》第 3 卷,人民出版社 1993 年版,第 381 页。
⑤ 《邓小平文选》第 3 卷,人民出版社 1993 年版,第 364 页。
⑥ 《邓小平文选》第 3 卷,人民出版社 1993 年版,第 111 页。

间的情况千差万别,群众致富的过程必然是有先有后、有快有慢,不可能在一个早上就使全国 13 亿人口同时、同步富裕起来。

在社会主义初级阶段,"我们允许一部分人先好起来,一部分地区先好起来,目的是更快地实现共同富裕。正因为如此,所以我们的政策是不使社会导致两极分化,就是说,不会导致富的越富,贫的越贫。"①在邓小平看来,两极分化必然导致社会矛盾尖锐化,势必首先冲击现代化建设和改革开放所必需的社会稳定局面。"社会主义财富属于人民,社会主义的致富是全民共同致富。"②然而共同富裕体现了社会主义最大的优越性,但也绝不是完全平均,平均主义不是社会主义,而是一种小生产者的理想。因为在社会主义制度下,按劳分配本身既要求以劳动贡献作为劳动者获取报酬的唯一尺度,又承认劳动者在体力和智力上的天然差别,不可能绝对平均。邓小平指出:"没有贫穷的社会主义。社会主义的特点不是穷,而是富,但这种富是人民共同富裕。"③实践证明,平均主义是贯彻按劳分配原则的障碍,平均主义泛滥必然破坏社会生产力的发展。搞平均主义不仅不能实现共同富裕,反而会导致共同贫穷。贫穷不是社会主义。社会主义就是要消灭贫穷,发展社会生产力,实现共同富裕。

(三)改革开放为实现共同富裕提供强大动力

日益扩大的贫富差距,预示着当前改革正步入深水区。在改革开放过程中,我们党始终强调,改革不是要改掉社会主义制度,不是要融入资本主义,改革开放是社会主义制度的自我完善和发展。邓小平同志说,搞改革当然要改变很多东西,但"最大的不变是社会主义制度不变"④,"我们一定要真正地搞改革开放,不能关起门来搞"⑤。首先要看到,改革开放是一个庞大的系统工程,遇到各种矛盾和问题是正常的。同时,改革开放又是一场深刻的社会变革,涉及整个社会结构和社会生活的方方面面。这一过程中出现的问题具有广泛性、深刻性,各种矛盾的成因也非常复杂,每一个具体问题都有各自不同的原因。所以说,贫富差距也好,区域差距也好,城乡

---

① 《邓小平文选》第 3 卷,人民出版社 1993 年版,第 172 页。
② 《邓小平文选》第 3 卷,人民出版社 1993 年版,第 172 页。
③ 《邓小平文选》第 3 卷,人民出版社 1993 年版,第 265 页。
④ 《邓小平文选》第 3 卷,人民出版社 1993 年版,第 73 页。
⑤ 《邓小平文选》第 3 卷,人民出版社 1993 年版,第 318 页。

差距也好,都是发展存在的问题,也是改革开放中必须面对的不可回避的矛盾。但可以肯定的是,收入差距的拉大,绝对不是改革开放的错。邓小平指出:"我们实行改革开放是正确的。我们现在不是要收,而是要进一步改革,进一步开放。思想要更加解放一些,改革开放的步伐要走得更快一些。改革开放要贯穿中国整个发展过程,不是三年、五年、十年、八年,也不是二十年,因为需要做的事情太多了。"①在当代中国,改革开放是强国之路,只有坚定不移地推进改革开放,才能为实现共同富裕提供强大的动力,通过解放和发展社会主义生产力,为全体人民奠定坚实的物质基础。我们始终坚持共同富裕的价值目标,注重处理好效率与公平的关系,切实维护社会公平正义,努力使改革开放的成果惠及10多亿人口。胡锦涛同志出席博鳌亚洲论坛2008年年会开幕式时发表了题为"坚持改革开放,推进合作共赢"的主题演讲,他说:"我国过去30多年的快速发展靠的是改革开放,我国未来发展也必须坚定不移依靠改革开放。"②

三、坚持改革开放和防止两极分化:辩证统一

(一)坚持改革开放和防止两极分化两手抓

邓小平以唯物辩证法观察问题,全面认识改革开放。效率为社会创造物质基础,公平为社会凝聚精神动力。在改革开放之初,我国经济社会发展水平较低的条件下,提出效率优先,兼顾公平,鼓励一部分人靠勤劳致富,期望先富带动后富,这完全符合马克思主义实事求是的精神。现在,我国经济的发展水平进入了新的发展阶段,国家富强,人民开始富裕,对已经出现的社会贫富差距拉大的问题,不但有必要缩小差距,而且完全有财力、有更多的办法逐步解决。"为了发展生产力,必须对我国的经济体制进行改革,实行对外开放的政策。"③"不搞改革开放就不能继续发展。"④对于改革开放中遇到和积累的矛盾与问题是前进中的问题,只能通过深化改革开

---

①　《邓小平文选》第3卷,人民出版社1993年版,第265页。

②　胡锦涛:《在庆祝中国共产党成立90周年大会上的讲话》,《人民日报》2011年7月2日,第2版。

③　《邓小平文选》第3卷,人民出版社1993年版,第138页。

④　《邓小平文选》第3卷,人民出版社1993年版,第332页。

放,才能创造条件逐步解决。邓小平共同富裕思想表明:我们既不能离开共同富裕讲发展生产力,离开了就会导致两极分化;也不能离开发展生产力讲共同富裕,离开了就会导致共同贫困。可见,共同富裕的实现前提是:解放和发展生产力,为实现共同富裕创造雄厚的物质基础;坚持社会主义,防止两极分化,为实现共同富裕提供牢固的政治保障。"实践这个标准最硬,它不会做假。要用上百上千的事实来回答改革开放姓'社'不姓'资',有利于社会主义,不利于资本主义。"①在邓小平看来,坚持改革开放与防止两极分化并不矛盾,两手抓,两手都要硬。一方面坚持改革开放发展生产力,为社会主义提供雄厚的物质基础;另一方面防止两极分化又必须不断深化改革开放,两者相辅相成,互相促进,在动态中和谐相处。

(二)巩固和发展社会主义国有经济

防止两极分化,关键还在于坚持公有制经济的主体地位,如果公有制丧失了主体地位,就丧失了社会主义的经济基础。邓小平指出:"分配的问题大得很。解决这个问题比解决发展起来的问题还困难。我们讲要防止两极分化,实际上两极分化自然出现。这个问题要解决。过去我们讲先发展起来,现在看,发展起来以后的问题不比不发展时少。"②国有企业作为公有制的主体,要在避免社会两极分化中发挥基石作用。一是国有企业有国有资产预算,国有资本是全民的资本、国家的资本,资本有利润的时候要上缴,这块上缴利润为全社会所用,成为平衡全社会收入的一种财富,发挥公平的作用。二是国有企业的国有资本不是唯利是图的,而是为整个国民经济发挥影响力、控制力、带动力服务的。不管是基础设施建设还是宏观调控,国有企业的国有资本代表国家意志,服务全社会。三是国有企业自身的运作可以成为国家宏观调控的某种杠杆或者工具。回归国有企业全民所有的社会属性,充分体现国有企业的公益属性,国有企业才不会在市场经济活动中迷失自己的本性,从而"与民争利";才能在"国进"的同时"民也进",在促进共同富裕中发挥基石作用。四是国有企业本身不能搞贫富悬殊,要努力调控好不同行业之间、企业内部职工之间的收入差距,尤其要规范国有企业管理层的薪酬,确保普通职工平均工资增幅不低于管理层薪酬

---

① 中共中央文献研究室:《邓小平年谱》下,中央文献出版社 2004 年版,第 1340 页。
② 中共中央文献研究室:《邓小平年谱》下,中央文献出版社 2004 年版,第 1364 页。

增幅,发挥国有企业在履行社会责任方面的表率作用。我们要继续发展壮大国有经济,充分发挥国有企业在缩小差距中的重要作用和公有制经济在促进共同富裕中的基础性作用。

邓小平早在 1985 年就指出:"我们的改革,坚持公有制为主体,又注意不导致两极分化。过去四年我们就是按照这个方向走的,这就是坚持社会主义。"①根据我国工业结构特点和战略目标,国有经济必须在战略性、高技术竞争性领域占优势和主导地位。主要领域包括:一是涉及国家安全的战略性领域:如国防科技工业、国家基础设施、城市重点基础设施、金融、大宗农产品及大型商品物流、对外贸易主渠道、战略物资储备等。这些领域的产品和服务担负着保卫国家政治社会安全的职能,是经济社会稳定发展的必要前提。二是重要基础产业:如电力、电信、重要能源基地、重点石化、冶金行业。此类行业具有公益性质,或为经济社会发展提供基础原料能源,且需要巨额投资,应由国有经济保持优势地位。三是不可再生的战略资源领域:如重点矿山、油气资源等。随着不可再生资源对经济社会发展的制约日趋严峻,国家必须保有对此类战略资源的控制权或垄断权。四是国民经济支柱产业和高新技术产业:由本国资本与机构控制的各类支柱工业,以及高技术工业,属于资金技术密集型产业。其中国有大型企业是各行业的主导力量和科技研发平台,是国家工业与科技进步能力的核心。

(三)深化改革社会社会主义分配制度

现在,我国生产力发展,综合国力增强,人民生活水平提高,国民经济总量稳居世界第二位。但当前凸显的矛盾是贫富差距的不断扩大,必须下大力气解决收入分配制度带来的贫富差距的问题。

收入分配改革关乎发展大计,是缩小贫富、城乡和区域差距,维护社会公平正义、促进社会和谐稳定的有效途径。合理的收入分配格局有助于扩大中等收入者比重,提高低收入者收入,形成"两头小、中间大"的橄榄形收入结构,如果得以实现,就能达到防止两极分化的目的。分配不公造成收入差距过大,是与实现共同富裕的目标相违背的。邓小平指出:"如果富的愈来愈富,穷的愈来愈穷,两极分化就会产生,而社会主义制度就应该而且能够避免两极分化。解决的办法之一,就是先富起来的地区多交点利税,

---

① 《邓小平文选》第 3 卷,人民出版社 1993 年版,第 139 页。

支持贫困地区的发展。"①完善收入分配的社会调节机制,整顿和规范收入分配秩序,逐步理顺国家、企业和个人的收入分配格局,调整好城乡之间、地区之间、不同社会群体之间的利益关系。首先,建立规范的分配制度。在机关、事业单位,确立岗位工资为主的基本工资制度,推行多种形式的岗位工资,定员定岗,以岗定薪,竞争上岗,岗变薪变。在国有大中型企业对职工实行职工持股,在具备条件的小企业实行劳动分红办法。其次,保护合法收入,对合法收入,不管是劳动所得,非劳动所得,还是经营收入,只要符合国家法律、法规和政策规定,都要加以保护,对过高收入,要通过税收等形式加以调节。最后,整顿不合理收入。对于行政垄断、行业垄断和以特殊条件获得的个人额外收入,必须纠正。保障低收入者的基本生活。坚决取缔非法收入。非法收入指违反国家法律、法规和政策的规定,以非法手段获取的收入,包括钱权交易、贪污受贿、走私贩私、投机诈骗、制假售假、偷税漏税,甚至盗窃抢劫等获得的收入。这些都是非法所得,必须坚决取缔。

在社会主义初级阶段,由于其基本经济制度而确定的分配制度,社会成员存在收入差距是正常的。收入分配结构调整,既要解决分配不公问题,更要打破平均主义,现在的主要问题还是体制内的平均主义,只有解决好这两个问题,才能在公平和效率并重之间达到平衡。当前,最主要的原因是分配制度的改革还不到位。因此,中央和地方各级政府需要采取积极措施,一是规范社会分配秩序,加强对垄断行业收入分配的监督和管理;二是强化国家税收对收入分配的调节职能,完善个人所得税法,开征遗产税;三是保护合法收入,整顿不合理收入,调节过高收入,取缔非法收入等等。因此,必须真正下大力气,逐步缩小贫富差距、区域差距和城乡差距,切实把两极分化现象消除在萌芽中。

综上所述,邓小平坚持改革开放和防止两极分化的思想在邓小平理论中具有重要的地位,改革开放是党在社会主义初级阶段基本路线的重要内容,是建设和发展中国特色社会主义,走共同富裕道路的根本动力,防止两极分化是实现全体人民共同富裕目标必须解决的重大课题,也是衡量改革开放成败的重要标准。我国改革开放的实践反复证明了:只有坚持改革开放才能发展中国、发展社会主义、发展马克思主义,才能实现中华民族的伟大复兴。

(作者单位:浙江农林大学)

---

① 《邓小平文选》第 3 卷,人民出版社 1993 年版,第 374 页。

邓小平的社会公正观论析

任映红

社会公正作为人类孜孜以求的价值理想，是社会存在和发展的必要条件，是维持社会秩序和稳定的基本保障。正因如此，中国共产党的几代领导人顺应了时代召唤，把社会公正作为执政的价值追求。邓小平对社会公正问题有许多独特的思考与追求：他将社会公正视为社会主义本质论的题中之义，坚持通过生产发展来夯实社会公正的经济基础，把共同富裕当作实现社会公正的终极目标，把民主法制作为社会公正的政治根基，坚持社会主义制度是实现社会公正的根本选择。当前，中国经济进入新一轮的高速成长期，虽然社会总体上是和谐的，但在利益格局调整和社会构成发生深刻变化的过程中，也存在不少影响社会和谐的矛盾和问题。在这样的大背景下，作为马克思主义中国化的重大发展——邓小平的社会公正观，对构建以民主法治、公平正义等为主要特征的社会主义和谐社会意义重大。其理论内涵主要体现在以下四个方面。

一、生产发展是社会公正的经济基础

解放和发展生产力是社会全面进步的核心，也是社会公正能够得以实现的坚实的经济基础。邓小平重视发展生产力，认为它是一种最根本的革命，但他指出："革命是要搞阶级斗争，但革命不只是搞阶级斗争。生产力方面的革命也是革命，而且是很重要的革命，从历史的发展来讲是最根本的革命。"①他科学地阐明了阶级斗争和生产力发展在社会发展进程中的作

---

① 《邓小平文选》第 2 卷，人民出版社 1994 年版，第 311 页。

用,认为我国在社会主义改造基本完成后,还是"以阶级斗争为纲",忽视发展生产力,吃了一个大亏。因此,"我们在总结这些经验的基础上,提出整个社会主义历史阶段的中心任务是发展生产力,这才是真正的马克思主义。"①事实上,马克思主义经典作家在重视阶级斗争的同时也非常重视物质条件的作用,在讨论公正社会时,总是把高度发达的物质生产力作为最重要的前提性条件,肯定生产发展对保证社会公正的基础性作用,指出:"通过社会生产,不仅可能保证一切社会成员有富足的和一天比一天充裕的物质生活,而且还可能保证他们的体力和智力获得充分的自由的发展和运用。"②

邓小平强调解放和发展生产力,并将其纳入在社会主义本质论当中,是在认真总结社会主义建设的历史经验和教训、科学地把握中国的具体国情和时代特征的基础上总结提炼的结果。他指出:"我们革命的目的就是解放生产力,发展生产力。离开了生产力的发展,国家的富强、人民生活的改善,革命就是空的。"③在社会主义国家,一个真正的马克思主义政党执政以后,一定要致力于发展生产力,并在这个基础上逐步提高人民的生活水平。这就是建设物质文明,这就是要依靠自己的发展解决人民最关心的切身问题,只有让人民安居乐业的社会,才会是一个公正社会。换言之,一个公正的社会应该建立在生产力高度发达的基础上,人人都能共享社会财富,并能充分利用社会资源来发展自己的社会。因为,一个生产力落后、物质经济条件匮乏的共同贫穷的社会,不会是一个现代意义上的公正社会,我们所追求的人民共同富裕的公正社会,也只能建立在生产力发展的物质基础之上。

生产发展能为社会公正的实现提供经济基础,而社会公正的实现能有力地促进生产发展,生产发展与实现社会公正是辩证统一的,这已为我国现代化建设的实践所一再证明。一方面,生产发展是实现现代意义上的公正社会的前提条件和经济基础,一个社会有了高度发达的生产力作基础,有了足够的社会经济资源,人民才能安居乐业,人与人之间的公正和谐才能逐步实现。另一方面,实现社会公正是解放和发展生产力的目的所在。在当今,公平正义是社会和谐的题中之义,发展仍是第一要务,通过发展解

---

① 《邓小平文选》第 3 卷,人民出版社 1993 年版,第 254—255 页。
② 《马克思恩格斯选集》第 3 卷,人民出版社 1995 年版,第 757 页。
③ 《邓小平文选》第 2 卷,人民出版社 1994 年版,第 231 页。

决我们前进中的问题,仍是我们不变的选择。以邓小平的社会公正观为指导,我们就要重视在发展生产力、促进经济发展的前提下实现社会公正;在逐步实现社会公正的过程中,使经济又好又快地增长;把生产发展与社会公正历史地、有机地统一起来,并作为执政党的不懈追求。

二、共同富裕是社会公正的终极目标

共同富裕是邓小平社会公正观的核心内涵,也是他毕生追求的目标。他认为,社会主义最大的优越性就是共同富裕,这是体现社会主义本质的一个东西。他指出:"没有贫穷的社会主义。社会主义的特点不是穷,而是富,但这种富是人民共同富裕。"①贫穷意味着广大社会成员处在生存危机的状态之中,在贫穷和社会经济资源极为匮乏的条件下,社会不可能有一次分配以后的再次分配,不可能拥有较多的生存与发展的机会,也就谈不上真正意义上的社会公正。在我国历史上的某个发展阶段,也可能存在着在贫穷基础之上的"平均主义"的、"乌托邦"式的"公正",是以禁锢人民的物质需求、牺牲发展活力为代价的,也是不能持续的。

共同富裕不是同步富裕和同等富裕。邓小平倡导让一部分地区和一部分人先富起来,通过有先有后的发展,最终实现共同富裕。"一部分地区有条件先发展起来,一部分地区发展慢点,先发展起来的地区带动后发展的地区,最终达到共同富裕。"②"我们提倡一部分地区先富起来,是为了激励和带动其他地区也富裕起来,并且使先富裕起来的地区帮助落后的地区更好地发展。"③提倡共同富裕,旨在缩小个人收入分配差距和地区差距,充分体现维护最大多数人民群众的利益,调和人民群众中的利益关系,这也是如何实现社会公正的问题。

公正,即公平、正义、公道,是利益各方都能够接受的理想状态,这也反映了社会上每个人对利益分配问题的关注。社会公正是一种价值判断,是社会共同体中人们相互关系协调良好的一种状态。这就要求社会全体或多数成员的利益处于一种相对均衡、可控的状态之下。因此,利益协调是社会公正的实现手段,要实现社会公正,就要保证在收入分配上的利益平

---

① 《邓小平文选》第3卷,人民出版社1993年版,第265页。

② 《邓小平文选》第3卷,人民出版社1993年版,第374页

③ 《邓小平文选》第3卷,人民出版社1993年版,第111页。

等。邓小平深知利益协调对维护社会公正的意义,要使结果公正,就得先重视分配程序的公正,因此,他十分关注合理的利益分配问题,坚持按劳分配原则,并以劳动成果和劳动贡献为衡量标准。邓小平指出:"按劳分配就是按劳动的数量和质量进行分配。根据这个原则,评定职工工资级别时,主要看他的劳动好坏、技术高低、贡献大小。"①社会成员无论自身条件如何,都有同等的生存和发展权利,等量的劳动通过等价交换获得等量的报酬,劳动差别决定收入差别,体现了按劳分配所具有的公平性质。公正强调在社会平衡格局中的全民共同富裕,但绝对不是搞平均主义。"搞平均主义,吃'大锅饭',人民生活永远改善不了,积极性永远调动不起来。"②过去我们搞的实际上是共同落后和共同贫穷,我们吃了这个亏。"改革首先要打破平均主义,打破'大锅饭',现在看来这个路子是对的。"③

　　我们要打破平均主义,更要防止两极分化。一个两极分化、矛盾尖锐、冲突不断的社会是谈不上公正的。邓小平说:"社会主义的目的是要全国人民共同富裕,不是搞两极分化。"④收入差距悬殊会带来社会问题,"少部分人获得那么多财富,大多数人没有,这样发展下去总有一天会出问题。分配不公,会导致两极分化,到一定时候问题就会出来。"⑤如果片面追求增长的效率和速度,不注意经济增长和社会发展的协调进行,收入差距就会过度扩大,会引起社会不稳定,"如果搞两极分化,情况就不同了,民族矛盾、区域间矛盾、阶级矛盾都会发展,相应地中央和地方的矛盾也会发展,就可能出乱子"⑥。贫富悬殊和两极分化还会带来贪婪、腐败、社会动荡等种种恶果。那时,"大量的人会长期处于贫困状态,中国就会发生闹革命的问题"⑦。"如果导致两极分化,改革就算失败了。"⑧这是邓小平对我们的警示。那么,如何防止两极分化,维护社会公正呢?邓小平认为可以通过加强税收调节、发展社会公益事业、援助弱势群体等手段来解决,"对一部分先富裕起来的个人,也要有一些限制,例如,征收所得税。还有,提倡有的

---

①　《邓小平文选》第 2 卷,人民出版社 1994 年版,第 101 页。

②　《邓小平文选》第 3 卷,人民出版社 1993 年版,第 157 页。

③　《邓小平文选》第 3 卷,人民出版社 1993 年版,第 155 页。

④　《邓小平文选》第 3 卷,人民出版社 1993 年版,第 110—111 页。

⑤　中共中央文献研究室编:《邓小平年谱》下,中央文献出版社 2004 年版,第 1364 页。

⑥　《邓小平文选》第 3 卷,人民出版社 1993 年版,第 364 页。

⑦　《邓小平文选》第 3 卷,人民出版社 1993 年版,第 229 页。

⑧　《邓小平文选》第 3 卷,人民出版社 1993 年版,第 139 页。

人富裕起来以后，自愿拿出钱来办教育、修路"①。他反复强调："多劳多得，也要照顾整个国家和左邻右舍。"②对于非法暴富者，依法进行严厉打击，则是社会公正的必然要求。

三、民主法制是社会公正的政治根基

公民在法律面前人人平等，尊重和保障人权，发扬民主，健全法制是现代社会公正的内在要求，也是邓小平的社会公正观的重要组成部分。

人人平等是马克思主义的政治理想，是公民享有的基本权利，也是一种实质公正。社会公正不仅体现在全民共享经济利益，而且还表现为人民在国家政治生活中享有平等的政治权利，真正地成为国家的主人。邓小平尊崇社会主义宪法和法治，反对人治，强调维护党员在党内生活中的平等权利，指出："公民在法律和制度面前人人平等，党员在党章和党纪面前人人平等。人人有依法规定的平等权利和义务，谁也不能占便宜，谁也不能犯法……任何人都不许干扰法律的实施，任何犯了法的人都不能逍遥法外……也不许任何人干扰党纪的执行，不许任何违反党纪的人逍遥于纪律制裁之外。"③在现阶段，维护社会成员平等的基本权利具有不可替代的重要意义，因为"中国现在之所以存在着大量的社会问题，是同社会成员平等的基本权利没有能够得到有效的维护有直接关系的。在当今中国社会，维护社会成员平等的基本权利，应当成为制度设计和政策安排的基本依据之一"④。

民主是人类共同的价值追求，是现代国家政治公正的首要内容。发扬民主、保障人权，是维护政治公正的根本要求。邓小平强调，我们要努力实现"政治上，充分发扬人民民主，保证全体人民真正享有通过各种有效形式管理国家、特别是管理基层地方政权和各项企业事业的权力，享有各项公民权利"⑤，"要使人民有更多的民主权利，特别是要给基层、企业、乡村中的

① 《邓小平文选》第 3 卷，人民出版社 1993 年版，第 111 页。
② 《邓小平文选》第 2 卷，人民出版社 1994 年版，第 258 页。
③ 《邓小平文选》第 2 卷，人民出版社 1994 年版，第 332 页。
④ 吴忠民：《关于社会公正的几个问题》，《湖南社会科学》2004 年第 2 期。
⑤ 《邓小平文选》第 2 卷，人民出版社 1994 年版，第 322 页。

农民和其他居民以更多的自主权"①,"要切实保障工人农民个人的民主权利,包括民主选举、民主管理和民主监督"②。但邓小平明确反对"文革"时期的那种"大民主",坚决反对中国走西方"三权分立"式的民主化道路。

人权是人作为人类社会成员而享有或应该享有的权利。在我国,人权是"多数人的人权",是"全国人民的人权"③。邓小平认为旧中国留给我们的封建专制传统比较多,民主法制传统很少;要保障民主和人权,就要坚决反对集权和特权,维护司法公正和行政公正。党和国家领导体制的总弊端在于权力的过分集中,由此造成了形形色色的特权现象和腐败行为,所以,要做到政治公正,就要正视党和国家领导体制中存在的弊端,积极推行政治体制改革,反对官僚主义、反腐败。封建特权意识是对机会平等的极大侵害,"我们今天所反对的特权,就是政治上经济上在法律和制度之外的权利。搞特权,这是封建主义残余影响尚未肃清的表现"④。

民主与人权最终都要落实在宪法和法律等社会基本规则的层面上。宪法和法律作为社会运行的基本规则,是公民能够平等公正地享有民主和人权的重要保证。邓小平强调指出:"要使我们的宪法更加完备、周密、准确,能够切实保证人民真正享有管理国家各级组织和各项企业事业的权力,享有充分的公民权利。"⑤鉴于以往人民民主权利被践踏的教训,邓小平重申:"宪法和党章规定的公民权利、党员权利、党委委员的权利,必须坚决保障,任何人不得侵犯。"⑥由于中国有着封建专制传统比较多、而民主传统比较少的独特历史背景和条件,因此,在民主化道路上会经历许多曲折,这就要靠法制来保障民主,"必须使民主制度化,法律化,使这种制度和法律不因领导人的改变而改变,不因领导人的看法和注意力的改变而改变"⑦。要让公众在法制的框架内实践民主,规范、有序地行使其民主权利,用法律制度和规则去规范和约束个人行为,努力建立起公正的法律制度体系,在制度公正的条件下实现社会公正。

---

① 《邓小平文选》第 3 卷,人民出版社 1993 年版,第 210 页。
② 《邓小平文选》第 2 卷,人民出版社 1994 年版,第 146 页。
③ 《邓小平文选》第 3 卷,人民出版社 1993 年版,第 125 页。
④ 《邓小平文选》第 2 卷,人民出版社 1994 年版,第 332 页。
⑤ 《邓小平文选》第 2 卷,人民出版社 1994 年版,第 339 页。
⑥ 《邓小平文选》第 2 卷,人民出版社 1994 年版,第 144 页。
⑦ 《邓小平文选》第 2 卷,人民出版社 1994 年版,第 146 页。

四、社会主义是社会公正的制度选择

马克思主义经典作家认为,社会公正首先是社会制度的公正,要实现社会公正,必须以公正的社会制度去代替不公正的社会制度。马克思的公正思想就是从批判资本主义制度的不公正开始的。资本主义的等价交换与机会均等实质上只是形式平等,而不是实质平等,它并不能使社会免于两极分化。空想社会主义者揭露了资本主义制度的不公正,如托马斯·莫尔的《乌托邦》看到了私有制是正义的大敌,"假使私有制存在,假使金钱是衡量一切的标准,我以为国事的进行就不可能公正顺利"①。他提出,只有完全废除私有制,财富平均分配,人类社会才有幸福可言。但是,"西方学者虽都强调机会平等,公平竞争,但对于如何实现机会平等,却无高见。事实上,在经济领域也好,在政治领域也好,没有资本和财产的后盾,是无法达到机会平等的,要根本解决这一问题,就要找到资本主义社会的症结所在——私有制度本身"②。

社会主义制度与社会公正追求的目标是一致的,社会公正本身就是社会主义社会中追求的重要准则。邓小平强调:"我们为社会主义奋斗,不但是因为社会主义有条件比资本主义更快地发展生产力,而且因为只有社会主义才能消除资产主义和其他剥削制度所必然产生的种种贪婪、腐败和不公正现象。"③社会主义的两个非常重要的方面,一是以公有制为主体,二是不搞两极分化,使社会主义制度成为社会公正实现的现实载体。坚持公有制的主体地位,从总体上排除少数人凭借私有生产资料无偿占有别人剩余劳动的权利,在人们之间真正建立起平等互助关系,是最符合人伦之理的公正制度;在以按劳分配为主体,多种分配方式并存的前提下,收入分配差距可控制在合理的、群众可接受的范围内;防止两极分化,就会千方百计地调节起点的不平等,并运用行政的、经济的、法律的手段,控制结果的不平等,还会建立"补差原则",保持和维护权利补偿,救济弱者的社会公正的基本原则,重在建立全面系统的社会保障体系,加强对低收入者的保护;人民民主专政的国家政权和人民代表大会的根本政治制度、共产党领导的多党

---

① ［英］托马斯·莫尔:《乌托邦》,戴镏龄译,商务印书馆 1982 年版,第 55 页。
② 高国希:《走出伦理困惑》,上海社会科学院出版社 1996 年版,第 198 页。
③ 《邓小平文选》第 3 卷,人民出版社 1993 年版,第 143 页。

合作与政治协商制度以及民族区域自治制度,使人民群众在政治上一律平等,享有宪法所赋予的当家做主的各种权利,为实现社会公正提供了政治前提和保证。

　　总之,社会主义制度为实现社会公正提供了基础和前提条件,它保障着人民群众的经济地位、政治地位、社会地位的平等。因此,邓小平反复强调坚持社会主义制度,并不断完善它,才能逐步消除社会不公现象。在构建社会主义和谐社会的今天,社会矛盾和冲突的存在,使一些试图否定社会主义制度的社会思潮有所泛滥,重温邓小平的深刻论述,能更加坚定我们走社会主义道路来实现社会公正的决心和信心。

(作者单位:温州大学)

邓小平南方谈话对建设社会主义
长期性艰巨性认识的深化

王国永　姜　英

对于社会主义事业长期性、艰巨性的理解，是认识社会发展的客观规律和社会主义发展历史进程的一个重要内容。它不仅关系到共产党人的马克思主义水平，而且关系到共产党的凝聚力和战斗力；不仅关系到社会主义建设方略的制定，而且关系到社会主义事业的成败。我们对这个问题的认识清醒、正确，我们的路线、方针、政策就符合实际，社会主义事业就蓬勃地向前发展；我们对这个问题的认识发生失误，我们就产生或急躁或悲观的情绪，制定的路线方针政策就脱离实际，社会主义事业就出现某种程度的失误或者埋下隐患。这是我们总结长期历史经验而得出的一条基本经验。

然而，这是一个异常复杂而又艰巨的课题，因而不能不经历一个长期的、艰巨的探索过程。

一、马克思、恩格斯、列宁、毛泽东对社会主义
长期性、艰巨性的长期探索

关于未来社会的发展，科学社会主义的创始人指出：共产主义社会要经历由第一阶段到高级阶段的发展。在第一阶段，"还带着它脱胎出来的那个旧社会的痕迹"①。生产资料所有制的变革"先是单个国家实行"，接着"逐步地实行"②。这些论断表明，他们对社会主义事业的长期性、艰巨性有

---

① 《马克思恩格斯选集》第 3 卷，人民出版社 1995 年版，第 304 页。
② 《马克思恩格斯选集》第 4 卷，人民出版社 1995 年版，第 693 页。

着科学的预测,但是当时世界上毕竟还没有社会主义国家诞生,还没有社会主义的实践经验,因而在比较具体的问题上,他们作为彻底的辩证唯物主义者,却一直持十分谨慎的态度。1891 年,恩格斯在写给康拉德·施米特的信中委婉地指出:"您的第二个写作计划——向共产主义社会的过渡阶段——还需要认真考虑;然而,我劝您:放它几年,先不拿出! 这是目前存在的所有问题中最难解决的一个,因为情况在不断地变化。"①

在创建第一个社会主义国家初期,列宁曾试图利用战时共产主义政策直接向社会主义过渡。遭受挫折以后,他及时总结经验教训,一再向全党指出:"我们不应该指望直接采用共产主义的过渡办法"②,"这种构想是错误的,是同我们以前关于从资本主义到社会主义的过渡的论述相抵触的","从 1917 年产生了接收政权的任务和布尔什维克向全体人民揭示了这一任务的时候起,在我们的理论文献中就明确地强调指出,要从资本主义社会走上接近共产主义社会的任何一条通道,都需要有社会主义的计算和监督这样一个过渡,一个漫长而复杂的过渡(资本主义社会愈不发达,所需要的过渡时间就愈长)"。③

我国社会主义制度确立以后,以毛泽东为核心的党的第一代中央领导集体在借鉴苏联经验教训的基础上,对这个问题也进行了伟大而艰辛的探索。在这个过程中,曾经有过失误甚至是很严重的失误,但是他们作为伟大的马克思主义者,通过反复总结经验教训,也提出了不少精辟的、富有开创性的科学论断。作为社会主义建设理论的成果,这些论断构成了毛泽东思想的重要组成部分。1956 年,生产资料所有制的社会主义改造基本完成以后,毛泽东及时指出:"我国的社会主义制度还刚刚建立,还没有完全建成,还不完全巩固……还需要有一个继续建立和巩固的过程。"④后来,毛泽东通过总结"大跃进"的经验教训,对社会主义事业长期性、艰巨性的认识又得到进一步深化。1962 年,《在扩大的中央工作会议上的讲话》中,他反复强调:"建设强大的社会主义经济,在中国,五十年不行,会要一百年,或者更多的时间……要准备着由于盲目性而遭受到许多的失败和挫折,从而取得经验,取得最后的胜利,由这点出发,把时间设想得长一点,是有许多

① 《马克思恩格斯文集》第 10 卷,人民出版社 2009 年版,第 615 页。
② 《列宁选集》第 4 卷,人民出版社 1995 年版,第 581 页。
③ 《列宁选集》第 4 卷,人民出版社 1995 年版,第 574—575 页。
④ 《毛泽东著作选读》下册,人民出版社 1986 年版,第 768—769 页。

好处的,设想得短了反而有害。"①

可见,毛泽东当时已经认识到,建设社会主义经济,要用100年或更长的时间。这是以他为核心的第一代领导人探索社会主义的一个重要成果。必须肯定,所有这些筚路蓝缕、以启山林的探索,都具有积极的历史意义。如果说成功的经验为后来者奠定了坚实的基础,失误的教训就为后来者提供了警示的红灯,因而成为我们党的一份宝贵遗产。

但是,1962年中共八届十中全会后的十几年中,认识又发生了新的曲折。一方面,虽然仍然承认建设社会主义是一个长期的事业,但却把社会主义长期性的含义主要归结为阶级斗争的长期性;另一方面,在发展经济问题上,把实现社会主义现代化的时限大大缩短了。周恩来在1964年12月和1975年1月三届人大一次会议、四届人大一次会议的两次《政府工作报告》中,比较集中地反映了毛泽东和党中央在这个时期对此问题的思考。三届人大报告按照毛泽东的观点,肯定了"社会主义社会是一个很长的历史阶段",但对长期性的解释却主要归结为:"在社会主义国家中,社会主义同资本主义之间谁胜谁负的斗争,需要一个很长的时间,一百年到几百年的时间,才能最后解决。"报告正式提出我国20世纪最后20年经济发展分两步走的战略,这对有计划地推进我国的社会主义建设有重要意义。但当时却认为,"把我国建设成为一个具有现代农业、现代工业、现代国防和现代科学技术的社会主义强国,赶上和超过世界先进水平","在不太长的历史时期内",即20世纪末,就可达到。毛泽东还在报告稿中写道:"我们必须打破常规,尽量采用先进技术,在一个不太长的历史时期内,把我国建设成为一个社会主义的现代化的强国。我们所说的大跃进,就是这个意思。"这不是吹牛皮、放大炮,"是做得到的"。"简单地说,我们必须用几十年时间,赶上和超过西方资产阶级用几百年时间才能达到的水平。"②这不能不说是建设问题上的急躁情绪在经济形势好转后又重新有所抬头。四届人大报告重申了三届人大报告中两步走的设想。

① 《毛泽东著作选读》下册,人民出版社1986年版,第827—829页。
② 中共中央文献研究室:《建国以来重要文献选编》第19册,中央文献出版社1998年版,第500—501、483页;中央文献出版社编:《建国以来毛泽东文稿》第11册,中央文献出版社1996年版,第271—272页。

二、邓小平南方谈话关于社会主义长期性、艰巨性思想观点的最终确立

在 1977 年第三次复出后,邓小平关于社会主义长期性、艰巨性观点的最终确立,从中共十一届三中全会前后开始到 1992 年春南方谈话发表,也经历了一个比较长期的发展变化和逐步深入的过程。

在改革开放初期,邓小平继续沿用了上述毛泽东和周恩来的提法,但不久他就对这个提法有了新的认识。1978 年 10 月下旬和 1979 年 1 月底至 2 月初,邓小平先后访问了日本和美国。这期间,他还访问了泰国、马来西亚、新加坡。对发达资本主义国家和飞速发展着的发展中国家经济状况的直接观察,使邓小平对我国在 20 世纪末经济发展所能达到的水平不得不进行重新思考。访问回国一个多月后,邓小平就对外宾说:我们定的目标是在本世纪末实现四个现代化。我们的概念与西方不同,我姑且用个新说法,叫作"中国式的现代化","中国式的现代化,就是把标准放低一点"。①

当然,邓小平这一思想认识发生变化有个过程。1981 年 4 月,他在会见日本日中友好议员联盟访华团时说,中国讲四个现代化,开始时提出的是一个雄心壮志。但我们一摸索,才感到还只能是中国式的现代化。讲到中国式的现代化的概念,就是在 20 世纪末中国肯定不能达到日本、欧洲、美国和第三世界中有些发达国家的水平。1979 年他在接见大平首相时说,在 20 世纪末,中国只能达到小康社会,日子可以过。经过这一时期的摸索,看来达到一千美元(指年人均国民生产总值)也不容易,比如说八九百,就算八百,也算是一个小康生活了。在他看来,这是"更加量力而行"的设想。② 由于这一"更加量力而行"的指导思想的确立,就迈出了重新清醒地认识和探讨社会主义长期性、艰巨性的第一步。1981 年 9 月,邓小平在会见另一个日本访华代表团时说,实现"四化"是相当大的目标,需要相当长的时间,20 世纪末也只能达到小康社会。要达到西方发达国家的水平,至少还要再用 30 年到 50 年的时间,恐怕要到 21 世纪末。③ 这就在已确定的 20 世纪最

---

① 《邓小平文选》第 2 卷,人民出版社 1994 年版,第 194 页。

② 中共中央文献研究室编:《邓小平思想年谱》,中央文献出版社 1998 年版,第 187—188 页。

③ 中共中央文献研究室编:《邓小平思想年谱》,中央文献出版社 1998 年版,第 202 页。

后 20 年两步走的基础上,提出了第三步发展战略。在此基础上,邓小平为我国制定了三步走的发展目标:第一步,从 1981 年到 1990 年,实现国民生产总值比 1980 年翻一番,解决人民的温饱问题;第二步,从 1991 年到 20 世纪末,使国民生产总值再增长一倍,人民生活达到小康水平;第三步,到 21 世纪中叶,人均国民生产总值达到中等发达国家水平,人民生活比较富裕,基本实现现代化。然后,在这个基础上继续前进。这样的三步走,也可称之为新的两步走,即把 20 世纪最后 20 年的两步合称第一步,而把 21 世纪上半叶的第三步称作第二步。

仅就第三步我国所能达到的经济发展水平而言,邓小平的提法也经历了一个不断变化的过程。起初的说法叫"达到西方比较发达国家的水平",后来改为"接近发达国家的水平",即"不是说赶上,更不是说超过,而是接近"①,1986 年底最终确定为"达到中等发达国家水平"。提法越来越科学,越来越符合经过努力所能达到的目标。这表明,邓小平对建设社会主义长期性、艰巨性问题的认识在不断升华。

社会主义初级阶段理论,是在党的十三大上第一次初步系统阐述的。早在党的十三大召开前夕,邓小平就指出:"我们党的十三大要阐述中国社会主义是处在一个什么阶段,就是处在初级阶段,是初级阶段的社会主义。社会主义本身是共产主义的初级阶段,而我们中国又处在社会主义的初级阶段,就是不发达的阶段。一切都要从这个实际出发,根据这个实际来制订规划。"②这里,他把对社会主义长期性的时限估计放在了更加科学、更加符合社会发展规律认识的基础之上。党的十三大通过的政治报告对我国所处的发展阶段作出了科学判断:"我国从五十年代生产资料私有制的社会主义改造基本完成,到社会主义现代化的基本实现,至少需要上百年的时间,都属于社会主义初级阶段。这个阶段,既不同于社会主义经济基础尚未奠定的过渡时期,又不同于已经实现社会主义现代化的阶段。"③

20 世纪 80 年代末至 90 年代初,国际上发生了东欧剧变和苏联解体,社会主义遭受了前所未有的严重挫折。在中国,资产阶级自由化思潮一度泛滥,并最终导致了严重的政治风波,中国的社会主义前途也面临着严峻考验。这些残酷的事实充分说明,社会主义制度即使建立了几十年,甚至

---

① 《邓小平文选》第 2 卷,人民出版社 1994 年版,第 417 页。

② 《邓小平文选》第 3 卷,人民出版社 1993 年版,第 252 页。

③ 《十三大以来重要文献选编》(上),人民出版社 1991 年版,第 12 页。

像苏联那样历经了 70 多年,也同样面临生死存亡这个大问题,也仍然存在着被颠覆和复辟的危险性。因此,"从一定意义上说,某种暂时复辟也是难以完全避免的规律性现象"①。有鉴于此,1992 年春,邓小平在南方谈话中深刻地指出:"我们搞社会主义才几十年,还处在初级阶段。巩固和发展社会主义制度还需要一个很长的历史阶段,需要我们几代人、十几代人,甚至几十代人坚持不懈地努力奋斗,决不能掉以轻心。"又说:"资本主义发展几百年了,我们干社会主义才多长时间!何况我们自己还耽误了二十年。如果从建国起,用一百年时间把我国建设成中等水平的发达国家,那就很了不起!"②

邓小平不愧是了不起的战略家,当时他就预见到后人要急,就告诉我们不要急。他还有一句话:"我们的社会主义不够格。"什么时候才能"够格"呢?到 21 世纪 50 年代中期基本实现现代化了,那时恐怕才"够格"了。所以他告诫全党,我们不要给老百姓传递一个错误的信号:我们国家明天就能达到共同富裕了,我们明天就能达到公平正义了。当然,目标非常好,但需要时间去实现。不然的话,你说很快就可以共同富裕了,老百姓等了两天,还没有,就失望了,政府失信了,公信力就没有了;再等两天还没有,他们就开始埋怨你了;再等两天还没有,他们就上街了,矛盾也就产生了。所以,国家要全面发展,还是要提倡坚持不懈地艰苦奋斗。我们的理想要全面实现,是要经过我们长期艰苦奋斗的努力。

或许有人要问,邓小平所说的"几十代",究竟是多少年?其实,作为政治家和战略家的邓小平,他只是作出了大致的估计和设想,并没有、也不可能指明具体时限。当然,他的估计,又是根据人类社会发展的历史、根据对共产主义远大理想的理解、根据中国社会的具体实际所作出的科学估计,而不是随意的设想。如果一定要问,也可以在邓小平著作中找到"一代人"指多长时间,例如他曾说:培养一代人至少 15 至 20 年。③ 由此计算,几代、十几代、几十代,就可以理解为 100 年到数百年了。但这毕竟不是学生做计算题,也不是搞经济计算,不可能说得那么精确。

至此,邓小平关于社会主义长期性、艰巨性的思想观点最终确立下来,并在全党形成共识。之后召开的党的十四大到十七大,都肯定和重申了邓

---

① 《邓小平文选》第 3 卷,人民出版社 1993 年版,第 383 页。
② 《邓小平文选》第 3 卷,人民出版社 1993 年版,第 383 页。
③ 中共中央文献研究室编:《邓小平思想年谱》,中央文献出版社 1998 年版,第 45 页。

小平南方谈话的这一思想观点。

三、社会主义长期性、艰巨性思想观点的确立具有重大而深远的意义

邓小平南方谈话中关于社会主义长期性、艰巨性的思想观点,是对马列主义、毛泽东思想关于社会主义社会发展阶段思想理论的继承和发展,是中国共产党集体智慧的结晶。这一思想观点的形成和确立,充分体现了实事求是的思想路线,正确处理了主观设想和客观效果相反与相成的辩证关系,把远大理想放在了更加坚实可靠的基础之上。这对于我们正确理解和认识整个邓小平南方谈话的精神和党的十一届三中全会以来的一系列路线、方针、政策,对于指导我国人民为改革开放和社会主义现代化事业长期不懈地坚持奋斗,都具有重大而深远的意义。

(一)从社会历史发展总趋势和当今所处时代的高度,指明了社会主义代替资本主义的不可逆转性及其发展道路的长期性和艰巨性

邓小平说:"马克思主义是打不倒的","不要认为马克思主义就消失了,没用了,失败了。哪有这回事","我坚信,世界上赞成马克思主义的人会多起来的,因为马克思主义是科学"。但同时他在"南方谈话"中用了几个"时间概念"来说明社会主义发展的长期性和艰巨性,给人留下了极其深刻的印象:一是我们建设有中国特色社会主义的体制改革,要"在各方面形成一整套更加成熟、更加定型的制度",恐怕还要"三十年的时间";二是"把我国建设成中等水平的发达国家",如果从新中国成立时算起,要"用一百年时间";三是"一个中心、两个基本点"的"基本路线要管一百年,动摇不得";四是"巩固和发展社会主义制度,还需要一个很长的历史阶段,需要我们几代人、十几代人,甚至几十代人坚持不懈地努力奋斗,决不能掉以轻心"。这就从根本上解决了我们在经济建设上长期存在的急于求成的错误的思想根源问题。

(二)进一步说明社会主义实行改革开放具有客观"必要性"

巩固和发展社会主义既然需要很长时间,那我们就不可避免地要有同资本主义世界"长期打交道",就必须要有长期"利用资本主义来建设社会

主义"的战略思想,因此实行改革开放是必然的和必需的。我们既要抵制资本主义腐朽落后的东西,并对其"西化""分化"的图谋保持警惕,又要大胆地学习、借鉴其一切先进和进步的东西。所以,邓小平在"南方谈话"中强调指出:"社会主义要赢得与资本主义相比较的优势,就必须大胆吸收和借鉴人类社会创造的一切文明成果,吸收和借鉴当今世界各国包括资本主义发达国家的一切反映现代社会化生产规律的先进经营方式、管理方法。"总之,学习和利用资本主义必须大胆,但又不能照抄照搬,更不能搞全盘"西化"。我们必须从战略高度上来处理好同资本主义特别是同发达资本主义既矛盾斗争又借鉴合作的关系。一句话,对外开放是中国必须长期坚持的一项基本国策,我们必须长期毫不动摇地坚持对外开放。

(三)切实把握了中国的基本国情及在中国条件下建设社会主义的艰难程度,是实事求是思想路线的充分体现

邓小平反复强调:"中国的特点是落后,贫穷,地方很大,人口太多,问题十分复杂。"[①]"我们要经常记住,我们国家大,人口多,底子薄,只有长期奋斗才能赶上发达国家的水平。"[②]这就更增加了在中国建设社会主义的艰巨性。在中国建设社会主义,首要的任务就是逐步摆脱不发达状态,基本实现别的国家在资本主义条件下已经实现的工业化和经济的市场化、社会化、现代化。不仅如此,在建设社会主义物质文明的同时,还要建设社会主义精神文明;要不断提高全体人民的思想觉悟和科学文化水平,不断同各种犯罪活动、腐败现象、违背四项基本原则的行为作斗争,巩固人民政权,保卫社会主义制度。完成这样艰巨而光荣的历史任务,必然需要一个很长的历史阶段。

(四)有利于防止和克服来自"左"或右的错误倾向

邓小平的南方谈话,既是反右但主要是反"左"的宣言书。这是历史经验的总结,也是当时国际国内政治和意识形态领域斗争的反映。针对1991年思想交锋中暴露出的问题,他一针见血地指出:"现在,有右的东西影响我们,也有'左'的东西影响我们,但根深蒂固的还是'左'的东西……'左'

---

① 中共中央文献研究室编:《邓小平思想年谱》,中央文献出版社1998年版,第256页。
② 《邓小平文选》第2卷,人民出版社1994年版,第260页。

带有革命的色彩,好像越'左'越革命。'左'的东西在我们党的历史上可怕呀！一个好好的东西,一下子被他搞掉了。右可以葬送社会主义,'左'也可以葬送社会主义。中国要警惕右,但主要是防止'左'。"①邓小平认为,我们在几十年中犯过的错误,主要是"左"的错误,"我们过去就是吃'左'的亏"②,"几十年的'左'的思想纠正过来不容易,我们主要是反'左','左'已经形成了一种习惯势力"③。"左"的思想的突出表现,就是离开现实,超越阶段,不顾客观条件,急于摆脱贫穷落后,急于向更高的阶段转变。结果,往往是不但没有加快建设速度,反而使社会主义事业遭受损失,走了弯路。这更说明建设社会主义必须树立长期奋斗的思想。邓小平正是在正确总结以往经验教训的基础上,又经过如他自己所说的"冷静地考虑""摸索、计算和研究各种条件,包括国际合作的条件",逐步发展了他关于中国经济的发展战略和社会主义建设长期性、艰巨性的思想。

(五)正确处理了主观设想和客观效果相反与相成的辩证关系

按照邓小平南方谈话关于社会主义长期性、艰巨性的思想观点,我们现在的奋斗目标较以往想象的似乎遥远多了,但对奋斗目标的理解则更科学了,社会主义事业也更能脚踏实地向前发展了。当年毛泽东在讲到社会主义社会是一个很长的历史阶段问题时曾说过:"在时间问题上,与其准备短些,宁可准备长些;在工作问题上,与其看得容易些,宁可看得困难些。这样想,这样做,较为有益,而较少受害。"④这种说法完全符合辩证法思想。毛泽东主要是从阶级斗争的角度来看待辩证法的,但邓小平把这样辩证看问题的观点主要用在社会主义现代化建设上,他认为:"想快,这个意图是好的,但欲速则不达,这是中国的古话。步子稳妥一些,也许速度更快一些。"⑤这是邓小平关于社会主义长期性、艰巨性思想观点中超出具体时限预计的更深刻的含义。

---

①　《邓小平文选》第 3 卷,人民出版社 1993 年版,第 375 页。

②　《邓小平文选》第 2 卷,人民出版社 1994 年版,第 312 页。

③　《邓小平文选》第 3 卷,人民出版社 1993 年版,第 228 页。

④　《建国以来重要文献选编》第 19 册,中央文献出版社 1998 年版,第 501 页。

⑤　中共中央文献研究室编:《邓小平年谱》(1975—1997)下,中央文献出版社 2004 年版,第 732 页。

（六）邓小平南方谈话关于社会主义长期性、艰巨性思想观点的确立，绝不是淡化和模糊了共产主义的远大理想，而是把远大理想赋予更科学的解释，放在了更加坚实可靠的基础之上

根据邓小平南方谈话关于社会主义长期性、艰巨性的思想观点，建设社会主义，巩固和发展社会主义制度，甚至需要数百年的时间，那未来共产主义的实现，给人的印象确实是更遥远和更渺茫了。但这是社会发展规律使然，它不以人的意志为转移。共产主义不是从天上掉下来的，邓小平的思想认识，恰恰揭示了人类迈向共产主义所必经的长远的路程。

邓小平是一位把理想回归到现实努力上来的坚定的共产主义者。他反复强调：只有物质财富极大地丰富了，才能实现各尽所能、按需分配的共产主义社会。而这样的物质条件是要由共产主义的第一阶段——社会主义社会创造出来的，因此社会主义必然是"一个很长很长的历史阶段"[1]。"贫穷不是社会主义，更不是共产主义。"[2]1958 年出现的"公共食堂，吃饭不要钱，就是共产主义"的说法，赫鲁晓夫讲的"土豆加牛肉"的共产主义，都是对共产主义的曲解，都是以一种非常低的标准来看待共产主义。邓小平说，赫鲁晓夫讲的"共产主义"，"欧洲不少国家恐怕在一百年前就实现了"[3]。这当然不是科学共产主义。邓小平非常务实，在他看来，只有在经过长期艰苦的努力，当中国的经济达到中等发达国家水平的时候，才可以理直气壮地讲社会主义优于资本主义，这也才向共产主义更靠近了一步。

（七）对指导人们为社会主义事业长期不懈地努力奋斗，具有指导作用

邓小平南方谈话关于社会主义长期性、艰巨性的思想观点，以深刻的含义告诫人们，为了把我国建成一个富强、民主、文明的社会主义现代化国家，为了充分显示社会主义的优越性，为了最终实现人类最美好的理想——共产主义社会，必须一代接一代地"坚持不懈地努力奋斗"，不能急于求成，不能超越阶段，不能靠主观臆想。要冷静地分析客观情况，根据中国具体国情，放眼世界先进水平，定出阶段性的战略目标，逐步实现最终目标。

---

[1]　《邓小平文选》第 3 卷，人民出版社 1993 年版，第 171 页。

[2]　中共中央文献研究室编：《邓小平思想年谱》，中央文献出版社 1998 年版，第 188 页。

[3]　中共中央文献研究室编：《邓小平思想年谱》，中央文献出版社 1998 年版，第 369 页。

"路漫漫其修远兮,吾将上下而求索。"这是我们民族的伟大先哲留给后人的宝贵遗训。经过几十年的探索,我们终于更加清醒地看到建设社会主义的长期性和艰巨性,形成了比较完整的中国特色社会主义理论体系,中国的改革开放和现代化建设事业终于走上健康快速发展的轨道。每一个真正的共产党人、每一个真诚的社会主义者,都应当继承并发扬这一勇于求索的优秀传统,虽千年不移赤子之心,纵万难不坠凌云之志,以热爱社会主义、贡献全部力量建设社会主义为最大光荣,以背离社会主义、损害社会主义为最大耻辱,脚踏实地、披荆斩棘、勇往直前,把社会主义的伟大事业坚决进行到底。

参考文献

[1] 中国共产党第八次全国代表大会文献.北京:人民出版社,1957.

[2] 毛泽东.毛泽东文集(第6～8卷).北京:人民出版社,1999.

[3] 十一届三中全会以来党的历次全国代表大会中央全会重要文件选编(上、下).
　　北京:中央文献出版社,1995.

[4] 周恩来.周恩来选集(下).北京:人民出版社,1981.

[5] 刘少奇.刘少奇选集(下).北京:人民出版社,1989.

[6] 薄一波.若干重大决策与事件的回顾(下).北京:中共中央党校出版社,1993.

[7] 逄先知,金冲及主编.毛泽东传(1949—1976)(上、下).北京:中央文献出版
　　社,2003.

[8] 中国共产党历史第2卷(1949—1978)(上、下).北京:中共党史出版社,2011.

[9] 龚育之,石仲泉,等.马克思主义中国化研究——历史进程和基本经验.北京:
　　北京出版集团公司北京人民出版社,2009.

[10] 龚育之党史论集(上、下).长沙:湖南人民出版社,2009.

[11] 中共中央文献研究室编.毛泽东思想年编.北京:中央文献出版社,2011.

[12] 石仲泉.我观党史.济南:济南出版社,2001.

[13] 石仲泉.我观党史二集.北京:中共党史出版社,2008.

[14] 石仲泉.我观毛泽东.北京:中共党史出版社,2004.

[15] 石仲泉.我观邓小平.北京:中共党史出版社,2004.

[16] 中共中央文献研究室编.刘少奇论新中国经济建设.北京:中央文献出版
　　社,1993.

(作者单位:浙江医药高等专科学校社科部)

当代中国文明发展理路

——科学发展观与中国特色社会主义文明构建

罗浩波

科学发展观作为一种新型社会文明观，是对马克思主义社会文明发展观的继承和发展，是对西方发展理论和资本主义发展模式的扬弃和超越，是对传统社会主义发展经验教训的深刻总结。科学发展观具有"人本、科学（全面协调可持续）、和谐、和平"的文明意蕴和深邃的世界眼光，对于中国特色社会主义文明构建具有重要指导价值。

一、科学发展观的科学本质、文明意蕴及其价值诉求

正确认识发展的本质，是把握科学发展观精神实质的关键。国外发展理论依据其对发展本质的不同认识形成了三代不同的发展观，[①]即第一代把发展等同于经济增长的发展观，第二代把发展等同于经济增长加社会变革的发展观，第三代把发展等同于以人为中心的综合发展的发展观。当代西方主流发展理论的研究视角，从经济增长到社会发展再到人类发展，从欧美中心主义到发展道路多样化，从关注发展速度到注重发展后果的转换；[②]强调发展的全球性、知识性、主体性、参与性、超越性，呈现出多学科、理性化的趋势与特征。但是，这些发展理论研究的目的在于将落后国家的发展纳入战后的资本主义世界体系，虽也注重了发展内涵和发展道路问题，而对发展背后的更深层次的社会阶级矛盾问题，特别是资本主义制度所固有的矛盾问题关注不足或刻意回避，具有一定的局限性；其所提倡的

---

① 　郭代模：《科学发展观的形成及其本质》，《学习时报》2011 年 6 月 26 日。
② 　曹荣湘、邓翠华：《国外发展观的历史演进与视角转换》，《中共天津市委党校学报》2007年第 2 期。

"以人为中心"的发展，往往是抽象的人的发展，对人特别是下层社会和发展中国家人民的生存权、发展权没有给予足够的重视，具有一定的片面性；另外，在关注发展所带来的社会、环境等问题的同时，对发达国家和发展中国家的责任认识不清，使得这些问题的解决面临巨大的阻力。所以，当代西方主流发展观及其指导下的西方工业文明发展模式，在留下有益启示的同时，也存在着许多自身难以克服的缺陷和弊端。[①]

科学发展观最大的优势和生命力恰恰在于强调发展的"科学性"。中国共产党人提出的科学发展观是对资本主义发展模式的根本扬弃，[②]既不同于把发展视为无质变的经济增长的西方第一代发展观，又不同于离开解放和发展生产力进行社会变革的西方第二代发展观，也不同于抽象谈论以人的发展为中心的西方第三代发展观，而是形成了具有中国特色的马克思主义的发展观，不但突出了发展的本质，而且坚持了"一个中心"，强调了"两大动力"，以及全面、协调、可持续的三大基本特征，不仅把握了发展的核心问题，也从根本上把握了时代的主题、国家的主题、人民的愿望和中国式现代化建设的本质。

科学发展观具有"人本、科学、和谐、和平"的文明意蕴和双重价值诉求。"发展"就是进步，人类及其社会进步的成果和状态就是"文明"。所以，科学发展观就是一种文明观，具有"人本、科学、和谐、和平"的文明意蕴和深邃的世界眼光，对于社会文明构建具有重要指导价值。科学发展观是对当代世界发展理论的借鉴与超越，是对社会主义文明建设经验的总结与提升。在当代中国，科学发展观文明意蕴的理论诉求，就是要从本质上揭示中国特色社会主义文明发展的规律性，构建中国特色社会主义文明理论体系；科学发展观文明意蕴的实践诉求，就是要揭示中国特色社会主义文明选择人本、科学、和谐、和平发展道路的必然性，指正一条实现中国民族伟大复兴的正确路径。

二、中国特色社会主义文明体系的理论构建

中国特色社会主义文明体系，是以马克思主义的辩证唯物主义和历史

---

① 周穗明：《西方发展观的反思与新发展主义的兴起》，《岭南学刊》2002 年第 6 期。
② 陈学明、罗骞：《科学发展观与人类存在方式的改变》，《中国社会科学》2008 年第 5 期。

唯物主义为哲学基础，以中国特色社会主义理论体系为指导，以当代中国化马克思主义文明观理论为主要内容，围绕建设中国特色社会主义文明这个中心主题，初步回答了"什么是中国特色社会主义文明，怎样建设中国特色社会主义文明"这一基本问题，形成了一系列相互联系的基本范畴、基本观点、基本理论，构成了一个相对完整的科学理论体系，其初步构架可以归纳为以下几个方面。

（一）中国特色社会主义文明体系的理论基础——马克思主义文明哲学①

马克思主义哲学即辩证唯物主义和历史唯物主义是我们构建中国特色社会主义文明体系的哲学基础。运用这一科学世界观和方法论对人类文明问题进行反思所形成的马克思主义文明哲学，为我们认识和构建中国特色社会主义文明体系奠定了更加直接的理论基础，提供了科学的世界观和方法论指导。

（二）中国特色社会主义文明体系的形成和发展

中国特色社会主义文明体系是适应改革开放和社会主义现代化建设的时代需要而逐渐形成的。党的十一届三中全会以来，"中国特色社会主义"始终是贯穿我国改革开放和社会主义现代化建设过程中的一条主线，而这条主线最鲜明的标志就是"文明"。"两个文明"都搞好才是中国特色社会主义的科学论断，为中国特色社会主义文明体系的构建奠定了思想基础；"社会主义政治文明"概念基础上形成和"三个文明"全面协调发展的思想，进一步拓展了中国特色社会主义文明体系的科学内涵；构建社会主义和谐社会的重大战略思想基础上形成的中国特色社会主义事业"四位一体"的战略布局和"四个文明"的思想，标志着中国特色社会主义文明体系的初步形成；而基于建设社会主义生态文明所形成全面建设小康社会的"五位一体"奋斗目标和"五个文明"科学发展的思想，是对中国特色社会主义文明体系的丰富、发展和完善。

---

① 罗浩波：《马克思主义文明哲学的深层理论构架》，《天府新论》2008 年第 5 期。

（三）中国特色社会主义文明的系统结构

马克思主义文明观认为,社会文明是一个有机的整体,是由各种要素所构成的严密系统。由于人类社会是由生产方式、上层建筑、社会意识形式、自然环境和人口五大基本要素构成的有机整体,与此相对应,人们在经济建设、政治建设、文化建设、狭义社会建设、生态建设实践中所取得的积极成果分别构成物质文明、政治文明、精神文明、狭义社会文明、生态文明这五大文明。[①] 从系统论的角度看,中国特色社会主义文明是一个总系统、大系统,是由中国特色社会主义物质文明系统、政治文明系统、精神文明系统、狭义社会文明系统、生态文明系统等若干个相互联系、相互影响的子系统所构成的。每个子系统又有自己的构成要素、相互联系和运行机制。

（四）中国特色社会主义物质文明系统

物质文明是中国特色社会主义经济领域发展进步的过程和结果。经济领域包括社会物质生产和再生产领域。所以,广义的物质文明系统包括生产力文明和生产关系文明,是两者的有机统一。具体来说,物质文明系统的构成要素包括生产文明或狭义物质文明(通常意义上的物质文明)、分配文明、交换文明或市场文明、消费文明等。这些要素相互联系、相互作用,共同推动中国特色社会主义物质文明的发展和进步。

（五）中国特色社会主义政治文明系统

政治文明是中国特色社会主义政治领域发展进步的过程和结果。作为中国特色社会主义文明体系的一个子系统,政治文明系统包括政治意识文明、政治制度文明和政治行为文明等基本要素,是这些要素的有机统一。中国特色社会主义政治文明的各种要素相互联系、相互作用,共同推动整个政治文明系统的发展和进步。

（六）中国特色社会主义精神文明系统

精神文明是中国特色社会主义文化领域发展进步的过程和结果。精神文明是精神形态的社会文明,作为一定社会中的人们在改造客观世界的

---

① 罗浩波:《社会文明学导论》,浙江大学出版社 2008 年版,第 100—101 页。

同时改造主观世界所取得的所有积极的精神成果的总和,它标志着社会在精神方面的进步程度和开化状态。社会精神文明是一个庞大的系统,其中包含着许多的具体精神产品或精神成果。精神文明系统的构成因素是非常复杂的、丰富的。一般来说,精神文明系统由两大子系统构成:一是思想系统;二是文化系统。精神文明系统是两者的有机统一。

(七)中国特色社会主义社会文明系统

社会文明即"社会生活文明"的简称,是指小社会领域的进步状态,是社会规律在小社会领域作用的过程和结果,是社会文明行为、社会文明过程和社会文明成果的有机统一,是一种非常重要的客观存在的文明。社会生活领域的存在决定着社会生活文明的存在。社会文明系统的基本内容包括四个方面:一是社会要素文明;二是社会环境(自然生态环境、社会秩序、精神生态环境)文明;三是社会实体(个体、家庭、社会群体、社会组织、社区等)文明;四是社会过程文明。中国特色社会主义社会文明的各种要素相互联系、相互作用,共同推动狭义社会文明的发展和进步。

(八)中国特色社会主义生态文明系统

在静态或共时态的角度上,生态文明与物质文明、政治文明、精神文明、狭义的社会文明共同组成了人类社会文明大系统。生态文明是整个社会文明的一个重要组成部分,具有独立的存在形态。生态文明系统包括四个层次的要素:第一个层次是生态意识文明(思想观念);第二个层次是生态行为文明(行为方式);第三个层次是生态制度文明(社会制度);第四个层次是生态产业文明(物质生产)。这些要素相互联系、相互影响,共同推动整个生态文明系统的发展和进步。

(九)中国特色社会主义文明主体及其发展

社会文明的创造过程既是人实现自己的本质力量的过程,也是人的本质历史生成与发展的过程。因此,社会文明的演进与人的发展具有内在的统一性。[①] 人的全面自由发展是中国特色社会主义文明的价值目标。中国特色社会主义的文明结构中蕴含着丰富而深刻的人文特质。

---

① 罗浩波:《略论文明演进与人的发展的统一性》,《理论导刊》2007 年第 3 期。

(十)中国特色社会主义文明全面协调发展

物质文明、政治文明、精神文明、社会文明和生态文明的全面协调发展,构成了中国特色社会主义文明体系的基本内容。物质文明、精神文明、政治文明、社会文明和生态文明是一个有机统一的整体,它们既有各自的特殊领域和规律,又有不可分割的紧密联系,这个联系表现为相互渗透、相互促进、相辅相成、共同推动社会的全面发展和进步。

三、中国特色社会主义文明发展道路的选择

中国特色社会主义文明发展道路,是马克思主义文明理论和当代中国实际以及时代特征相结合的产物,是马克思主义中国化第二次历史飞跃的重大实践成果,是中国特色社会主义文明理论的实践形式。就其在当代中国社会发展中的历史地位以及积极的、进步的、发展的价值取向而言,中国特色社会主义道路也就是中国特色社会主义文明发展道路。

(一)中国特色社会主义文明发展道路的本质

中国特色社会主义文明道路,就是在中国共产党领导下,立足基本国情,以经济建设为中心,坚持四项基本原则,坚持改革开放,解放和发展社会生产力,巩固和完善社会主义制度,建设社会主义市场经济、社会主义民主政治、社会主义先进文化、社会主义和谐社会,建设富强民主文明和谐的社会主义现代化国家。这条道路的主要特征是全面发展、协调发展、创新发展、开放发展、和谐发展、和平发展、人本发展、科学发展。

(二)中国特色社会主义文明发展道路的选择

科学社会主义是中国特色社会主义道路选择的基本原则和理论基础。中国特色社会主义道路作为一条文明发展道路,是在以毛泽东为核心的第一代中央领导集体带领全党全国各族人民建立新中国、取得社会主义革命和建设伟大成就以及艰辛探索社会主义规律取得宝贵经验基础上,由以邓小平为核心的第二代中央领导集体带领全党全国各族人民开创,由以江泽民为核心的第三代中央领导集体带领全党全国各族人民继承、发展,并由以胡锦涛为总书记的中央领导集体带领全党全国各族人民坚定不移继续

推向前进的。

(三)中国特色社会主义物质文明发展道路

从广义上说,物质文明是经济领域发展进步的状态和成果。因此,我们可以把中国特色社会主义物质文明发展道路理解为中国特色社会主义经济发展道路。中国特色社会主义经济发展道路的主要内容由基本经济制度、基本经济体制和经济发展基本战略构成。中国特色社会主义经济发展道路具有科学性、和谐性、开放性和实践性。

(四)中国特色社会主义政治文明发展道路

从文明的角度讲,中国特色社会主义政治发展道路,就是中国特色社会主义政治文明发展道路,其基本含义就是坚持党的领导、人民当家做主、依法治国有机统一,坚持和完善人民代表大会制度、中国共产党领导的多党合作和政治协商制度、民族区域自治制度以及基层群众自治制度,不断推进社会主义政治制度自我完善和发展。

(五)中国特色社会主义精神文明发展道路

中国特色社会主义道路体现在文化上,就是坚持马克思主义在意识形态领域的指导地位,建设社会主义精神文明,发展社会主义先进文化,建设社会主义核心价值体系。坚持"二为""双百"方针和"三贴近"的原则,在马克思主义指导下,引领社会主义文化的多样化发展。深化文化体制改革,促进公益性文化事业和经营性文化产业协调发展,推动社会主义文化的大发展大繁荣。走中国特色的文化发展道路,就是要推动社会主义文化大发展大繁荣。

(六)中国特色社会主义社会文明发展道路

中国特色社会主义发展道路体现在社会建设上,就是按照民主法治、公平正义、诚信友爱、充满活力、安定有序、人与自然和谐相处的总要求和共同建设、共同享有的原则,在以改革促进经济发展的同时,通过深化收入分配制度,健全社会保障体系,完善社会管理,着力解决人民最关心、最直接、最现实的利益问题,使全体人民学有所教、劳有所得、病有所医、老有所养、住有所居,努力形成全体人民各尽其能、各得其所而又和谐相处的局面,推动建设和谐社会,为发展提供良好的社会环境。中国特色社会主社会文明发展道路,就是中国特色社会主义和谐发展道路。

(七)中国特色社会主义生态文明发展道路

从动态或历时态的角度看,人类文明经历了原始文明—农业文明—工业文明几个形态之后,正在转向生态文明。由于中国社会主义初级阶段的基本国情所决定,中国特色社会主义文明发展的历史进程必须经历农业文明—工业文明的历史转变,去完成工业化的历史遗留任务;同时,还必须经历工业文明—生态文明的历史转变,去追赶信息化的历史时代步伐。走生态文明发展道路,是中国特色社会主义发展的价值选择和必由之路。

(八)中国特色社会主义文明的科学发展道路

科学发展,就是坚持以人为本,注重发展的规律性和全面、协调、可持续性,走科技含量高、经济效益好、资源消耗低、环境污染小、人力资源得到充分发挥的新型工业化之路,走城乡及地区差距趋于缩小、经济社会协调、人与自然和谐、国内发展与对外开放互促的发展之路,实现经济社会又好又快地发展。科学发展观第一要义是发展,核心是以人为本,基本要求是全面协调可持续,根本方法是统筹兼顾。

(九)中国特色社会主义文明的和谐发展道路

中国特色社会主义文明发展道路是一条和谐发展道路。社会和谐是中国特色社会主义的本质属性,和谐发展是中国特色社会主义的本质特征。这主要体现在:一是人与自然的和谐;二是人与人(社会)的和谐。

(十)中国特色社会主义文明的和平发展道路

中国和平发展道路的实质内涵是中华文明的复兴;走和平发展道路是符合中国国情的战略选择。中国选择的和平发展道路,是一条在维护世界和平中发展自己、又以自身发展促进世界和平的道路,是一条统筹国内发展和对外开放的道路,是一条勇于参与和平国际竞争又坚持广泛合作的道路。中国的和平发展道路是人类追求文明进步的一条崭新道路,无论是对中国的发展,还是对世界的进步,都具有非同寻常的意义。

(作者单位:浙江国际海运职业技术学院)

城乡统筹背景下进城农民工的社会保障问题探讨

高　君

一、城乡统筹、农民工进城与社会保障三者关系问题

(一)城乡统筹与农民工进城的关系

1. 城乡统筹为农民工进城提供条件

在户籍、土地等制度上形成的城乡分割的二元结构,使城乡生产要素的流动具有单向性和非对等性,城市可以较少甚至无代价地获得农村的劳动力、资金和技术等生产要素,而农村要获得城市的上述生产要素,即使存在可能,也必须付出昂贵的代价。尤其是户籍上形成的二元结构,人为地把农民工排斥在城市之外,他们只能待在农村,靠产权不完整的土地来养活自己。当前,因为人口的大量增加和耕地的逐渐减少,越来越多的农民拥挤在越来越少的耕地上,农业的生产规模、专业化水平和农产品的商品化程度难以提高,使农村大量剩余劳动力难以彻底向城市转移,即使有一部分剩余劳动力流动到城市,也只能成为打工者、"二等公民",无法被城市接纳,不能同城市居民享有平等的生存权利。最终,减慢了城市化发展的步伐,无法实现城乡一体化。统筹城乡就是逐渐打破城乡分割的二元结构,特别是城乡社会保障制度分割的二元结构,让农村社会保障与城市社会保障相互衔接,使进城农民工像城市居民一样享受到国民待遇,从而使其进入并更好地融入城市社会。

2. 农民工进城推动城乡统筹发展

城乡统筹就是要协调推进城镇化和现代化,打破城乡分割的二元结

构,促进劳动力、资本和技术等要素在城乡之间的合理流动。城市化、现代化是世界各个国家和地区经济社会发展的必然趋势和必由之路,是一个国家或地区现代化程度的重要标志。① 然而,真正的城市化、现代化是人的城市化、人的现代化,这意味着城市需要的不仅仅是农民工的强劳动,而是农民工真正地融入城市社会,这才是统筹城乡经济社会发展并最终实现城乡一体化的目标。由于农村的改革和市场经济的发展,农民逐渐成为独立的商品生产者和市场行为主体,他们向往城市生活,梦想着有朝一日能在城市有一席之地,希望自己及自己的孩子也能成为城里人,特别是其中一些受教育程度高的,有较强的城市化倾向。因此,大量农民工走进城市,在城市中定居下来,并逐渐融入城市社会,加快了城市化、现代化发展的步伐,推动了城乡的统筹发展。

(二)农民工进城与社会保障的关系

1. 农民工进城有利于农民工社会保障的建立

城乡二元社会保障是计划经济时代城乡分离政策的重要组成部分,同时,城乡二元社会保障的形成与发展,又巩固了城乡二元分割的经济社会体制。城乡二元结构一方面使得城乡严重分离,农民工虽然在城市打工,却没有城市户口,成为"二等公民",也没有把他们纳入城市社会保障制度中来;另一方面与快速发展的城市化进程和消除城乡之间的藩篱、实现城乡一体化的大趋势格格不入。所以,这种城乡二元结构是农民工进城后社会保障缺失的根本原因,消除城乡二元结构是建立农民工社会保障的根本有效措施。大量农民工进城推动了城乡统筹发展,对于打破城乡二元结构,最终实现城乡一体化新格局起着重要作用。

2. 农民工社会保障是农民工进城的关键环节

长期以来,制约农民工进入城市的制度障碍主要有农村土地产权制度、社会保障制度和户籍制度三个方面,而这其中,社会保障制度是核心。② 农民工进入城市后就与他所依附的土地处于事实上的分离状态,农民工退出农村之所以难,根本原因在于农民工进城后游离于农村社会保障制度之

---

① 本书编写组:《中共中央关于制定国民经济和社会发展第十二个五年规划的建议》辅导读本,人民出版社 2010 年版,第 122 页。

② 高君:《我国农民工养老保险与市民化的制度创新》,《武汉理工大学学报》(社会科学版)2008 年第 6 期。

外的同时,在城市也得不到相应的社会保障。另外,户籍制度虽然割裂了城乡二元结构,但它并不是农民工进城的最大障碍,而是因为养老、医疗、住房等很多福利制度附加其上,使农民工无法享受与城里人同等的待遇。因此,解决农民工进城的社会保障缺失问题,可以使农民工完全融入城市。

(三)城乡统筹与社会保障的关系

1. 社会保障是城乡统筹的一项重要内容

社会保障体系的基本理念是公平、公正和平等,基本目标是减少不平等、促进城乡社会融合一体化。而缩小城乡差距、实现城乡社会公平显然也是城乡统筹协调的题中应有之义。社会保障体系是支撑和促进城乡劳动力市场一体化的重要制度基础。一方面,推进城市社会保障体制改革,逐步把农民工纳入城市社会保障体系,让农民工及其家庭能够顺利融入城市社会;另一方面,加快农村社会保障体系的建设,加大政府对农村社会保障的投入力度,优先解决农民的基本生活保障问题,同时,统筹城乡社会保障体系之间衔接、配套和一体化,实现城乡居民在社会保障方面的平等。

2. 城乡统筹推动了社会保障体系的建立

社会保障作为一项基本制度,是社会的安全网和稳定器,建立完善的社会保障体系已成为现代国家的重要标志。完善的社会保障体系首先应是覆盖城乡居民、普惠全民的社会保障网,其次应是彼此相互联系的多个项目组成的保障网。由于社会保障体系建设受社会经济结构转型、传统社会保障制度等诸多因素的制约,因此在城乡差别彻底消除之前,不可能在短期内迅速建立完全统一的社会保障体系。因而,加快城乡统筹是社会保障体系建立的关键。一方面,城乡统筹有利于推动全覆盖社会保障体系的建立;另一方面,城乡统筹有利于推动完整的社会保障体系的建立。

二、进城农民工社会保障问题分析

(一)农民工进城后游离于农村社会保障之外

一方面,农民工离开农村进入城市实现自我价值的同时也游离于农村社会保障之外。对农民来说,尽管家庭保障功能有所弱化,但其依然是重要的保障形式,承担着农民的基本保障功能。农民家庭保障的最根本元素是土地,一旦农民工离开农村进入城市,则意味着他们放弃了土地的收益和失去了家庭保障这一基本的保护屏障。此外,农村保障中的养老保障制度、合作医疗制度、五保户制度、救济制度等制度,也因为农民工离开农村而失去它们对农民工的保障功能,这就意味着他们如果要在城市里生活,患病、工伤、失业、养老等都只能依靠自己打工所得的微薄收入。另一方面,大部分农民工由于收入水平低和职业流动性大,他们在城市没有属于自己的住所,大多聚居在工棚或集体宿舍里,或者租住在城乡结合部或"城中村"里,缺乏基本的公共设施和卫生条件,而且,扣除房租费、伙食费、交通、通信费、水电、就医及生活用品等费用,所剩无几。生活上的诸多不便使他们很难在城市安居乐业,顺利融入城市更是难上加难。

(二)农民工社会保障参保率低、退保率高、覆盖面小

从农民工社会保障的状况看,虽然农民工参加保险的人数有所提高,但是参保率仍然偏低。据统计,截至 2010 年年底,在全国 24223 万农民工中,参加养老、医疗、失业、工伤等各项保险的人数分别为 3284 万人、4583万人、1990 万人、6300 万人,比上年分别增加 637 万人、249 万人、347 万人、741 万人,但相对于新增的 1200 多万的农民工总数来说参保率仍然较低。①而且各项目的参保率也有明显差异:工伤保险的参保率为 26%,医疗保险的参保率为 19%;养老保险的参保率为 14%;失业保险的参保率为 8%,生育保险等其他项目的参保率几乎为零。随着城镇企业职工基本养老保险关系转移接续暂行办法的实施,农民工大量退保问题有所缓解,但退保问题依然没有得到根本解决,其原因与进城农民工的职业流动性较强和工作稳定性较差密切相关。

(三)农民工社会保障项目少、转续难

目前进城农民工参加的保障项目与城市职工相比仍然偏少。在社会保险方面,同城市职工相比,农民工参加的保险项目主要以工伤保险为主,其次是医疗保险,参加养老保险、失业保险及生育保险的则很少。统计数据表明,2009 年安徽省外出农民工达 1200 万人,而截至 2009 年年底,全省

---

① 中华人民共和国人力资源和社会保障部:《2010 年度人力资源和社会保障事业发展统计公报》,中华人民共和国人力资源和社会保障部网,http://www.mohrss.gov.cn/,2011 年 7月 20 日。

农民工参加工伤保险的有 97.6 万人,参加基本医疗保险的有 50 万人,参加养老保险的人数为 20 万人,参加失业保险的有 15 万人。[①] 在社会福利制度方面,同城市职工相比,进城农民工的住房保障、就业培训、子女义务教育等很多社会福利项目缺失或基本缺失。此外,在城乡二元结构背景下,因为社会保障"碎片化"和农民工数量多、流动性强等特点,社保关系转续困难。尽管城镇企业职工基本养老保险关系转移接续暂行办法在一定程度上缓解了矛盾尖锐的农民工养老保障转续问题,但还有很多尚待解决的问题,包括手续繁琐、人为障碍,以及未必一定会促进全国统一的养老保障体系形成。

(四)农民工社会保障立法多空白、层次低、权威性差

我国目前尚没有一部全国性的、综合性的社会保障法。现有的针对农民工的社会保障中关于社会救济、社会福利等方面几乎都处于立法空白的状态,其立法所覆盖的项目也仅限于劳动和社会保险方面,造成社会保障制度的运行缺少足够的法律支撑。而现有颁布的各种与社会保障相关的法律、条例、决定和通知等,关于农民工社会保障问题的明确规定还极其少,关于农民工的社会保障立法主要还是依靠地方政府规章和规范性文件。同时,社会保障法作为一个独立的法律,应有自己完整的体系,理应由国家最高立法机关——全国人民大表大会来制定,作为其中的重要组成部分之一,农民工社会保障立法也不例外。但现实情况表明,全国人大立法极少,立法层次低,而且,近些年来我国各级政府及有关部门颁布的涉及农民工社会保障方面的法规虽多,但大多以"条例""决定"等形式出现,缺乏法律的权威性和稳定性。

三、推进农民工进城的社会保障的对策建议

(一)建立进城农民工社会保障制度

1. 建立社会保险制度

由于农民工在城市所从事职业的特殊性,应首先解决其工伤保险、医

---

① 丁玲娜:《农民工社保参保率低症结在哪》,《安徽日报》2010 年 10 月 14 日第 3 版。

疗保险和养老保险问题,完善其失业保险、生育保险制度,循序渐进,逐步到位。其次,从提供最基本的生活保障出发,要合理确定农民工的保险待遇水平。工伤保险的待遇应与城市职工的待遇相同,因为他们所从事的工作主要在条件较差的外部劳动力市场,面临着远比城市职工大得多的职业风险。养老保险待遇水平可低于城市职工的养老金水平,因为农民工的工资较低,他们的消费水平一般也低于城市居民,过高的保险费用会使农民工负担过重。最后,在城乡统筹发展的背景下,应明确这一制度只能是过渡性的,随着农民工在未来的消化与转移,最终会与城市社会保险制度对接,实现城乡社保一体化目标。

2. 建立社会救助制度

建立进城农民工的社会救助制度,主要是建立最低生活保障制度和法律救助制度。最低生活保障制度是国家对收入水平低于最低生活保障线而生活困难的居民实施的一种无偿救助制度,当农民工基本生活难以为继时,国家也有义务对其实施救助。但目前将农民工完全纳入城市最低生活保障制度的条件还不成熟,有必要采取更灵活的做法。例如,从年龄因素考虑,针对传统农民工,由于其大多工作稳定且年龄偏大,应考虑将其纳入城市生活保障制度中来,按规定享受与城镇职工统一的待遇;针对新生代农民工,由于其流动性较大、活动性较大、年龄普遍较小且对社会保障要求高和对社会适应程度低,对他们的社会救助不应该是单纯的经济救助,而应考虑得更多一些。比如,可考虑建立"公共劳动"形式的最低生活保障体制。

3. 建立社会福利制度

进城农民工社会福利相当缺乏,他们在城市的住房保障不充分、精神生活也不充实。国家和各级政府应该主要从农民工就业培训福利、农民工子女义务教育福利、住房保障福利来解决农民工的福利问题。一是为农民工就业提供培训教育的平台,通过建立多元化的农民工培训机制,对进城农民工有针对性地进行职业、技术培训,提高他们的就业能力。二是为农民工子女提供受教育的条件,可通过扩大城市教育容量,促进基本公共教育的均等化,将农民工子女教育纳入城市的教育发展规划等措施,保证农民工子女能在城市中享有正常的教育机会。三是为农民工提供"住有所居"的保障,可采取分层分类的方式将农民工逐步纳入城市住房保障体系中来。

(二)建立进城农民工社会保障关系转续机制

1. 完善信息管理系统

为了能够实现进城农民工社会保障关系顺畅地转移接续,要进一步优化社保信息管理系统,实现社保各经办机构的联网和信息互通,保证社会保障信息系统内各子系统数据信息的有效快速对接。建立中央数据库,尽可能多地收集参保的进城农民工的信息和数据,从而实现全国所有的终端站点的相互交流、实时的办理,并逐步实现各地计算机网络统一平台、统一数据库。

建立信息查询系统,实现全国范围内农民工社会保障的可携带性。农民工在全国各个社保经办机构输入自己的社保号码就可以查到本人的参保缴费等权益记录信息。

2. 提高统筹层次

社会保障统筹层次越高,越有利于进城农民工的流动。我国除基本养老保险基金基本做到省级统筹外,其他四项社会保险基金的统筹层次多数地方还处于县(市)一级,这不仅有悖于社会保障的社会共济原则,也给社会保障关系跨地区转移带来了很大的困难和风险。以养老保险为例,《城镇企业职工基本养老保险关系转移接续暂行办法》实施之前,在我国220多个地级城市间的2000多个统筹单位互相转移几乎不可能,但办法实施后,实现基本养老保险关系在31个省、直辖市、自治区之间的转续则相对容易操作一些。同时,通过统一全国的缴费记录和格式,全国执行统一的数据标准和应用系统。以医疗保险为例,其异地转续流动结算的重要性和迫切性不亚于养老保险,但目前这方面的进展较之养老保险显得更加滞后,其"画地为牢"的割裂破碎程度也更加严重。统一全国的缴费记录和格式后,进城农民工异地就医便可方便结算。

(三)建立进城农民工社会保障法律法规制度

加快推进进城农民工社会保障的立法工作。国家的法制规范,不仅为推进国家社会保障制度的发展提供权威的依据,而且是对社会保障制度的可靠性、安全性的最高担保,从而是新型社会保障制度定型发展的必要条件,也是城乡居民对社会保障制度抱有信心的必要保证。必须打破现有社会保障政策"划疆而治"的格局,建立全国统一的农民工社会保障法律法规,增强法律政策的权威性。用法律的形式明确企业的社会保障责任、和政府部门的社会保障责任(政府承担的财政责任和政府监督责任),规范社会保障各参与主体之间的关系,确保在实施农民工社会保障制度时有法可依,确保公正、公平、有效地执行社会保障制度,维护进城农民工的合法权益。

(作者单位:浙江农林大学)

文化服务业人力资源开发的现状、问题及新模式构建*

——基于瓯江文化发展中人才瓶颈问题的调查与思考

张祝平

本次调研的文化人力资源是指具有一定的专业知识或专门技能,从事文化及相关服务领域工作,并在本职岗位上作出贡献的人(文中简称文化人才)。主要按照《浙江省文化服务业"十二五"发展规划》中确定的阅读服务业、广播电视服务业、动漫服务业、网络文化服务业、演艺娱乐服务业、群众文体服务业、文化旅游服务业、艺术品鉴赏服务业、创意设计服务业、文体用品流通业、文化会展服务业、广告策划业等12个类别,在丽水市直和九个县(市、区)文化企业开展抽样调查,抽查样本300家,约占全市文化及相关服务单位的34%,对全市文化服务业中有代表性的142家行业企业进行了问卷调查和深入访谈,抽样调查文化人才644名。

一、现实状态分析

(一)基本构成

根据丽水市统计局2010年发布的《丽水文化产业发展现状分析》及相关资料显示,全市共有文化产业单位7417家,其中法人单位1730家,个体户5687家,文化产业从业人员6.07万,占全市社会从业人员的4.1%。其中文化人才数约为2.1万,占从业人员总数的34.6%。全市文化服务业单位875家,占文化企业法人单位数的50.58%,文化服务业人才约0.92万

* 基金项目:2011年度浙江省人力资源和社会保障科学研究项目文化服务业人力资源研究——基于丽水"绿谷文化"发展中人才瓶颈问题的调查(R2011D030)。

人,约占全部文化人才总数的 43.8%,文化服务业已成为丽水文化产业发展的重要组成部分(见表1)。

表 1　按文化产业大类分的文化企业与从业人员分布情况

指标名称	单位数(家)	比重(%)	从业人数(人)	比重(%)
总　　计	1730	100	33622	100
一、核心层	442	25.5	5647	16.8
2. 出版发行和版权服务	77	4.5	1366	4.1
3. 广播、电视、电影服务	39	2.3	1640	4.9
4. 文化艺术服务	326	18.8	2641	7.9
二、外围层	492	28.4	3452	10.3
5. 网络文化服务	11	0.6	145	0.4
6. 文化休闲娱乐服务	312	18.0	2149	6.4
7. 其他文化服务	169	9.8	1113	3.3
三、相关层	796	46.0	24523	72.9
8. 文化用品设备及相关文化产品的生产	721	41.7	23404	69.6
9. 文化用品设备及相关文化产品的销售	75	4.3	1119	3.3

注:据丽水市第二次经济普查相关数据整理而成。

1. 行业分布情况

从调查情况看,文化服务人才相对集中在文化旅游服务业、广播电视服务业、阅读服务业、演艺娱乐服务业、文体用品流通业等领域,动漫服务业、创意设计服务业、文化会展服务业、艺术品鉴赏服务业等领域人才缺乏(见图1)。

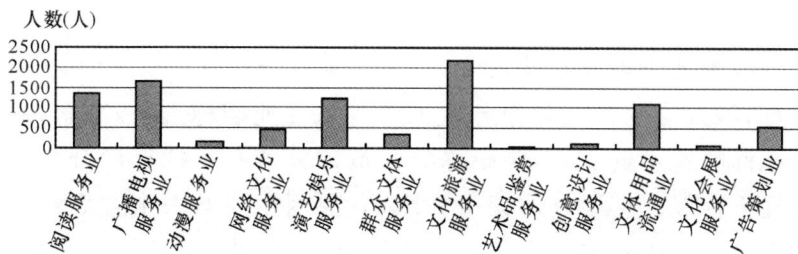

图 1　文化服务业人才行业分布情况

2. 年龄结构情况

整体上看,丽水市文化服务业人才基本都是年富力强的中、青年,有81.3%的人年龄在40岁以下。这种年龄结构与文化服务业作为新兴产业比较适合年轻人群的特征相吻合。年轻人富有创造性,精力旺盛,思维活跃,大批年轻人群的集聚预示着丽水市文化服务业发展的潜力巨大(见图2)。

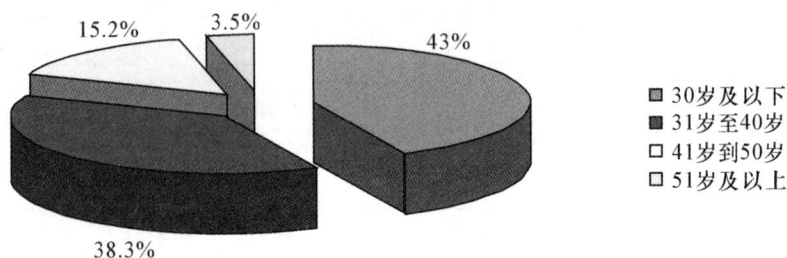

图2　文化服务业人才年龄结构情况

3. 学历构成情况

目前,全市从事文化服务业的人才以中专和高中及以下学历者居多,高学历人才比例偏低。这种现象一方面是因为文化服务业是新兴产业,目前处于成长期,人才有一个逐步集聚的过程;另一方面是依照行业发展特点,文化服务业所需人才更多的是要具备较强的实践能力,学历与能力不一定成正比(见图3)。

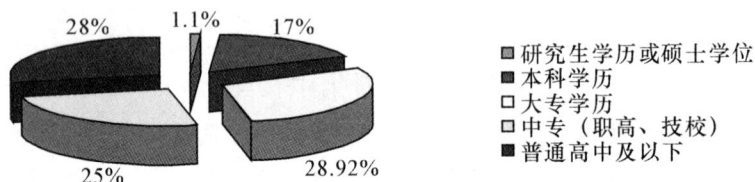

图3　文化服务业人才学历构成情况

4. 专业技术职称构成情况

调查显示,丽水市文化服务业人才具备专业职称人员较少,特别是有中高级职称的人才更少,未获职称的人员占人才总量的近四分之三,职称结构明显不合理。在调查访谈中发现,其原因主要有两个方面:一是由于丽水市文化服务业人才的学历层次不高,年龄较小等;二是专业技术职称设置系列的问题,大部分文化服务业人才没有相应的职称系列可以参评,只能在新闻出版、工艺美术、工程等几个相对接近的专业技术职称系列参加职称评审，而类似动漫网游设计、影视制作、会展、广告等专业，没有设置相应的专业技术职称评审系列，无法获得职称(见图4)。

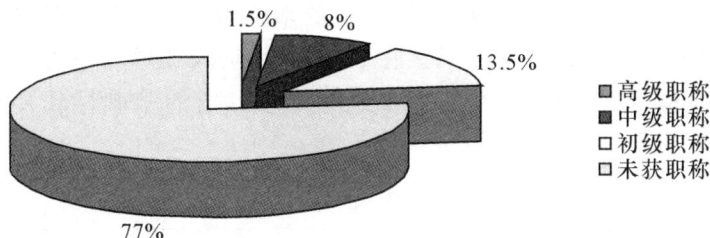

图4　文化服务业人才职称结构

(二)需求状况

1. 人才需求

调查显示，有70％的企业存在人才紧缺问题。从总体上看，全市高层次和复合型文化服务业人才比较紧缺，主要是领军人物稀缺，更没有形成文化及相关服务业的精英团队；缺乏既懂文化建设又懂经营管理，擅长项目策划、文化经纪、市场营销、资本运作的复合型人才，尤其是具有丰富经验的高层次、高素质的经营管理人才严重缺乏；缺乏技术程度较高、具有特殊专业技术的人才，尤其是研发设计人才；缺乏核心的创意人才和市场推广人才等。产业领军人才稀少和高层次、复合型、创新型人才缺乏，使整个文化产业发展缺乏稳定的人才保障和智力支持，成为丽水文化服务业可持续发展的制约因素(见图5)。

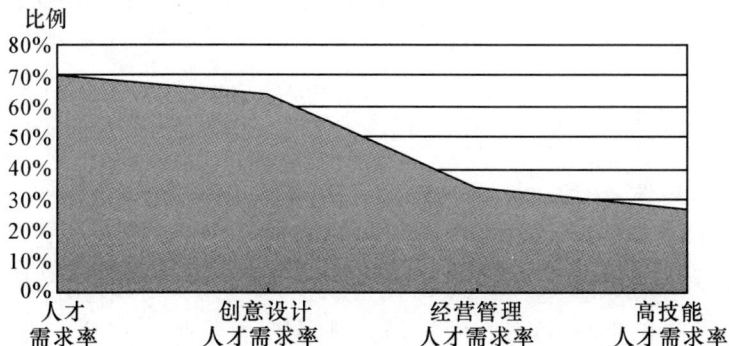

图5　文化服务业人才紧缺状况

2. 人才引进

从调查情况看,丽水市文化人才引进主要还是以传统的人才招聘方式为主,专业性和针对性不够强,效果也较一般。90%的企业认为目前人才来源渠道不畅通,符合企业需求的人才难找。目前,丽水市没有从事文化领域的人才服务机构,没有面向文化领域的专业人才市场或专场人才招聘会,人才市场缺乏专业性和针对性,文化人才市场的基础性作用得不到发挥(见图 6)。

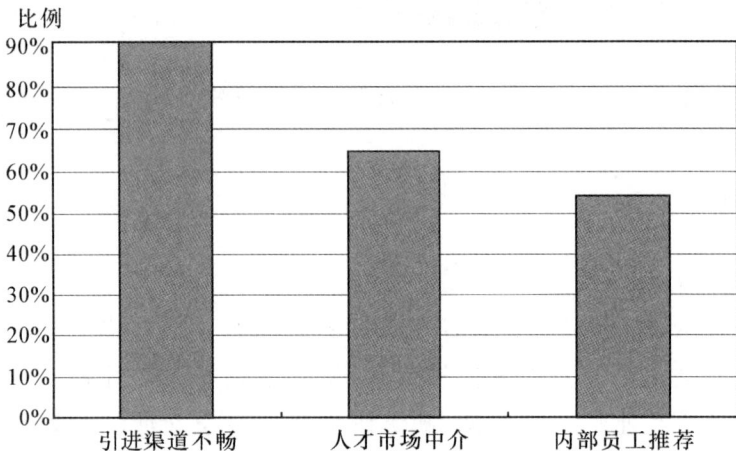

图 6　文化企业员工引进状况

3. 人才激励

从问卷调查看,文化企业普遍注重物质奖励和精神奖励相结合,给人才以发展空间,68.5%的被调查企业对人才采取职位晋升的奖励,59.8%的企业给予人才一般性物质奖励,46.7%的企业给予精神奖励,18.5%的企业给予重奖。

(三)人才诉求

1. 创业环境

针对影响文化企业引进人才主要原因的问卷调查中,76.1%的被调查企业和50.8%的被访人才认为创业环境和政策是主要的制约因素之一,72%的被调查企业和65.5%的被访人才认为丽水吸引文化产业人才措施一般,还有提升空间(见图 7)。

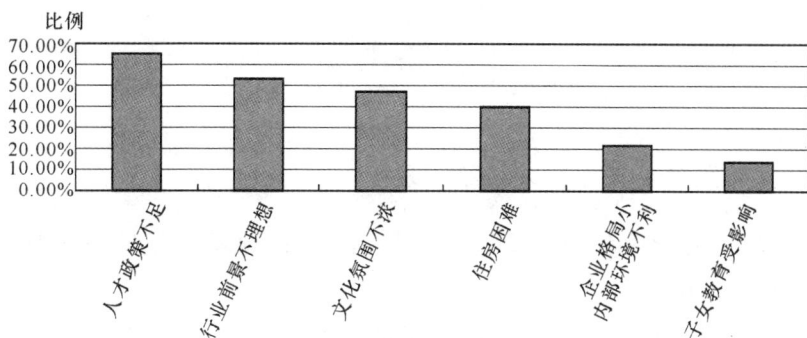

图 7　创业环境相关影响因素

2. 薪酬水平

在问卷调查中,66.3%的被访人才和68.5%的企业认为待遇及收入不高是影响文化人才引进的主要原因。在被访的文化人才中,月工资在3000元以下的占46.5%,在3000~5000元的占35.5%,5000~7000元的占10.1%,在7000~10000元和10000元及以上的分别仅占被访者的4.3%和3.7%。2010年丽水市城镇集体以上单位在岗职工年平均工资为44979元。据此标准,丽水市文化服务业人才总体薪酬满足度偏低(见图8)。

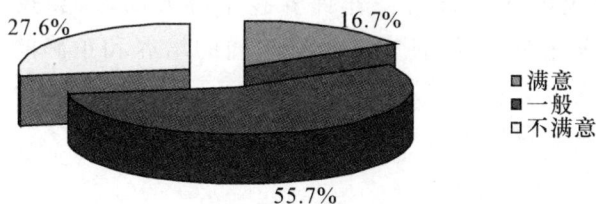

图 8　薪酬满意状况

3. 人才流动

调查表明,人才流动的主要原因之一是基于对所在区域行业发展前景的不乐观。在导致行业发展水平不理想主要原因的问卷调查中,69%的被调查企业和47%的被访者认为原因在于政策扶持力度不够和区位优势不明显。对于丽水市文化产业的发展在全国所处的地位,80.4%的被调查企业和76.4%的被访者认为处于中等及偏下的水平。对于人才流动的目的地,大部分人才表示如果离开丽水,将选择到杭州、北京、上海、苏州、广州、深圳等文化服务业发达的大都市发展。

二、问题探讨

(一)文化服务业专业人才供给不足

支撑丽水文化服务业扩量提质的"三类人才"供给不足现象尤其突出。

1. 文化创意人才不足

文化创意人才就是有能力将抽象的文化、概念、创意转化为实际的产品的人才。包括手工艺、设计、时尚、广告、电影、音乐、表演艺术、出版、软件,以及电视节目制作、广播节目制作等诸多部门的创作型人才。与传统产业人才的培养方式不同,好的创作型人才无法通过规则性的约束,泰勒的机械式的管理来产生,不仅需要长时间的培养和磨炼,更需要创作者本人的灵感和个性发挥。丽水此类创作型人才较为匮乏。

2. 文化服务业专业技术人才不足

文化服务业专业技术人才是指满足于文化服务业设备操作要求,设备改进创新要求的技术工人和技术专家。例如印刷技术、影视工程技术、软件制作技术、大型游乐场设备操作保养技术等方面,这类技术人才培养对天分和灵感要求相对较低,只要有足够时间的培养和正确的教育训练就能够产生。但丽水没有开设这些专业的学校,也缺乏相应的产业集群地,在工作实践中来培养这样的人才。

3. 文化经营管理人才不足

相对于其他产业,文化服务业在管理上一定要适应文化行业自身的特点和运行规律。例如文化企业所服务的客户群体主要是大众,企业运营一般需要各种不同层次、不同学历、不同专业的人才组合,所以特别需要懂得如何服务好客户,善于调节企业内部各工种之间关系的管理者。由于丽水本地并没有开设相关的管理课程的学校,文化服务业起步也比较晚,合格的特别是优秀的管理人才比较缺乏。

4. 文化人才外流现象严重

丽水市属于浙江省欠发达地区,经济发展在全国属于中等水平,各行业待遇本来就不如沿海发达地区。再加上目前全国各地都在大力发展文化产业,特别是东南沿海等发达地区更是如此,北京、上海、杭州、江苏省、广东省等省市都是高薪引进人才,提供各种条件和平台给文化创意人员安家落户。在这种背景下，丽水的文化人才外流现象屡见不鲜。

(二)文化人力资源管理存在不足

1. 没有形成独立的人才自我培养机制和系统

文化人才大部分需要从传统产业转移，缺少体系内的自我造血功能。从学科建设上来看，丽水本身高等教育资源有限，现有的两所高校都没有开设文化产业或文化服务专业，培养专门为文化产业服务的专门人才。文化产业相关学科(专业)的建设起步也比较晚，除了中文、旅游、音乐、体育、美术、文秘、装潢设计等老专业外，新闻、动漫设计、游戏设计、主持、剧本创作、会展服务等专业都还停留在筹划阶段。从企业培养来看，丽水的文化服务企业起步较晚，缺少大型企业，实力一般较弱，多采用人才引进的用人方式，缺乏独立培训的能力。总体来看，丽水的文化服务业发展形势虽然良好，但是用人现状不理想，产业不成熟，人才的吸引力不够，一些人才在流动中存有顾虑。

2. 人才流动市场化程度低

目前，丽水文化人才流动没有专门的市场媒介，没有专门从事文化人才服务的机构，人才与企业之间一般通过综合性的人才服务机构进行交流，效率低，针对性差。用人基本上都是采用不定期的招聘、校园招聘或从其他企业挖角的方式。这些方式都不够灵活，比如招聘信息传播范围有限，特别是报名时效有严格限制，不方便随时引进人才，职位产生空缺也不便随时填补。这也造成了很多文化企业的岗位是通过熟人介绍、推荐等非市场化的方式聘用。这种非市场化操作很多时候会带来雇佣关系产生后双方不满意却无法轻易解除合约的不良后果，影响了文化企业的正常运作。

3. 管理模式缺乏创新

文化企业需要高层次、复合型的经营管理人才。由于很多文化产品的优劣具有主观判断性特点，而不能依靠传统的质量控制手段来把握，所以管理人员本身必须具备一定的专业水准来判断员工的成绩，除此之外还必须具备一般管理的知识和技巧。这种管理人才一般只能从产业内部产生，需要较长时间的培养和自我的成长，所以高水平的管理人才不多。现阶段丽水文化企业的管理水平还有待进一步提高。一方面，对员工的管理往往是行政等级式的管理，忽视员工的创造性，忽视给员工提供一个可供其施展才华的平台；另一方面，忽视研究文化服务业从业人员的心理特点、职业需求以及价值实现需求，在工作环境、管理模式、职位晋升、薪资安排、团队协作等方面未能贴合员工需求，从而未能有效激励员工贡献其最大价值。

三、对策建议

(一)构建多层次的人才培养体系

1. 发挥党政部门的引导作用

党政有关部门在文化人才培养中起引导作用，学校和社会办学机构起主渠道作用，文化企业起基础性作用，行业组织和学术团体也能起到重要的推动作用。尤其是党政有关部门要加强对文化服务人才培养工作的指导，制定文化服务业人才培养措施和相关政策，加强对高校和社会办学机构的引导和扶持，建立与产业发展战略目标相适应、远中近期培养相协调、各层次人才培训相结合的培养机制。要适应丽水市文化服务业整体提升和文化企业转型发展的需求，高起点、高标准面向社会组织形式多样的培训，如：通过聘请国内外文化服务业专家学者授课，重点开展法律法规、产业政策、经营管理、职业技能和技术应用等方面的学习与研究，还可通过多种形式与海外高校建立协作关系，利用它们的人才优势和教育资源，帮助培养培训人才。

2. 重视发挥高校教育优势

瓯江文化源远流长，底蕴深厚，为丽水积淀了丰富的人文资源和众多的智力资源，我们应该充分挖掘、积极整合，努力使丰厚的文化资源转化为强大的文化资本。在此基础上，应力争在文化及相关服务业的人才培养上取得有效突破，争取在本地高等学校中尽快开设文化服务业或文化产业学科（专业），提升原有文化服务相关学科（专业）的办学档次，引进优秀的师资力量；特别是要加强高校文化服务业管理的师资培养、硕士培养和在职职业经理人的培养，促进高校资源向文化人才培养的投入。同时要改进教育教学方法，针对文化服务业从业人员注重创造创新的特点，有目的地培养学生的创新能力和学习能力。文化企业本身则需要加强和规范从业人员的在岗培训力度，积极与高校以及中职学校对接，开展订单式人才培养或共同进行项目开发，建立教学实习、实训基地，建立产、学、研密切合作的运行机制,培养理论水平和实际操作能力双过关的合格人才。

3. 搭建人才学习交流平台

积极鼓励文化企业与社会培训机构联合,发挥好它们在文化服务业人才在职教育培训中的应有作用。行业组织、社会办学机构培训有别于高校的培养,其核心是围绕人才能力的提高和知识的更新,包括学习能力、运用知识能力和创新能力。可以采取脱产集中培训和分散培训相结合的方式,也可以借鉴各地公务员培训超市的做法,形成文化人才培训品牌。还要吸引一批跨国公司、国内外著名培训组织来丽水成立文化培训机构,加强岗位技能培训,提高文化创意企业人员业务水平。还可由政府部门牵头,行业组织出面,定期举办演讲、论坛、沙龙、座谈会、联谊活动等,创造各种学术交流的机会,为文化服务业人才搭建互动交流和学习提高的平台,通过学习交流拓宽视野,提升文化服务业人才水平。

4. 加大文化企业培养人才的力度

文化企业是文化产业人才培养的主体。企业自身要高度重视文化人才的培养工作,针对本行业的特性及实际需求,制订切实可行的人才培养目标和培养计划,采取有效的培养措施,创造良好的继续教育环境,构建人才知识更新、能力建设的培训体系,使在职员工的培训制度化、经常化。要坚持在实践中培养人才,为各类人才锻炼成长、施展才华搭建干事创业的舞台,让他们在实践中增长才干,提高工作技能和自主创新能力。文化企业还应关注人才的不同特点和企业需求,有针对性地实施个性化培养,制定个性化培养使用办法,增强人才培养的实效。

(二)建立人才流动配置机制

1. 适时制定文化服务业人才需求目录

丽水市文化服务业人才总量不足,人才紧缺,但是究竟人才缺口有多大,由于文化服务业是新兴行业,还没有科学规范的统计标准。文化服务业主管部门要加强与人力资源部门、统计部门的合作,研究制定相关统计口径,为更加准确地制定人才引进政策提供参考。将文化服务业人才作为重点纳入丽水市人才引进目录,吸引优秀人才资源流向丽水文化服务业领域。

2. 培育文化人才市场体系

加强人才流动配置的宏观调控,由政府部门统一组织赴境内外招聘高层次文化人才,建立专业化的文化人才服务机构或依托人才中介组织搭建专门的文化人才服务平台,通过举办文化服务业人才专场招聘会,建立文化服务业人才需求信息定期发布制度、高层次人才信息库和领军人才、急需紧缺人才监测预警机制,提高人才市场信息化水平,促进文化服务业人才资源合理有效流动配置。还应着眼长远,筹建海外招才引智工作站或联络处等方式,吸引具有国际视野的高层次文化人才到丽水创业。

3. 完善人才柔性引进措施

坚持引才和引智并举,树立"不求所有、但求所用"的理念,针对产业领军人才等高层次人才匮乏的现状,可以实施灵活多样的人才柔性流动政策,大力实施"引智战略",通过聘请专家顾问或客座教授、短期聘用、咨询、讲学、项目合作等"柔性"引进方式,吸引和聚集省内外的人才和智力,为丽水文化服务业发展提供智力支持,带动和促进本地人才整体素质的提高。

(三)激发文化人才的活力和创造力

1. 完善人才激励机制

在文化产业人力资源管理中,激励是管理的重要方式和手段,只有激励才能激发人的创造热情和能力。激励中最主要的是薪酬激励,因此要构建符合文化产业特点的灵活的薪酬机制。依据激励保健理论,企业的薪酬设计不仅要培养员工对组织的满足感和忠诚度,还应该创造出激励员工奋斗的效果。比如,适当利用股权等长期激励措施。除了薪酬之外,鼓励有能力、有愿望的员工参与企业管理也是另一个激励的重要因素,这样可以使员工的主人翁意识大大增强。除此之外,还可以配合使用情感激励、群体激励等方式。比如,企业可以采用定期举办各种联欢会、文体活动、给员工提供心理咨询,设立领导定期谈心制度等方式关心员工的个人生活,以感情为纽带来增强企业对于员工的吸引力。我们还应注意到,提倡透明、公开、民主、平等的办公气氛,也会进一步激励员工专注于事业和工作。

2. 创建适于文化服务业特色的工作环境和管理模式

文化服务业人才的主要特点在于特别强调主观能动性的发挥,很多文化服务产品都不是靠机械的、日复一日的重复劳动就能产生的,而是依赖创作者日积月累的灵感和突发奇想,所以给员工提供一个舒适的工作环境,高度的时间支配自由将有助于文化企业产出更大的收益。从管理模式来看,团队协作型、指导型和任务型的管理模式更加适合于文化产业企业。

由于丽水大量的文化企业都是新组建的企业,应采用矩阵式等较为灵活的管理组织模式,强调任务和协作,设立工作完成期限和相应的奖惩措施。建立公平合理的绩效管理,发挥绩效管理在薪酬、晋升中的积极作用。为员工设计适合其个人特点的职业生涯规划,提供辅助方案,让员工看到个人在组织中的发展方向和前途。

3. 加强文化服务业的人力资源服务

面对当前文化服务业发展中所出现的一系列人力资源管理方面的问题,政府可以成立针对性的部门或工作组,致力于建立市场化的人才流动平台和社会化人力资源服务体系,扩大对外交流与合作,建立适应文化服务业的人力资源管理体系和机制。借助于研究机构,定期调研本地文化企业的人力资源管理问题。组织开展各种形式、各个层面的文化服务业资源管理专业研讨会和论坛,通过对当前的热点和难点问题的讨论和交流,促进先进管理理念和手段的应用,从管理意识和管理手段上提升文化服务业人力资源管理的整体水平。积极推进和组织开展国内和跨国的文化服务业人力资源信息交流,为文化企业提供更广阔的人力资源选择范围。

(四)营造有利于文化服务业人才发展的舆论环境

加大对文化服务业人才工作的宣传力度,动员社会各方面的力量关心文化服务业人才工作,支持文化服务业人才工作。通过报刊、广播、电视、网络及内部简报、信息,大力宣传本地文化人才工作的政策和措施,注重宣传浙江绿谷优越的自然环境、瓯江文明独特的人文条件和良好的创业环境,广泛宣传丽水文化服务人才工作的先进典型和优秀人才的先进事迹,积极宣传推介文化人才的业绩和成果,不断提高人才的知名度和影响力,塑造丽水重视文化服务人才、倾力吸引文化人才的形象,树立正确的用人导向,提高人才对丽水的认同感,增强对人才的吸引力、感召力和凝聚力,努力营造尊重劳动、尊重知识、尊重人才、尊重创造的舆论氛围,形成鼓励人才干事业、支持人才干成事业、帮助人才干好事业的良好社会环境。

(作者单位:丽水职业技术学院)

加强大学生信仰教育,践行社会主义核心价值观

顾协国   随付国

信仰是人类生活的重要组成部分,其对每一个社会成员的价值判断、追求等方面产生了深刻的影响。《辞海》对信仰的定义为:"对某种宗教或主义极度信服和尊重,并以之为行动的准则。"①《新华字典》中,信仰是指对某种理论、思想、学说极其信服,并以此作为自己行动的指南。②《不列颠百科全书》则将信仰定义为:无充分的理智认识足以保证一个命题为真实的情况下,就对它予以接受或同意的一种心理定势(或态度)。③ 就实质而言,信仰的问题是一个价值和价值观念的问题,但不是一般的价值观念的问题,而是统摄整个价值观念的核心问题,因而也是世界观和价值观、人生观的集中体现。信仰的形态纷繁复杂,但归纳起来却是两大类型:个人人生信仰与社会理想信仰。④ 信仰有盲目的信仰和科学的信仰之分。盲目的信仰是迷信。科学的信仰来自人们对自然界和人类社会发展规律的正确认识。科学的信仰是人类对崇高价值目标的敬仰和追求,关乎一个人的精神境界,关乎一个政党的目标指向,关乎一个民族的兴衰存亡。中国共产党正是由于选择并信仰了马克思主义,才领导中国人民实现了民族独立和人民解放,使中华民族巍然屹立在世界东方。

作为社会主义事业未来建设者的大学生应当树立科学的信仰,即要坚定地信仰马克思主义、共产主义。唯有如此,才能成为现代化事业建设的

---

① 巢峰主编:《辞海》,上海辞书出版社 2002 年版,第 1998 页。

② 引自:http://xh.5156edu.com/html5/72274.html。

③ 国际中文版编辑部编译:《不列颠百科全书(二)》,中国大百科全书出版社 1999 年版,第 345 页。

④ 荆学民:《社会哲学视野:信仰的两大类型及其关系》,《求是学刊》2004 年第 1 期。

合格接班人。为进一步了解当今大学生信仰的现状,笔者通过调查问卷、个别访谈等形式,和同学们进行了深入的沟通和交流;共发放问卷 500 份,回收 500 份,回收率 100%;经过统计和整理得到有效问卷 450 份,有效率为 90%。针对问卷调查所反映的大学生信仰中存在的问题,分析了大学生信仰危机产生的原因,提出了加强信仰教育,践行社会主义核心价值体系的途径。

一、大学生信仰的总体状况

总体而言,对大学生信仰的调研显示大学生的思想信念继续保持健康、良好的态势;大多数大学生具有一定的信仰,而且大多数同学在信仰上选择了马克思主义。这表明大学生信仰的主流是积极、向上的。当代大学生是热爱党、热爱祖国、热爱人民的一代,是充满理想信念、值得信赖的一代;当代大学生能够在新的历史起点上,承担起中华民族伟大复兴的历史重任。本次调研中,在对是否具有信仰问题的回答中,有 320 人回答有信仰,占调查总人数的 71.1%。在对个人具有哪种信仰的回答中,有 228 人选择了马克思主义,占调查的有信仰学生总数的 71.3%,选择其他的,包括西方民主政治、宗教、实用主义(如对金钱、权力的崇拜)等信仰在内的占学生总数的 28.7%。由此我们可以看出,大部分大学生有着正确的、科学的信仰;但是,同时也存在着少数大学生信仰西方民主政治、信仰宗教等现象。

当前大学生信仰主要存在如下几方面的问题:

其一,大学生信仰的多元化程度加深。随着经济的发展,随着社会主义市场经济体制的不断建立和完善,我国与其他国家的贸易和投资联系空前加强。在与其他国家交往的过程中,其文化观念、传统等不可避免地会引入我国,会对青年大学生的思想、信仰产生影响,使大学生信仰中出现了马克思主义、西方民主政治、宗教、实用主义等多种观念。

其二,大学生信仰的功利化倾向明显。大学生信仰的功利化的倾向日益明显,其表现主要是在政治取向方面,如在对大学生入党动机的调查中,发现尽管有近 75% 的大学生认为自己要加入中国共产党是基于"理想和信念的追求",但是,仍然有 25% 的同学认为是基于"能够帮助自己就业、有面子、跟着别人走"等原因。这应当引起我们的重视,因为只有端正了入党动机,才能真正地做到为人民服务,真正地在社会生活和实践中实现自我价值。

其三,大学生信仰教育的方式、方法有待改进。对大学生信仰的调研中,关于信仰教育获取渠道的回答,80％的同学选择了思想政治教育课,在其他的渠道,如网络、图书资料等方面的选择较少;而对信仰教育的方式、方法的调研,大多数同学认为当前的信仰教育较多地注重相关理论的教育和传授,教条化现象较为突出,经常有教学内容不能及时跟上现实情况现象的发生。这也表明我们要进一步改进大学生信仰教育的方式、方法,以达到更好的教学效果。

二、大学生信仰存在问题的原因分析

(一)西方价值观念的涌入推进了信仰多元化、功利化

目前,经济全球化已经成为了世界发展的一大趋势,它是世界范围内的技术进步和各国社会经济变革的综合反映。经济全球化推动了生产力的发展,它促使了生产要素在全球范围内的流动,从而推动了世界范围内资源配置效率的提高,为各国经济提供了更加广阔的发展空间;但是,因为发达资本主义国家具有经济和科技上的优势,掌握推动经济全球化进程的现代信息技术,所以就实质而言,经济全球化是以发达资本主义国家为主导的,经济全球化一方面使发达国家的财富不断积累,另一方面使发展中国家的贫困不断加剧,导致世界经济发展的不平衡性更为严重。随着我国对外开放的进一步扩大,社会主义市场经济显示了自身的活力;但同时也流入了西方各种各样的社会思潮和价值观念,如资产阶级自由化思想、拜金主义、享乐主义、极端个人主义等观念纷纷涌入国内,这也导致了不同社会群体价值取向、文化选择的多样化。"一个经济时代中技术和经验互相作用不仅伴随着制度变更,而且也伴随着有关社会信仰的改变。"①由于市场经济自身的弱点,加上西方思潮的影响,容易诱发和滋生唯利是图、权钱交易、损人利己、欺诈勒索等现象。这些现象和行为的出现,使得大学生信仰呈现出多元化、功利化的特点和倾向。

---

① [美]西蒙·库兹涅茨:《现代经济增长》,戴睿、易诚译,北京经济学院出版社1989年版,第5页。

(二)马克思主义信仰教育方式、方法存在的问题

我们要培养社会主义现代化建设的合格建设者和接班人,就必须要加强对大学生的信仰教育,引领大学生树立正确的理想、信念。马克思主义信仰教育是关于社会主义和共产主义人生观、世界观、价值观的教育。过去的教育大多是生搬硬套或者片面灌输马克思主义理论;改革开放以后,在某种程度上而言,忽视了马克思主义信仰教育,有的甚至是流于形式。这些情况使以往的信仰教育存在着手段单一、内容贫乏、方法简单等缺陷;而这是和大学生的思维方式、现代社会生活的内容相脱节的,不能达到良好的教育效果。

(三)大学生自身的因素

从年龄上来看,大学生已经是成年人,大部分同学都能够进行独立思考,能够树立自己的人生目标并为之奋斗。要努力实现自身的奋斗目标,大学生需要信仰的引导和帮助。大学阶段是大学生信仰的生成期和选择期;大学生对信仰的认知较少,对信仰的选择基本上处于自发状态,没有形成自觉的意识。大学生又处于思想波动频繁的阶段,加上社会环境、外界条件等因素的影响,导致有时候大学生的信仰会产生波动。

三、加强信仰教育,践行社会主义核心价值体系的途径研究

2006 年 10 月 11 日,党的十六届六中全会通过了《中共中央关于构建社会主义和谐社会若干重大问题的决定》。《决定》指出,马克思主义指导思想,中国特色社会主义共同理想,以爱国主义为核心的民族精神和以改革创新为核心的时代精神,社会主义荣辱观,构成社会主义核心价值体系的基本内容。[①] 构建社会主义和谐社会的重要任务之一是建设和谐文化。而社会主义核心价值体系是建设和谐文化的根本。党的十七大报告强调,要"建设社会主义核心价值体系,增强社会主义意识形态的吸引力和凝聚力,切实把社会主义核心价值体系融入国民教育和精神文明建设

---

① 　转引自:http://politics.people.com.cn/GB/1055/4932440.html。

全过程,转化为人民的自觉追求"①。

信仰体现了社会成员的最高价值追求,是最重要的价值观念,是社会成员价值观的集中表现。任何一个社会都会出于自己的需要,提出自己的核心价值体系。社会主义核心价值体系是社会主义制度的内在精神和生命之魂,它决定着社会主义的发展模式、制度体制和目标任务,在所有社会主义价值目标中处于统摄和支配地位。没有社会主义核心价值体系的引领,构建和谐社会、建设和谐文化就会迷失方向。

建设社会主义国家,就要坚持社会主义核心价值体系,这也要求我们要在全体社会成员中树立主流的价值观和信仰。信仰的教育和引导要依靠社会主义核心价值体系来指导;同时,社会主义核心价值体系也是马克思主义信仰、共产主义信仰的集中表现和体现。

当前,须通过各类途径,加强大学生信仰教育、践行社会主义核心价值体系。

(一)注重思想政治理论课程建设,加强大学生信仰教育

高校思想政治理论课是引导大学生掌握马克思主义科学理论和科学方法,坚定中国特色社会主义理想信念,树立正确的世界观、人生观、价值观的主渠道和主阵地,也是高等学校培养中国特色社会主义事业合格建设者和可靠接班人的重要途径。要帮助和引导大学生树立科学、正确的信仰,必须注重思想政治理论课的教学。

为了做好大学生的信仰教育,浙江海洋学院党委高度重视,成立"大学生思想动态研判小组",开展了深入细致的调查研究工作。在调研的基础上,社会科学部指定骨干教师先行备课,分别从科学信仰、宗教问题两个方面准备参考材料、提纲、讲稿等,之后经过四次全体政治理论课教师集中研讨、交流,结合调查问卷、授课对象、本人专业和感悟程度,每人形成各具特点的包含有 20 个观点在内的讲课提纲。在讲课提纲的基础上,再经过全体教师会议的形式交流意见,探讨疑难问题,并经过教研室、社会科学部的统稿,形成了《浙江海洋学院信仰观教育参考资料》。

2009 年 9 月、2010 年 9 月,浙江海洋学院社会科学部连续对 2009 级、

---

① 《十七大报告辅导读本》编写组:《十七大报告辅导读本》,人民出版社 2007 年版,第 33 页。

2010级全校新生进行了大学生信仰观教学活动。教学活动结束后,大学生普遍反映在思想上受到了震动,认为只有拥有了科学的信仰观,才会使他们成为一个内心充实、追求高尚的人,科学信仰是大学生成才的政治保障和理论基础。信仰观是他们人生成长过程中的指路明灯,灯越擦越亮,信仰观越思越明。

(二)注重发挥社团组织、研究机构的作用,引导大学生树立科学的信仰

在共青团中央、教育部联合下发的《关于加强和改进大学生社团工作的意见》文件中明确指出:"大学生社团是由高校学生依据兴趣爱好自愿组成,按照章程自主开展活动的学生组织。高校学生社团活动是实施素质教育的重要途径和有效方式,在加强校园文化建设、提高学生综合素质、引导学生适应社会、促进学生成才就业等方面发挥着重要作用,是新形势下有效凝聚学生、开展思想政治教育的重要组织动员方式,是以班级年级为主开展学生思想政治教育的重要补充。"①

要做好大学生思想政治教育工作,引导大学生树立科学的信仰,必须发挥好社团组织的作用。2009年12月4日,浙江省高校首个由教师和学生共同组成的反邪教协会——浙江海洋学院反邪教协会正式成立。大会通过了《浙江海洋学院反邪教协会章程》,选举产生浙江海洋学院反邪教协会第一届理事会成员,原学校党委副书记、副校长应启肇任会长,协会聘请党委副书记黄建钢、舟山市科协党组书记黄雪忠、舟山市宗教局副局长袁德新、舟山市社科联副主席王文涛、舟山市610办公室副主任叶遵长为顾问。协会先期共发展会员1000多人,其中教师100多人。

浙江海洋学院还注重设立相关的研究平台,以推进大学生信仰教育研究的深入开展。2009年12月,浙江海洋学院社科部成立了"大学生信仰教育研究中心",这是全国高校第一家有关研究大学生信仰教育的平台机构。大学生信仰教育研究中心通过组织和推动大学生信仰教育研究,深入进行了大学生思想动态调查,逐步建设了大学生信仰观研究资料信息中心,以更好地开展大学生信仰观在教学、科研等方面的应用研究工作。

2010年3月26日,由教育部高等学校社会科学发展研究中心主办、浙江海洋学院承办的"青年学生信仰教育研究"专题研讨会在我校召开。教

---

① 转引自:http://www.ccyl.org.cn/documentszqlf200703/t20070321_14553.htm。

育部高等学校社会科学发展研究中心主任冯刚出席会议并讲话,我校党委副书记黄建钢致开幕词。复旦大学党委副书记陈立民、东华大学党委副书记浦解明、桂林理工大学党委副书记赵君和来自广东省教育厅、上海市学生德育发展中心、中国人民大学、武汉大学、兰州大学、中央财经大学、西南大学、电子科技大学、宁波大学、大连理工大学、广西师范学院等高校从事相关问题研究的专家学者,以及从事信仰教育实践的部门负责同志40余人参加了会议。

2010年5月,教育部高等学校社会科学发展研究中心将浙江海洋学院社会科学部"青年学生信仰问题研究"列为2010年研究课题,课题主要研究当前青年学生信仰问题的现状及发展趋势,探求青年学生信仰形成的规律及影响因素,理清新形势下青年学生信仰教育面临的机遇和挑战,以期为进一步加强青年学生的信仰教育提供科学的导向和合理的对策。

2010年5月24日,浙江海洋学院社科部高建平教授在《中国青年报》上发表了《让一个灵魂唤醒另一个灵魂——关于大学生信仰教育有效途径的思考》的文章。文章指出,要让信仰教育"跃动"起来,使信仰教育通过感动、激动、行动而达到预期的效果,这是我们每一个教育者都应该努力和应尽的社会责任。

(三)开展相关实践,推进大学生科学信仰观的树立

大学生科学信仰的树立,仅仅依靠理论是不够的,更要做到理论与实践相结合。为了深入推进大学生对科学信仰的认知、帮助大学生认清错误信仰,如法轮功等邪教的本质,促进大学生科学信仰的树立,浙江海洋学院结合舟山的实际情况,开展了一系列反邪教的宣传实践活动。

针对舟山在反邪教宣传方面存在着的不足,特别是远离舟山本岛的各个小岛,居民整体思想解放力度不够,科学发展理念薄弱,同时又因对外交通不便,信息相对闭塞,海岛居民长期处于口口相传的环境中,社会舆论影响较少等现状,浙江海洋学院反邪教协会邀请校社科部常大惠老师为协会会员主讲了"如何正确辨别邪教"等专题讲座,并于2010年6月在全校范围内公开招聘,通过严格面试,确定了来自各二级学院共14名学生组成的暑期海岛社会实践团。

2010年7月12日至7月14日,实践团到舟山市岱山县三个镇进行了为期三天的深入宣传、调查工作。浙江海洋学院反邪教协会暑期海岛社会

实践团社会实践活动主题鲜明、准备充分、内容丰富，取得了显著的实践成果；并与岱山县当地签订了社会实践活动基地建设协议书，与当地建立了长期的合作关系，受到了当地的欢迎；《今日岱山》、岱山网等本地媒体也闻讯前来，对浙江海洋学院反邪教暑期社会实践小分队的此次活动进行了多角度、全方位的采访报道，采访文章与视频于当日及次日在岱山电视台与《今日岱山》等媒体的播出与刊登扩大了反邪教活动的影响，取得了良好的社会效益。

浙江海洋学院反邪教协会暑期海岛社会实践团获得浙江省反邪教协会第四届暑期社会实践优秀团队、校三下乡优秀团队，团队负责人顾协国老师获得浙江海洋学院社会实践优秀指导老师，实践团学生负责人马璐铟获浙江省反邪教协会优秀学生干部。

2011 年，浙江海洋学院反邪教协会暑期海岛社会实践团继续前进的脚步，获 2011 年浙江省反邪教暑期社会实践团队二等奖，获得 2011 年浙江省反邪教暑期社会实践优秀指导老师、顾协国老师获得 2011 年浙江省大中专学生志愿者暑期文化科技卫生"三下乡"社会实践活动先进个人称号。

(四)更新理念，充分发挥大学生信仰自我教育的作用

每个社会成员信仰确立的前提和基础是其对思想观念的选择和认同。思想观念是外部的条件和影响因素，"外因是变化的条件，内因是变化的根据，外因通过内因而起作用"①。一个人信仰的形成和确立，归根到底其自身最终起着决定性的作用。信仰教育要注重大学生自身作用的发挥，要逐步培养大学生的辨别能力、分析能力；同时，通过对社会主义事业取得的巨大成就的认识，引导其对我国现代化建设的认同，增强其对社会主义现代化建设的信心，陶冶大学生的爱国主义情操，培养大学生的坚强意志，坚定大学生的共产主义信念，坚定大学生为人类美好事业奋斗到底的坚强决心。

四、结　语

大学生是十分宝贵的人才资源，是民族的希望，是祖国的未来。② 我们

---

① 毛泽东：《毛泽东著作选读》(上册)，人民出版社 1986 年版，第 141 页。

② 转引自：http://www.people.com.cn/GB/jiaoyu/1055/2920198.html。

必须加强大学生的信仰观教育,帮助大学生尽快树立科学的信仰。对大学生进行信仰教育,必须上下齐心,共同努力。唯有如此,才能从根本上解决大学生深层次的理想、信念、信仰问题,把对马克思主义的信仰、社会主义的信念、改革开放的信心传导到大学生心中,使之深入人心,成为大学生强大的精神支柱和动力,最终使大学生成为社会主义事业的建设者和接班人。

参考文献

[1] 邓小平文选(第 3 卷).北京:人民出版社,1993.

[2] 檀传宝.信仰教育与道德教育.北京:科学出版社,1999.

[3] 冯天策.信仰:人类的精神家园.济南:济南出版社,2000.

[4] 邱有光.思想政治教育实质上是一种信仰教育.文史博览,2007(1).

[5] 肖欢,乔学琴.当代大学生信仰问题研究——以华中农业大学为例.教育探索,2008(1).

[6] 陈跃,莫小丽.当代青年大学生信仰问题探析.西南大学学报,2010(3).

[7] 李宗云.当前大学生信仰状况调查及对策研究.吉林师范大学学报,2010(3).

[8] 赵金飞.社会转型期大学生信仰状况调查与研究.嘉兴学院学报,2011(1).

(作者单位:浙江海洋学院社科部)

浙江农村基层民主监督机制创新与完善

——以后陈村村务监督委员会为个案

唐晓燕

随着时代的前进和社会的发展,社会管理层面面临的问题和遭遇的挑战与日俱增。党的十六届四中全会适时提出了"加强社会建设和管理,推进社会管理体制创新"的要求。完善基层民主监督机制,提高基层民主监督的水平与成效,是推动民主选举、民主决策、民主管理、民主监督四大环节走上均衡配套发展道路的需要,对于推进基层社会管理创新、推动基层群众工作、促进和谐乡村建设、推动基层反腐倡廉工作具有重要价值。

一、民主监督理论阐释与机制分析

(一)中国特色、本土实践中生长的民主监督理论

民主监督是我国监督体系的重要组成部分,是社会主义民主政治的重要内容,是人民当家作主权利的充分体现。在中国革命和建设事业中,中国共产党人根据具体国情和实际,不断探索建立健全富于自身特色的民主监督制度。毛泽东在长期的革命和建设中,一直注重克服权力腐败问题。他强调一切权力属于人民,人民有选举权、罢免权、参政权、议政权。他将人民监督看作是跳出"历史周期率"的新路,"只有让人民来监督政府,政府才不敢松懈"[1]。

邓小平同志根据社会主义建设新时期的特点与要求,发展和完善了毛泽东的监督理论。早在 20 世纪 50 年代他就指出,我们的国家政权属于人

---

[1]　郑谦、韩钢:《毛泽东之路:"晚年岁月"》,中国青年出版社 1993 年版,第 223 页。

民,倡导建立强大的自下而上的群众监督体系。"实行群众监督可以把群众的积极性调动起来,会提出很多好的意见。"①相反,"如果我们不接受监督……就一定要脱离群众,犯大错误"②。防止腐败,确保国家机关廉洁,必须建立有效的监督制度和机构,使政府在人民的监督下工作。他主张,要把人民群众的监督具体化为专门的机构来实施的监督,"最重要的是要有专门的机构进行铁面无私的监督检查"③。

江泽民同志在庆祝中国共产党成立 80 周年大会上的重要讲话中明确指出,要通过加强党内监督、法律监督、群众监督,建立健全依法行使权力的制约机制和监督机制;必须依靠群众,拓宽民主监督渠道,将自上而下的监督同自下而上的监督结合起来,逐步形成强有力的监督体系。党的十六届六中全会指出,要积极推行政务公开、厂务公开、村务公开和民主评议、质询听证等民主形式,依靠广大群众对权力运行实施有效监督。

胡锦涛同志反复强调权力的人民属性,在"七一讲话"中指出,各级领导干部都要牢记,我们手中的权力是人民赋予的,行使权力就必须为人民服务,对人民负责并自觉接受人民监督;强调建立健全权力运行制约和监督体系,保证党和国家机关按照法定权限和程序行使权力。"把党内监督与人大监督、政府专门机关监督、政协民主监督、民主党派监督、司法监督、群众监督、舆论监督等很好地结合起来,形成监督合力,提高监督效果。"④

(二)农村基层民主监督的要素与机制分析

基层民主监督是中国特色社会主义民主监督体系建设中的薄弱环节,亟待完善与强化。以农村为例,村民自治是中国亿万农民的伟大创造,当前已经是为法律所保障的民主政治建设。理论上讲,"村民委员会是村民自我管理、自我教育、自我服务的基层群众性自治组织,实行民主选举、民主决策、民主管理、民主监督",农民群众的民主权利是《中华人民共和国村民委员会组织法》明文规定的。村民自治作为基层自治形式,实质是以委托的形式将村务管理的权力交由村委会主任、副主任及委员来行使。为了

---

① 《邓小平文选》(1938—1965),人民出版社 1989 年版,第 259 页。
② 《邓小平文选》(1938—1965),人民出版社 1989 年版,第 258 页。
③ 《邓小平文选》(1975—1982),人民出版社 1983 年版,第 292 页。
④ 胡锦涛:《在庆祝中国共产党成立 85 周年暨总结保持共产党员先进性教育活动大会上的讲话》,人民出版社 2006 年版,第 23 页。

保障村务管理这种公共权力不被滥用或产生运行上的偏差,必须由村民开展强有力的监督来保证村民自治的民主性。因此,民主监督作为村民自治的保障性环节,尤为重要。但在农村基层民主的四个环节中,民主监督又是操作难度最大、阻力最强、最为薄弱的环节。

完善农村基层民主监督,建立健全农村基层民主监督运行机制,依赖监督系统各要素的到位及相互匹配。

其一,监督主体强力:强力监督机构的设立与较强的监督意愿和能力。权力制约与监督的首要环节,是设置强力的监督机构,以法律法规保障其权力的行使。就个体而言,要求村民拥有较强的民主监督意识与能力。监督意识是民主监督得以充分开展的主观条件。监督意识来源于维护自身经济政治文化权利的动机,源于科学文化教育中养成的公平正义感,源于政治实践锻炼中形成的自主意识与参与意识。

其二,监督客体配合:赋予监督主体以罢免权。村民作为分散的个体,与处于权力核心的村委会基本难以形成可以相抗衡的力量,村民个体开展监督的风险过大且成效微弱。强力监督机构的设置是监督得以开展和取得成效的前提,但其监督权的行使依然需要监督客体的充分配合。民主监督的力度与水平一定程度上取决于被监督者接受监督的意愿。农村基层民主监督的成效,很大程度上并不依赖于村民的参与性与主动性,而是受制于村委会成员的自律性和自觉性。

其三,监督内容公开:监督主体与监督客体信息对称。政治参与、民主监督的首要前提是信息公开。"政治参与要求接受一般的和特殊的信息,那些获得这些信息的人,即在效应和心理上更多介入的人,就更有可能参与政治。反之,那些没有得到这些信息的人,则无动于衷,缺乏心理上的介入。因此,也就很少有可能参与政治生活。"[①]村务管理者掌控了绝大多数的管理信息,村务公开不彻底、不全面、不能长期坚持。监督主体因不直接参与管理,缺乏权威的管理信息来源,难以及时、完整地掌握信息,滞后的、零散的监督无法有效制约权力滥用,民主监督的有效性大打折扣。保障监督主体与监督客体信息对称,监督内容彻底公开、透明,是监督机制良性运行的重要因素。

---

① [美]安东尼·奥罗姆:《政治社会学》,张华青等译,上海人民出版社1989年版,第293页。

其四,监督渠道畅通:监督主体与监督客体信息对称。相对于公民对国家机关及其工作人员的民主监督,村民自治的民主渠道比较单一且易堵塞。作为村民自治途径之一的民主监督是群众自治的行为,没有按照职能分工的各类民主监督机关作为接纳村民监督的渠道。目前仅有的路径是:村民可以对村委员会成员进行直接批评、建议和全民公决。若直接的民主监督无效,村民有权向村党支部,乡、镇人民政府及有关部门反映情况,有关政府机关应调查核实、依法处理。但这仅是一种补救手段。监督渠道的畅通又与村委会成员的素质存在密切联系,其民主法治意识的高低直接关涉监督渠道是否通畅。

二、浙江基层民主监督机制创新实践:以后陈村村务监督委员会为例

作为我国市场经济的先发地区和对外开放的前沿地带,近年来浙江省社会管理领域面临的矛盾与问题日渐复杂,民主监督机制滞后的状况难以适应社会管理创新的要求,完善基层民主监督机制成为我省农村面临的重大课题。曾有专家将我省村级监督机构区分为四种具有代表性的形式,即村务公开监督小组和民主理财小组,天台县的廉情监督站,温岭市的村民代表监督委员会以及武义县后陈村的村务监督委员会。其中,武义县后陈村的村务监督委员会实现了对农村基层民主监督现状的革新,是农村基层民主监督机制的创新典范。

后陈村位于武义县城乡结合部,共有 347 户 888 人,村集体经济主要来源为纱厂、茶叶园、鱼塘发包和集体房出租。近年来,随着城市化进程的扩展,该村土地征用资金收入达到 1000 多万元。资金的富余也带来了更多有关村集体经济和村务的矛盾。在创立村务监督委员会之前,由于村务管理不透明,重大决策不民主,一度造成村内矛盾重重,干群关系紧张,村民上访不断,甚至发生过将派出所前来执行公务的警车掀翻的冲突,先后两任村支书被撤职,其中一任村支书因经济问题遭到举报而受到法律制裁。

2004 年 6 月,武义县率先开展建立村务监督委员会试点工作,选择村务管理问题突出的白洋街道后陈村进行以建立和健全"一个机构、两项制度",即建立村务监督委员会和建立《村务管理制度》《村务监督制度》两项制度为内容的试点工作。具体做法是:首先通过系统的调查研究,在法律

政策规定的框架内,对村里已有的各项管理制度进行全面的梳理和评估。在此基础上,草拟出用于规范和约束村干部行为的《后陈村村务管理制度》和《后陈村村务监督制度》这两个文件的建议稿。建议稿出台后,又在全村各农户及村两委、党员及村民代表中反复讨论和修改,最后在村民代表会议上表决通过并正式生效。与此同时,"村务监督委员会"的成员也由村民选举产生。按照规定,村务监督委员会成员只能由非村两委成员及其父母、配偶、子女、兄弟姐妹等直系亲属的村民代表担任。候选人通过有全体党员和村民代表参加的推荐会推举,再在村民代表会议中进行差额选举。监委会由 3 人组成,其中主任 1 名,委员 2 名。主任由村民代表会议选举得票最多的候选人担任,任期与村民委员会成员相同。

村务监督委员会是农村基层民主监督主体的重大创新。村务监督委员会是一个专门从事村务监督工作的机构,受村民代表会议委托独立开展工作,对村民会议或村民代表会议负责。村务监督委员会的建立使较为定型的村民自治格局形成,即以村党组织为领导核心,以村民会议和村民代表会议为决策机构,以村民委员会为执行机构,以村务监督委员会为监督机构。在这一格局中,村务监督委员会单立,表明村民自治中公共权力的分解。决策、执行、监督三权的分离结束了以往村民独立分散的监督形式,标志着农村基层民主监督主体的创新。

村务监督委员会是农村基层民主监督机制的重大创新。我国村民自治中实施的村民代表会议下的村务监督小组、村理财小组的监督机制,存在监督成本过高、监督方式僵化、监督程序不规范、监督环节不全面、监督机制不灵活等问题。村务监督委员会因是由独立、专门的机构开展的全程监督,监督的规范化、科学化水平大大提高,形成了农村基层化解内部矛盾和解决问题的高效的民主监督机制,是村级公共权力监督机制的重大创新。在村务监督委员会在全省推广的实践基础上,浙江制订了《浙江省村务监督委员会工作规程(试行)》(以下简称《规程》),极大地推动了农村基层民主监督机制创新的步伐。《规程》规定,村务监督委员会的机制包括工作例会制度、学习培训制度、工作报告制度、考评制度、工作台账制度、申诉救助制度、保障制度等等。这些制度是农村基层民主监督机制创新的重要内容。

后陈村的经验已在全省推广。随着 2009 年年底全省 3 万多个行政村建立"村务监督委员会",这种监督形式实现了组织全覆盖。村务监督委员会的探索改变了村民自治中"四个民主"发展不均衡,尤其是民主监督滞后的状况,引导村级公共权力相互制衡,提高了村级治理的民主化水平。

三、浙江农村基层民主监督机制建设存在的问题

系统分析民主监督各要素,我省农村基层民主监督机制建设仍存在如下几个层面的问题。

(一)民主监督的环境有待进一步改善

封建残余的影响尚存,村干部"官本位"的思想依然较为普遍地存在,权力源于人民、服务于人民、接受人民监督的民主意识不足,制约监督工作的顺利开展。封建残余的影响还表现为宗族势力有一定程度的复活,加之农村特殊的人际关系网络结构,监督工作难以正常开展甚至异化。村务监督委员会虽然在村级权力架构中与党支部、村民委员会并列,其成员由村民直选产生,但村务监督委员会的成员与村委会成员同为一个村庄的村民,处于乡村熟人社会中,农村特有的宗族关系链、人际圈和派系势力影响监督工作的正常运作。村务监督委员会监督的现实窘况是,要么监督者为被监督者所左右,要么双方相互袒护,监督者难以客观地行使监督权。村务监督委员会的选举和运作受到派系因素的影响已经是一个不争的事实。2005年春后陈村第二届村务监督委员会选举中就出现了激烈的派系竞争。一些村民一针见血地指出:"村两委与村务监督委员会都是同一条绳子上的蚂蚱。"村务监督委员会与村两委干部合谋,普通村民的弱势地位可见一斑。

(二)监督主体的监督意愿有待进一步增强

一是村务监督委员会成员监督意愿不强。后陈村第一任村务监督委员会主任张舍南曾抱怨说,监委会处于村两委和村民的中间,担任监委会主任虽然掌握着一定的权力,但远非一个美差,而要以花费大量的时间、精力为代价。这种抱怨折射出该项制度安排存在"责任重大而利益微薄"的困境。按照《规程》的规定,村务监督委员会成员应享有一定的误工补贴和报酬,具体标准由村民会议或村民代表会议讨论决定。有条件的乡镇(街道)可根据村务监督委员会的工作考核情况,对工作业绩突出的给予一定

的奖励或补助。对村民监督委员会物质激励的力度与各村集体的财政状况密切相关,势必导致在一些集体经济贫乏的行政村,村务监督委员会难以开展工作或开展工作积极性不高。二是部分地区部分村民监督意愿不强。民主监督的意愿首先与区域经济发展水平密切相关。在一些经济发展水平滞后的区域,在一些村级集体经济薄弱的行政村,村民发展生产、发家致富的兴趣远高于追求公平正义的热情,存在普遍的政治冷漠现象。

(三)"村务监督委员会"的制度设计有待进一步优化

"村务监督委员会"这一监督实体设置不够强力。虽然"村务监督委员会"这一监督的实体机构已在我省实现全覆盖,但当前指导实践的最新政策依据即《规程》明显呈现出"软法"的特点,倡导、鼓励的条款多,惩戒性制度设计的缺失使村务监督委员会的工作存在较大自主空间和弹性。村级民主监督的主要对象是村委会成员,而他们往往在本村拥有较大的势力或强大的宗族网络,相较之下村务监督委员会显得尤为弱势。尽管《规程》要求建立"申诉救助制度",但该种方式只是一种补救手段。而这种申诉救助制度本身恰恰印证了村务监督委员会制度本身可能面临的风险与村务监督委员会本身所处的弱势地位。

(四)村务监督渠道有待进一步拓宽

相对而言,村务监督委员会成员作为比较稳定的政治参与阶层,能够积极介入村务监督。村务监督委员会制度为村民增加了一个参与公共事务的制度化渠道。但一方面,当前村庄治理的状况依在相当大程度上取决于村庄精英阶层之间的博弈,即便是在村务监督委员会的制度安排下,村民的监督权也主要通过村务监督委员会的"在场"来间接行使。另一方面,村务公开状况不佳,村务管理中能人决策、封闭管理的情况依然普遍,村务公开不全面、不详细、不彻底,普通村民与村干部掌握的村务信息严重不对称,普通村民无从了解村务的细节,监督活动更是无从着手。加之普通村民自身相对较弱的政治权利诉求、较低的村务监督意愿与能力,使他们基本处于监督活动的外围。

(五)监督主体的监督能力有待进一步提高

一是部分村务监督委员会出现"缺位"或"越位"问题,其成员的监督能力有待提高。一些村务监督委员会在派系竞争的影响下出现与村两委合谋、"一体化"的现象,监督工作出现"缺位"问题。有的村务监督委员会出现了一定程度的越权行为,直接参加所有的村务管理会议,与村支委、村委会成员一样参与讨论和表决。后陈村的村民甚至习惯性地将村庄领导集体统称为"村三委"(村支委、村委会、村监委的合称)。村务监督委员会作为行使监督权的"第三种力量"的特性丧失。二是部分地区部分村民监督能力有待提高。监督能力取决于文化素质、受教育程度。整体而言,农村教育依然落后,大多数农民文化素质偏低,缺乏政治参与必备的知识与技能,直接制约了民主监督的参与能力与水平。尤其是在加速发展的城市化进程中,农村大批接受过相对较高层次教育的青壮年外出务工,剩下大比例的儿童和老年人留守农村,这些村民经济地位与文化素质相对较低,参与民主监督的意愿不强,能力亦不足。

四、浙江农村基层民主监督机制完善对策

(一)赋予农民以更大的财产自主权,压缩村干部的权力空间

当前村干部滥用职权与腐败问题蔓延,农民的权益得不到有力保障,村干部的权力过大且缺乏清晰边界。村民在村务管理中的相对弱势地位使得村级民主监督落实困难。治本之策在于"扩权"与"减权"并举。"扩权",即扩大农民的权益。核心是在土地集体所有制的前提下,赋予农民更大的土地财产自主权,以更好地保障农民利益。现行农村土地承包制并未很好地解决农民的土地财产权问题。过去的改革被称为"半截子土地产权改革",农民在农业土地使用中的所谓承包权不稳定,且农业用地转变为非农业用地时农民几乎没有议价权。特别是随着农村城镇化步伐的加快,土地征用引发的矛盾日益增多且激化,造成本已在政治关系中处于相对弱势地位的农民受到利益的侵害。须进一步改革农村现行土地制度,更好地解决农民的土地财产自主权问题。只有在涉及农民切身利益的土地财产权问题得到根本解决后,农民才可能有较强的政治认同感和民主参与意识。

"减权",即削弱、严格界定村干部的权力。原则上村委会是领导村民对公共事务进行自我管理的组织,没有强制权力。事实上政府各个部门、机构的农村工作都需要通过村干部来落实,上级授权后,水利、卫生、农牧、

计生等部门的工作都通过村干部来具体抓,各种惠农政策、社会福利性、救助性工作也要通过村干部进行利益分配,村干部手中掌握着较大的、涉及每一个农民切身利益的隐形权力。在村级的权力架构中,按法律规定村民自治主要权力体现在村民代表大会或村民大会,但实际上村民自治往往变成了村"两委"自治甚至是村委会自治,权力大量集中于村主任、村支书之手。应削减村干部的权力,特别是在完成上级下达给村级的行政任务、指标方面的权力,由乡镇政府直接对村民实施履行管理职责与义务。同时加强地方县、乡镇党委和政府对村级组织和村干部的监督职责,强化上级组织对村干部的监管。

(二)以"四个民主"协调并进为基础,共同营造基层民主监督良好环境

近年我省农村基层民主选举、民主决策、民主管理层面的创新不断,机制相对成熟。今后需以村级选举、决策、管理民主化、科学化水平的提升为基础,为村级民主监督水平的提升营造良好环境。

其一,以提高主体素质为落脚点,提升村干部及村民的监督意识与能力。一是提升村干部主动接受监督的自觉意识。通过专家讲座、专题学习、定期培训等形式,最大限度地调动村干部学习的积极性,不断提高村干部的思想道德水平和科学文化素质,不断提高村干部的民主意识和法律意识。二是提升村民的监督意识与能力。大力发展村集体经济,维护广大农民的根本利益,让农民持续不断得实惠,进而培养农民权责一致、勇于监督的意识;在推动"学习型新农村"建设中,加强对村民民主监督的理论教育、民主法规制度教育,为监督的有效运作提供知识技能储备;依托重点村务工程的民主监督鲜活案例,在民主实践中提升村民的监督能力;加强信息沟通,进一步调动外出打工村民的民主参与与监督积极性;积极支持农民在宪法和法律规定的范围内建立民间组织,如农民协会、农业学习小组等,县、乡(镇)两级政府指派专员对其进行具体指导,提升农民组织化水平,形成村民自发自愿的组织与公共权力形成制衡。三是提升村务监督委员会成员的监督能力。加强对村务监督委员会成员的教育培训,提高履职能力。将对村务监督委员会成员的教育培训纳入对村干部的教育培训计划中,采取专题学习、业务交流、集中培训、远程教育等多种手段,分阶段稳步推进。

其二,以分立制衡、责权利统一为原则,完善村务监督委员会的制度设

计。按照决策、执行、监督分立制衡的原则,强化村务监督委员会这一监督实体。当前尤其需要在实践探索中逐步完善《规程》并尽快制定正式规程,压缩监督工作中村务监督委员会的自主空间与弹性。一是完善惩戒性制度。建立对村务监督委员会履职"越位""缺位"的惩戒性制度。二是完善监督激励机制。按照责权利相统一的原则,强化对村务监督委员会激励制度的制定与贯彻落实。物质层面的激励必须得到强化,这是该项制度在未来良性运作的关键。须密切关注《规程》中"保障制度"的落实情况,确保村务监督委员会成员误工补贴和报酬的及时发放。对于经济困难的村庄,政府须给予村务监督委员会适当补助以维持其运作。三是建立监督者受监督机制。加强对"监督者的监督",进一步加强村民对村务监督委员会成员的监督,赋予村民必要时行使罢免权的权利。

其三,以村务公开为切入点,畅通农村基层民主监督渠道。畅通农村基层民主监督渠道,须从严格界定村干部权力范围入手。可以推广富阳"权力清单"的做法,对村干部的权力、责任作出严格界定。2007 年 4 月,富阳市检察院、富春街道党工委、秋丰村党支部将宅基地审批等 29 项村干部的权力、责任及工作流程列出详细清单。自此秋丰村党支部、村委会严格按照"权力清单"所规范的权限与工作流程操作,村民的监督权利得到保障。其次,推动村务全面、全程、全方位公开。可借鉴实施"阳光村务"、建立"村务超市"等做法,并进一步探索村务公开的可行途径及有效办法,让村民参与到村务决策、管理、监督全过程中。最后,增加民主监督的渠道。各地可根据实际探索民主监督的有效方法。如设立村级民主监督箱、为各村配备乡镇干部加强监察指导、乡镇统一安排村委会工作评议会,等等。

其四,以当地经济发展水平和自治现状为依据,分层次逐步完善村级民主监督。每一项制度的创新都需诸多层面因素的配合,农村基层民主监督机制的创新更是受到内外、主客观因素的影响。创新性制度安排在其诞生地往往呈现内源式发展的现象,当它在更大的范围内推行的时候,却往往是政府从外部加以推动的结果。但以地方政府为主角,从外部推动制度实施的做法,容易导致制度创新流于形式。村务监督委员会的推广是在政府的强力推进下完成的,强制性的制度变迁与诱致性的制度变迁应互补。由于各村情况不同,尤其是村集体资产多寡的巨大差异,应给予各县、乡(镇)以一定的自主权,按照条件成熟一个、引导扶持一个的原则,分层次、分步骤、逐步实现农村基层民主监督机制的完善。

参考文献

［1］吴丕.政治监督学.北京:北京大学出版社,2007.

［2］陈国权.政治监督论.上海:学林出版社,2000.

［3］莫吉武.当代中国政治监督体制研究.北京:中国社会科学出版社,2002.

［4］何增科,等.基层民主和地方治理创新.北京:中央编译出版社,2004.

［5］刘友田.村民自治——中国基层民主建设的实践与探索.北京:人民出版社,2010.

［6］余维良.村级民主监督.北京:中国社会出版社,2006.

（作者单位:浙江省社会科学院政治学研究所）

论人民政协的决策参与

黄俊尧

一、问题的提出

人民政协是我国政治体制的重要组成部分,在国家政治生活中具有不可替代的作用。邓小平同志曾指出:"人民政协是发扬人民民主、联系各方面人民群众的一个重要组织。中国的社会主义现代化建设事业,继续需要政协就有关国家的大政方针、政治生活和四个现代化建设中的各项社会经济问题,进行协商、讨论,实行互相监督,发挥对宪法和法律实施的监督作用。"[①]

从决策过程来看,人民政协与党委、政府、人大的关系,应当是政协在决策前协商,人大在协商后决策,政府在决策后执行,三者统一在中国共产党的领导下,分工协作,各司其职,互为补充,相辅相成。[②] 理想的决策流程为:政协协商→党委决策→人大审议(修正)→政府实施。如能切实遵循这一决策流程,不但可以使政协协商成为科学、民主决策的起点,还将有助于理顺政治体制的内部关系。而把人民政协的政治协商纳入决策程序,就国家和地方的重要问题在决策之前和决策执行过程中进行协商,也是得到党中央肯定的政治协商的重要原则。[③]

---

① 《新时期的统一战线和人民政协的任务》,《邓小平文选》第 2 卷,人民出版社 1994 年版,第 187 页。

② 周天勇、王长江、王安岭主编:《攻坚:中国政治体制改革研究报告》,新疆生产建设兵团出版社 2008 年版,第 106 页。

③ 《中共中央关于加强人民政协工作的意见》(中发〔2006〕5 号)。

然而,政治过程中的"实然"状态与"应然"目标之间往往存在一定差距,人民政协的决策参与事实上遭遇了法制障碍与行动阻力。怎样确保"把协商纳入决策程序"、促进人民政协参与党政决策? 这是值得研究的课题,本文将尝试进行一些探讨。

二、人民政协参与重大决策的法制障碍

(一)法律保障不足

人民政协参与党政决策的首要障碍是法律保障不足。人民政协的法律地位仅在宪法中有一些原则性的陈述,而缺乏专项法律对人民政协及政协委员的地位、职权等作出进一步的明确规定,这就对政协的决策参与构成了根本性障碍,同人民政协在国家政治体制中的应有角色形成反差。

作为人民政协的一项重要职能,政治协商的地位、作用、活动程度、规则等方面也缺乏正式的法律规定,政治协商所依据的仅仅是《中国人民政治协商会议章程》《中共中央关于坚持和完善共产党领导的多党合作和政治协商制度的意见》等章程和政策性文件。[①] 换言之,党政机关凭借"缺乏法定依据"一条就可以断然拒绝人民政协参与重大决策。

与此同时,人民政协的决策参与也缺少法律来规范,因而有着很大的随意性。

(二)制度安排缺陷

1. 政治协商的程序设计问题

中央和地方各级党委关于加强人民政协工作的指导性意见中,都列举了政治协商的内容,但未就此作出强制性规定,也没有相关的程序设计来保障人民政协的决策参与。实体性的规章制度若缺乏必要的程序设计,必然出现"有制难依"情况,[②]也导致政治协商的"三在前""三在先"原则难以

---

① 李羚:《关于"协商于决策之前"的随意性问题的思考》,《四川省社会主义学院学报》2000 年第 1 期。

② 欧康寿:《关于把政治协商纳入决策程序的思考》,中国人民政协理论研究会秘书处编:《中国人民政治协商会议成立 60 周年理论研讨会暨研究会 2009 年度论文集》(下),中国文史出版社 2010 年版,第 1053 页。

有效贯彻。①

就目前的政治协商程序而论，人民政协在关键的第一步——协商议题的提出和确定上就缺乏主导权和主动性。协商的议题往往由党委、政府提出，政协机关未能独立向党委、政府提交协商议题，这就可能导致他们回避重要议题，或者以事后通报代替事前协商。

2. 政治协商的保障机制问题

人民政协的政治协商还缺少有效的保障机制，诸如考核机制、评价机制、激励机制等都存在不同程度的缺陷。

以杭州对政治协商工作的考核机制为例，相关文件要求由市纪委、组织部、综合考评办对党委、政府、有关部门支持政协工作情况研究制定和落实具体考核办法。② 但笔者在调研中发现，上述机构很难推进这项工作。例如，支持政协工作与否和党风廉政考核的关联度不高，不太适合作为纪委的年度考核项目；综合考评办也很难就关于政协工作的内容对党政机关实行量化考核。考核等机制的缺位，必然影响党政机关对于人民政协参与重大决策的支持力度。

3. 制度设计的可操作性问题

比较常见的情况是，部分制度设计不合理、对于一些原则性的规定缺少实施细则。例如协商内容过于笼统，"重要""重大"议题的范畴不够明确，协商的时间等细节也没有具体规定。甚至需要党委、政府认可的才能列入重大事项。制度设计缺乏可操作性，必然会带来政治协商随意性强、党政机关重视程度低等问题。

三、人民政协参与重大决策的行动阻力

(一)党委、政府的观念误区

无疑，党委、政府是当前中国政治体制中最主要的决策主体，但部分党

---

① "三在前"，即坚持重大的决策主动协商或征求意见在党委决策之前、人大通过之前、政府实施之前。"三在先"，即制定经济和社会发展中长期规划要先协商后决策；有关重要人事安排、重大建设项目及事关人民群众生活的重要问题先协商后决定；出台地方性重大决策先协商后定案。

② 《中共杭州市委关于进一步加强人民政协工作的意见》(市委〔2009〕30 号)，2009 年 10 月 27 日。

政干部对于人民政协参与重大决策往往存在两个认识误区。

误区一：对人民政协的认识不准确。一方面，部分干部对政协性质、地位、职权的认识都不清晰，仅仅把政协看成是统一战线组织，局限于它的部分工具价值，未能准确把握人民政协在国家政治生活中的重要作用及政治协商的功能。党政干部不重视政协的根本原因在于，人民政协并非与党委、政府平等的权力机构，它也不是民主代议机关，更近似于精英咨询机构。另一方面，对政协委员的作用认识不足。例如，一些地方干部认为，市里重大决策机制是党代会、全委会、市委工作会议等，政协机关的主要领导通常也是市委委员，他们已经在参与市里的重大公共决策，因此没必要设置决策前的政治协商环节。这里的认识误区在于，政协领导与政协委员的角色性质是不同的，前者以党委委员的身份参加党内会议时，并不代表人民政协及相关界别，而代表人民政协就重大问题协商决策的只能是政协委员。

误区二：对民主与效率的理解有偏差。部分干部认为，若让人民政协参与决策，等于又多了一道程序和阻力，他们出于权力、利益、行政效率等种种考虑，不愿与政协协商决策。有论者指出，部分党政领导对政协的决策参与存在可有可无的思想。①

民主与效率之间的矛盾是一个普遍性难题，在西方世界同样存在。当前我国更要警惕的则是以效率为由拒绝人民政协参与决策的错误观点。

(二)党委、政府的执行力问题

1. 制定协商规则不力

一些地方党委、政府对于"把协商纳入决策程序"的要求落实不力。例如杭州市委在 2009 年就要求下级党委和政府把重大决策之前和决策执行过程中主动提交政协协商的要求纳入党委议事规则、政府工作规则。市政协也曾建议党委、政府修改议事规则，把协商纳入进去，但在实践中未获积极的回应。另外，杭州市委在 2009 年 30 号文件中还要求建立政治协商办文制度，此项要求并没有进入实践层面，甚至各区、县也不肯先做起来，都不愿意"自找麻烦"。

① 付余华：《地方政协在政府决策中的作用及存在的问题与对策研究》，2009 年青岛大学硕士学位论文。

2. 规避政治协商程序

人民政协的决策参与状况与社会的期望值还有差距,其中一个关键问题是:如果党委、政府规避协商程序,该怎么办? 这是各级政协都遇到的普遍性问题。例如,尽管浙江省委也出台了《关于加强和完善人民政协政治协商 促进科学民主决策的意见》(2009 年 7 月 3 日),但落实协商决策的情况并不理想。有干部承认,在有关部门将重大项目建设方案提交省政府决策前,省政协的影响力微弱。①

3. 协商决策的可持续性堪忧

另一类常见的执行力问题是协商决策做法的可持续性,或者说是制度创新的再巩固问题。地方党委、政府的主要领导变更后,由于继任者的工作思路和重心有了变化,致使原先的一些创新做法遭到搁置或废弃。例如2009 年杭州市委全会报告曾送到市政协征求意见,但这项做法后来没有实现制度化。杭州江干区曾经把"协商在决策前"写入议事规则,但主要领导换届后做法就发生改变。

从观念误区和执行力问题中不难找到答案:为何各级党委在推进人民政协参与重大决策方面屡有文件出台,但政协依然难以发挥实质作用。

(三)政协委员的决策参与质量问题

1. 政协委员参与的主动性不够

政协委员参与决策主要有几个渠道:提案、撰写社情民意和意见建议、参加政府的征求意见会、列席政府的常务会议等。但就对决策过程的实际影响而论,政协委员的参与仍然是较为被动的,作用也不明显。

部分政协委员并不满足于以调研或事后受邀发表意见的形式参与决策,而更希望在决策过程中发挥实质作用,由"要我参与"转变为"我要参与"。②

2. 政协委员的参与能力亟待提高

一些政府部门对政协委员的决策参与能力持怀疑态度,认为政协委员缺乏专业素养以及对现实问题的精准把握。③

这里存在两个问题,一是政协委员与政府部门之间的信息不对称状

---

① 访谈记录编号:20111018,访谈对象 M 为浙江省发改委干部。
② 访谈记录编号:20110523,访谈对象 F 为杭州市政协委员。
③ 访谈记录编号:20111017,访谈对象 Y 为杭州市建委干部。

况,影响了部分委员对现实情况的了解;二是政协委员的专业化水准有待提高,政协机关对于委员提案的指导工作也需要加强。

3. 人民政协的智力资源优势缩小

还有一个值得注意的现象是,由于党委、政府越来越注重吸收和录用专业人才,人民政协以往在智力资源方面的相对优势发生了变化,这在无形中也削弱了党委、政府接纳政协委员参与决策的动力。此外,执政党对社会精英的过度吸纳也可能使民主党派的社会基础发生萎缩,进而导致政治协商质量的退化。

四、人民政协参与重大决策的对策思考

(一)推进有关人民政协的立法工作

1. 宪法保障

从全局的角度来看,宪法有必要对人民政协在国家政治体制中的地位与职权作出更具体的表述。

宪法作为国家的根本大法,在第三章"国家机构"中,对全国人民代表大会、国务院、地方各级人民代表大会和地方各级人民政府、人民法院和人民检察院等重要国家机构作出了明确具体的规定。但对于中国人民政治协商会议,仅在"序言"中有少量语句表述,意味着人民政协被排除在正式国家机构以外,这与人民政协在国家政治生活中的应有地位和作用是不相称的。宪法有必要对人民政协的目的、性质、职权、产生方式等作出明确规定,确认人民政协是政治体制的重要组成部分,实现政协地位和职权的法定化。

不过,宪法若规定人民政协是国家机构的正式组成部分,也可能会影响作为根本政治制度的人民代表大会制度,产生"两院制"的争议,需慎重行事。

2. 专项法律规范

国家重要政治制度的具体实施大多有相关的法律规范。例如,与人大工作对应的《立法法》,与民族区域自治制度相关的《民族区域自治法》,指导基层群众自治制度实施的《城市居民委员会组织法》《村民委员会组织法》。但作为基本政治制度的中国共产党领导的多党合作和政治协商制

度,却没有专项法律来规范,这影响了人民政协正常开展工作。此项立法空白应当适时予以弥补。

要保障人民政协的参政议政和民主监督职能,也需要在法律上理顺人民政协与立法、行政机关的关系,保障人民政协具有一定审议权。政治协商职能方面则需要加强决策立法,尤其是行政程序法,从而以适当的方式将政治协商纳入决策程序。

(二)完善政治协商的制度安排

笔者认为,协商决策的制度安排可以在原则、规范、机制三个层面作出努力。"把政治协商纳入决策程序"是已获得党中央肯定的重要原则,但还需要通过规范和机制建设来收到实效。

1. 出台政治协商的实施规范

各级党委、政府应当制定相关实施规范,解决协商决策的规范性、可操作性、可持续性等问题。人民政协可建议各级党委制定"实施政治协商"的办法规定。与指导性意见相比,办法规定会对政治协商工作作出更规范、细致的部署,可操作性较强,还有助于解决制度的巩固问题,避免"人走政息"现象。

各地的"办法规定"还可对政治协商作出更合理的定位。例如,规定重大决策必须先拿到人民政协协商,但不需履行表决程序。即人民政协只负责协商、提意见,而不具有否决权。这就可以避免政协与人大的角色矛盾。此外,"办法规定"也应对"重要人事安排"等模糊事项作出具体限定,明确规定提交政协协商的程序、步骤等。

2. 健全协商决策的工作机制

一是要注重实体制度和程序建设。例如,在协商程序方面,目前一些地方的做法是,政治协商的议题、形式、参加范围等由四套领导班子秘书长或办公厅(室)主任联席会议讨论,并报党委确定。联席会议制度事实上压缩了人民政协的权重,限制了后者的作用。人民政协应当具有独立向党委、政府建议政治协商方案的权力。在重大决策的程序上,可采取若无各政协的协商意见,党委、政府将不予批复等类似措施。

应当积极创设辅助性协商决策机制。有的地方政协与政府建立了政协工作联席协商会议制度,每年举行两次会议,由政协办公厅和政府办公厅轮流主持,起到相互了解和支持的作用。政协与党委、人大之间亦可建立类似的协商交流机制。还可以将一些稳定的工作形式进一步制度化。

二是要完善协商决策的运行机制。主要目的也包括克服党政机关的执行力不足。在保障机制方面,要建立一系列配套制度,包括协商准备环节和组织环节的党政对口部门工作联系制度、政治协商办事办文制度等;形成责任追究制度,明确党政机关和人民政协在政治协商中的责任;制定跟踪督办机制和反馈制度,明确反馈期限、办理要求及复文要求等等。①

在协商决策的考核机制方面,笔者有两点建议:建议由各级党委办公厅(室)牵头组织相关部门联合开展协商决策的督查落实及考核;建议政协办公厅(室)每年组织政协委员就党政机关执行政治协商制度的情况进行民主评议,统计他们的满意度测评情况,汇总意见建议,报送党委、政府,以帮助党政机关有针对性地改进工作。

(三)纠正党政干部的观念误区

可以采取两类对策:一是加强党政干部的理论培训。各级党校、行政学院、社会主义学院应当在各级各类班次开设人民政协的理论课程,并邀请政协领导、专家学者授课,使党政干部对人民政协有更全面的了解,并深化对政治协商、民主监督、权力制约等重大问题的认识。

二是发挥干部交流制度的效用。定期安排党政机关各层级的干部来政协挂职交流,帮助他们熟悉人民政协的情况,了解政治协商与科学、民主决策的关系,日后在本职岗位上也能够换位思考,支持人民政协的工作。

(四)提高政协委员的决策参与质量

第一,针对政协委员参与的主动性,党委、政府在决策咨询方面应当更加重视政协委员的智库作用,还可在报纸、广播、电视、网络等媒体上设立政协委员议政栏目,让委员就公共事务建言献策,发表独到见解,影响公众舆论。

此外,屡有专家建议将行政决策的不可行性研究从政府的可行性研究

---

① 杨金南、李一凡:《政治协商纳入决策程序的制度建设研究》,载杭州市政协理论研究会编:《政协理论与实践》第 2 辑,杭州出版社 2010 年版,第 85—86 页;余克弟、杨旋:《论政治协商纳入决策程序的途径和方法》,《南昌大学学报》(人文社会科学版)2010 年第 5 期;岳世平:《政协促进决策民主的障碍分析与路径建议》,《四川省社会主义学院学报》2009 年第 3 期。

中分离出来,交由人民政协独立完成,并通过行政决策立法将其制度化。①

第二,针对政协委员参与能力问题,人民政协应注重培养委员的决策参与能力。有委员提出,人民政协可以考虑先在政协机构内部设置参政议政专委会,对委员的参政议政提出硬性要求,避免委员渎职现象的发生。②

笔者建议可适当调整提案的流程,以克服委员专业水平上的缺陷。例如在提案组初审和提案委员会定审两个环节之间作出调整。具体说来,提案初审期间,若提案组发现存在专业素养问题,可将提案转发专委会,并要求后者对委员提供业务指导和修改意见;政协委员修改提案后,经提案组提交提案委员会定审。

人民政协还应当全面建立和落实委员述职制度,要求来自各民主党派、各人民团体、各界别的政协委员向推荐单位做述职报告,加强委员的责任意识;有针对性地组织委员集体学习和调研活动,以弥补专业素养的不足。

另外,党委、政府也有义务为培养政协委员的决策参与能力创造条件,包括完善信息公开机制、委员权利保障机制、提案反馈落实制度等,从而保障资讯信息的获得、沟通渠道的畅通、业务能力的提高等等。

第三,针对社会精英被执政党过度吸纳问题,执政党有必要立足长远来考虑统一战线、多党合作和政治协商制度的可持续发展,例如有意识地将一些社会精英留在党外,以发挥更大作用,避免政治协商的社会基础萎缩。

五、人民政协与"参与式"政府预算审议

在工作方式方法上,笔者建议,人民政协可以将"参与式"预算审议作为一个创新突破口。

(一)人民政协应加强基层组织机构建设

浙江温岭正在进行的"参与式"政府预算审议实践中,有一类"泽国模式"就是以乡镇民主恳谈会替代了政协会议的部分功能。尽管人民政协的

---

① 崔裕蒙:《决策立法应赋予人民政协不可行性研究权》,《岭南学刊》2008 年第 5 期。
② 访谈记录编号:20110523,访谈对象 F 为杭州市政协委员。

组织机构尚未全面延伸到乡镇、街道,但基层民主恳谈会的广泛存在恰恰说明公共协商具有相当的必要性,也需要代表社会各界别的政协委员参与。今后一个时期,人民政协应当继续加强在乡镇、街道的工作委员会、联络委员会等组织机构建设工作,推动政协委员参与基层公共事务。

(二)人民政协应支持"参与式"政府预算审议

温岭"参与式"政府预算的一个创新要点是,在人大审议通过预算方案前,先组织民意代表进行审议,参加乡镇预算审议的民意代表是从基层群众中随机抽样产生的。由于乡镇一级不设政协机关和政协委员,人民政协尚未在当地的政府预算审议中发挥重要作用。笔者 2011 年 1 月在泽国镇现场观摩时发现,一些民意代表看不懂预算方案说明,不敢在讨论中发言,会场多次出现冷场局面,若有政协委员的参与,将有助于提高预算审议的质量。

未来还可尝试将"参与式"政府预算审议引入县、市两级人民政协,成为人大审议前的必经程序。即除了政协委员作为审议主体外,还通过民主机制遴选部分公众来参与审议,从而将社会精英的判断与民意结合起来,提高政府财政预算的公开性和透明度。总体而言,人民政协参与预算审议,有助于科学地编制预算,也较能获得社会各界的认可;而通过政协来接纳部分公众参与预算审议,不但与政府向社会公开预算的既有做法相适配,也能促进人大的预算审核工作。因此,人民政协有必要将"参与式"预算审议作为提升其功能的一个新途径。

(作者单位:中共杭州市委党校)

浙江城乡精神文明一体化探析

傅　歆

2010 年,浙江人均 GDP 已达中等国家或地区的水平,城市化率达到59％。"十二五"时期浙江省城乡一体化进入到黄金时期,省域内城市现代化和乡村工业化、城镇化加速发展,城市文明加快向农村渗透和传播,农村人口和产业快速集聚,乡村的经济实力、综合竞争力、文明程度和生活方式正加速向城市化目标点发展,城乡一体化成效日益显现。综观现状,在肯定成绩的同时,我们也看到,浙江在统筹浙江城乡一体化发展上,物质文明方面成效显著,而在精神文明层面还存在一定距离。尽管这方面已做了许多工作,但还没有普及化、深层次化、实效化,还没有形成一定的体系和理论,还没有走出具有自己特色的浙江经验。因此,浙江城乡一体化精神文明层面的研究,已成为我省各界重点关注的课题之一。

一、城乡精神文明一体化的重大意义

(一)城乡精神文明一体化是建设有中国特色社会主义,树立共产主义理想的迫切要求

精神文明是人们在改造客观世界的过程中,在主观世界方面所取得的进步,主要表现在教育、科学、文化知识的发达和人们思想、政治、道德水平的提高。社会主义精神文明是社会主义社会的重要特征,是具有中国特色的社会主义社会不可缺少的一个重要方面。在全党把工作重点转移到现代化建设上来以后,党中央曾多次郑重指出:我们在建设高度物质文明的同时,一定要努力建设高度的社会主义精神文明。这是建设社会主义的一

个战略方针。

邓小平同志曾指出："我们要建设的社会主义国家,不但要有高度的物质文明,而且要有高度的精神文明。""没有这种精神文明,没有共产主义思想,没有共产主义道德,怎么能建设社会主义?""所谓精神文明,不但是指教育、科学、文化(这是完全必要的),而且是指共产主义的思想、理想、信念、道德、纪律、革命的立场和原则,人与人的同志式关系,等等。"

党的十七大报告指出,我国"农业基础薄弱、农村发展滞后的局面尚未改变,缩小城乡、区域发展差距和促进经济社会协调发展任务艰巨";提出"统筹城乡发展,推进社会主义新农村建设","建立以工促农、以城带乡长效机制,形成城乡经济社会发展一体化新格局",这为我们推进城乡精神文明建设工作提出了新的要求,指明了新的方向。

(二)城乡精神文明一体化是落实科学发展观,统筹城乡发展的迫切要求

城乡一体化是我国现代化和城市化发展的一个新阶段,城乡一体化就是要把工业与农业、城市与乡村、城镇居民与农村居民作为一个整体,统筹谋划、综合研究,通过体制改革和政策调整,促进城乡在规划建设、产业发展、市场信息、政策措施、生态环境保护、社会事业发展的一体化,改变长期形成的城乡二元经济结构,实现城乡在政策上的平等、产业发展上的互补、国民待遇上的一致,让农民享受到与城镇居民同样的文明和实惠,使整个城乡经济社会全面、协调、可持续发展。城乡一体化,是一项重大而深刻的社会变革。

科学发展观是我国经济社会发展的重要指导方针。科学发展观的根本方法是统筹兼顾。在统筹城乡发展的探索中,各地都把统筹城乡经济建设、政治建设、社会建设放在显要位置,并制定了相应的政策措施加以落实,但往往忽略了统筹城乡精神文明建设。一个地区经济社会的发展既需要物质力量的推动,又需要精神文明的支撑。深入贯彻落实科学发展观,在统筹城乡发展的框架下,合理配置城乡精神文化资源,促进城市和农村精神文化建设更加紧密地联系起来协调发展。这有利于充分发挥城市精神文明建设的资源优势,实现"以城带乡",提升农村精神文明建设水平,为统筹城乡发展提供强大的精神动力和智力支持。

(三)城乡精神文明一体化是提高农民素质,加强农村精神文明建设的迫切要求

素质的高低既是精神文明建设成效的重要体现,又是精神文明深入开展的重要保证。由于历史和现实的多种原因,农村的文化、卫生设施、条件比较简陋,农民素质相对较低,生活习惯上还有不少陋习。提高农民素质已成为统筹城乡精神文明建设的一项重要任务。

农村精神文明建设无论是领导重视的程度,还是资金投入的幅度,无论是采取措施的强度,还是落实工作的力度,都还相对滞后,与城市相比差距较大。而以前又缺少一种像文明城市创建那样能够推动农村精神文明建设的强势载体。拓展文明城市创建这个载体,升级为文明县,开展新一轮的创建活动,比较能够引起各县党委、政府的高度重视,像开展文明城市创建那样,形成强势推动的良好局面,引导地方政府把更多的财力、物力、人力投入到农村精神文明建设中,更加关注提高农民的文明素质,更加注重推动城乡经济建设、政治建设、文化建设、社会建设的统筹协调发展。

二、城乡精神文明一体化面临的主要问题

(一)干部群众思想认识有待进一步提高

思想认识是行动的先导。思想认识是否到位直接关系着城乡精神文明一体化能否深入开展。长期以来,一些干部认为农村精神文明建设周期长、见效慢,没有经济效益那样直观、能明显体现政绩,便对精神文明建设工作被动应付;一些干部没有正确理解物质文明和精神文明的关系,认为经济搞上去了,精神文明建设也自然而然上去了,先把经济抓上去,再抓精神文明也不迟;一些干部存在畏难情绪,认为物质条件较差,精神文明不好搞,从而马虎了事;有些农村群众认为市场经济就是要多挣钱,精神文明建设无足轻重;有些农村群众认为精神文明建设是“文化人”的事情,与自己无关。这些错误认识的存在,影响了部分干部建设城乡精神文明一体化的主动性,影响了部分农民参与精神文明建设的积极性,导致精神文明建设工作有被边缘化的趋向,处于一种“说起来重要,做起来次要,忙起来不要”的状态。

（二）农村社会事业建设有待进一步加快

社会事业是城乡精神文明一体化的基础条件。从某种意义上讲，农村社会事业建设水平的高低，直接关系着城乡精神文明一体化建设质量的高低。改革开放以来，党和国家高度重视农村社会事业的发展，并采取了切实可行的措施，取得了很大的成绩，但受农村经济发展比较缓慢、社会事业基础设施条件滞后、专业人才和事业经费严重不足等多方面的限制，也存在着一些不可忽视的问题。在教育方面，基础教育发展难度大，职业教育硬件投入严重不足，留守儿童上学难的问题普遍存在。在医疗卫生方面，乡镇卫生院和村级卫生室设备陈旧，医护人员严重缺乏、业务素质普遍不高；农村新型合作医疗服务体制和管理机制还不完善，农民看病难、买药贵的问题还比较突出，距离广大农民的期望值仍有一定差距。在文化事业方面，干部队伍整体素质堪忧，兼职现象严重，流动性很大，甚至外行当文化干部的情况也大有人在；各项文化活动开展少，"早上听鸡叫，白天听鸟叫，晚上听狗叫"成为广大农村地区文化生活的真实写照，文化活动存在的脱钩、效率低下等现象也严重制约和影响了文化事业整体发展和推进。

（三）农村精神文明阵地建设有待进一步加强

阵地建设是精神文明建设的物质载体，也是建立城乡精神文明一体化建设联系的节点。加强农村精神文明阵地建设，是城乡精神文明一体化建设取得显著成效的必要条件。目前，虽然"村村通"工程已在逐步推广实施，但由于电视节目内容少、广播网络不健全、报纸进户有难度等原因，群众业余文化生活仍然相对比较单一，少数农民沉迷于黄、赌、毒之中，严重影响到了农村精神文明建设进程。一些乡镇文化活动场所欠缺，农村文体活动硬件设施存在着数量少、条件差的问题，有场所无设施或者被占用的现象十分普遍；虽然有的乡镇已建有图书馆、文化站等阵地，但没有得到充分利用，到了村社一级，由于缺乏资金投入，更是基本上处于"一无所有"的状况，农闲时节，赌博、喝酒依然成风。

（四）城乡精神文明一体化制度体系有待进一步健全

制度更带有根本性、全局性、稳定性和长期性。城乡精神文明一体化建设是个浩大繁重的社会系统工程，需要全社会的通力协作才能完成。从根本上讲,城乡精神文明一体化建设能否取得成效,取决于最终能否建立起一个最大限度整合并充分利用城乡资源的制度体系。只有这样,才能把城市和农村、不同单位之间的精神文明建设资源整合起来,使之相互补充、相互配合、相互支持,做到统筹兼顾、合理配置、资源共享;才能有效利用城市精神文明建设的资源优势和充分发挥各单位的特长,调动方方面面的积极性,做到优势互补、取长补短,实现城乡精神文明建设的整体联动和区域联动。然而,各地在开展"城乡文明共同创建"活动的过程中,不注重城乡精神文明共建机制的建立和完善,难以实现城乡精神文明建设资源的整合,导致城乡之间、不同单位之间的精神文明建设工作脱节,难以统一部署形成合力,难以真正发挥城乡精神文明一体化建设的功效。

三、城乡精神文明一体化建设的对策建议

(一)大力加强思想道德建设

突出社会主义核心价值体系建设,把加强思想道德建设作为文明县(市、区)创建的基础工作和中心环节,深入实施文明素质工程,加强社会主义荣辱观教育,广泛开展以"创业创新"为核心的浙江精神教育、以文明礼仪为重点的社会公德教育、以诚信负责为重点的职业道德教育、以感恩报德为重点的家庭美德教育和以行为养成为重点的个人品德教育。广泛开展"讲文明、讲科学、讲卫生、讲法制、改陋习"活动,积极倡导科学文明的生活方式。大力普及礼仪知识、强化礼仪意识、注重礼仪实践,引导和鼓励人们从身边小事做起,养成良好的行为习惯。深入开展以"做一个有道德的人"为主题的道德系列实践活动,使人们在参与活动中充实精神生活、提升道德境界,把社会主义核心价值体系的要求内化为文明素质、转化为文明行为。

(二)丰富群众精神文化生活

坚持贴近实际、贴近生活、贴近群众的原则,着力加强城乡文化设施建设和公共文化服务体系建设,加大文化工作服务基层、服务农民的力度,广泛开展送文化、"种文化"活动,努力为广大群众提供更多更好的文化产品和服务,促进城乡文化资源共享,不断满足城乡广大人民群众求知、休闲、

娱乐等多样化的文化需求。结合春节、清明、端午、中秋等重要传统节日，广泛开展节日民俗、文化娱乐活动，弘扬中华民族优秀文化传统。积极实施"春泥计划"，按照未成年人的身心成长规律，精心设计载体，满足未成年人的精神文化需求；大力整治校园周边环境，为广大未成年人特别是农村未成年人营造健康向上的社会文化环境。

(三)加强城乡居民生产生活环境建设

以基层群众性精神文明创建活动为载体，加强城乡基础设施建设，推进完善城乡交通、水利、邮政、电力、通信、供水、燃气供应、环卫、市场等城乡一体的基础设施网络体系，使城乡居民在衣食住行等方面享有同等的便利条件。加大农村环境综合治理力度，加快危房改造，加强绿化建设，着力解决乱张贴、乱搭建、乱设摊、乱停放、乱堆放和乱倒垃圾等问题，推动村庄美化、环境净化。深入推进平安村镇建设，创新农村社会管理机制，强化治安管理和安全防范措施，营造和谐稳定的社会环境。适应社会主义新农村建设要求，加强农村文明社区、文明集市建设，努力营造管理民主、服务完善、文明祥和的社区环境和依法经营、诚实守信、整洁有序的市场环境。

(四)推进公共服务保障体系建设

加强公共产品供给、设施网络、人才资源、技术支撑等公共服务建设，基本实现城乡公共服务的均等化。建立健全劳动就业、社会保险、社会救助等相互衔接、相互促进的工作联动机制，实现社会就业平等充分、社会保险健全完善、社会救助全面协调、社会关系和谐稳定、管理服务规范高效，城乡居民劳有所得、病有所医、老有所养、住有所居的目标。开展科技志愿服务，发挥农技专家、科普人员、种植养殖能手的作用，向农民传授实用生产技术、职业技能，帮助提高增收致富能力。

(五)以文明城市创建为平台,拓展空间,做到文明创建全覆盖

城乡精神文明一体化文明县(市、区)创建，要以城市(县城、城区)为中心，不断拓展空间，扩大范围，从建成区向小城镇和农村延伸、从繁华地段向城郊结合部、周边村镇延伸，从社区向村庄延伸，统筹城乡基础设施和公共服务建设，促进城市基础设施向农村延伸、城市公共服务加快向农村覆盖，推动农村地区加快由传统向现代的转型。要以中心镇和小城镇为据

点，按照城乡一体化的要求，加强供排水、交通、能源、信息等基础配套设施建设，加强文化阵地建设，不断增强农村精神文明建设的内生力量，着力增强中心镇和小城镇对产业、人口的集聚能力和对农村发展的带动能力，着力增强农村社区对城市文明的接纳能力，使中心镇和小城镇成为文明县（市、区）创建的"桥头堡"。要以区域内主要公路、河道为骨架，大力加强公路沿线、河道沿岸的文明村镇创建，为城市文明向农村辐射提供畅通的渠道。要以各级文明村为示范，把创建工作向社会治安问题较多、矛盾纠纷集中的行政村延伸，向干群关系紧张、工作推不开局面的行政村延伸，向生产生活条件落后、经济贫困的行政村延伸。

（作者单位：浙江省社会科学院政治学研究所）

城乡文化一体化的发展困境及破解之道[*]

肖剑忠

城乡文化一体化,是文化领域贯彻落实科学发展观的具体举措,是社会主义文化建设的重要任务,是满足人民群众尤其是广大农民群众基本文化需求、保障其基本文化权益的重要途径。城乡文化一体化的核心,是城乡在文化权利上平等、文化服务上均等、文化资源上互补、文化发展上互促。党的十七届六中全会通过的《中共中央关于深化文化体制改革推动社会主义文化大发展大繁荣若干重大问题的决定》对加快我国城乡文化一体化发展高度重视并提出了明确要求。由于城乡二元体制的长期积弊,由于农村文化建设的多年"欠账",兼之意识偏差、环境制约、制度缺位等多方面原因,我国城乡文化一体化目前仍面临着一些发展困境。从这些困境出发,探索破解之道,正是各级党委、政府贯彻落实党的十七届六中全会精神的迫切任务。

一、城乡文化一体化的发展困境

(一)农村部分公共文化设施利用率不高

由于近年来我国公共文化服务体系建设的持续推进,由于各级财政投入力度的不断加大,我国广大农村地区的尤其是乡镇层面的公共文化设施建设,取得了长足进展。农村公共文化设施"建"的问题虽已不再突出,但

---

*　文章系肖剑忠主持的 2012 年度杭州社科规划课题《杭州统筹城乡文化一体化发展研究》(D12WH02)的部分研究成果。

"用"的问题却普遍凸显。总体上看,农村地区公共文化设施利用率较高的主要是电视、广播、篮球场、健身苑、健身点及其他各类文化广场等,而乡镇文化站和村级文化活动室等综合性文化设施的利用率并不很高。笔者在基层调查时发现,相当多的乡镇文化站和村级文化活动室有名无实,或者大门紧密,或者门可罗雀。乡镇文化站和村级文化活动室等部分农村公共文化设施利用率不高,其原因是多方面的:或者是文化活动室缺乏专职文化管理员;或者是村级文化活动室没有与村两委办公室分开,从而给许多农民群众进入其中参与文化活动带来心理障碍或行为不便;或者是开放时间规定不合理,照搬工作日开放、周末和晚上关门的规则,从而使得许多属于上班一族的农民群众,因为时间冲突最终只能望文化站和文化活动室的大门而兴叹。

(二)农村户外文化活动场地不多

近年来,许多现代集体文化活动由城市向农村传播,在农村地区日渐流行,受到农民群众的广泛喜爱,例如越来越多的农村老年人喜欢上了木兰拳、太极拳、太极剑、功夫扇,越来越多的农村妇女喜欢上了跳排舞,越来越多的农村青少年喜欢上了打篮球、踢足球甚至打网球,越来越多的村庄涌现出了腰鼓队、锣鼓队、民间剧团,等等,所有这些都对农村大型户外活动场地产生了普遍的迫切需求。然而,由于许多村庄原有的广场在实行联产承包责任制后,被结构原子化、利益独立化的部分农民群众不断侵蚀占用,或者村庄建设缺乏科学规划,文化活动场地建设未能加以考虑等原因,绝大多数农村地区缺乏像样的文化活动场地。即便一些村庄想改变这种现状,新建文化广场,但由于土地审批严格、土地资源紧张、集体资金有限、集体合作困难等原因,也大多难以如愿。目前,除了极少数乡镇和中心村建有文化广场之外,户外活动场地缺乏已经成为我国大多数村庄只能无奈接受的现实。农村户外活动场地缺乏,其直接后果就是许多农民群众的文化需求不能满足,文化生活品质受到一定影响。往深层次上说,文化活动场地的缺乏,还制约着农村文化建设的可持续发展和农村和谐社会的构建。这是因为,文化活动场地促成了具有相同文化兴趣爱好的农民群众的聚集,从而有助于他们加强彼此交流、进一步提高技艺水平,有助于他们增强成就感自豪感、进一步提高参与农村文化活动的积极性,有助于他们加强团结合作、进一步积累农村熟人社会的社会资本。

(三)农村文化人才不足

推进农村文化建设、实现城乡文化一体化发展,必须拥有一批数量足、素质高的农村文化人才队伍。农村文化人才队伍,既包括文化管理者队伍,也包括文化骨干队伍;既包括专职文化工作者队伍,也包括文化志愿者队伍。总体来看,由于农村公共文化事业长期投入不足、农村经济社会发展水平长期落后于城市地区、农村人口近年来快速流动等诸多因素的叠加,各地普遍出现了农村文化人才难留、人才不足的问题。其典型表现有:扎根农村、服务农村的大学生比例远低于大学生占全国人口比例,有文化专长的大学生更是少之又少;全国大多数乡镇综合文化站和村级文化活动室缺乏足够的专职文化工作者,或者由乡镇干部兼职凑数,或者由村干部兼管代管,甚至干脆无人负责。农村文化人才不足,带来了多方面的消极影响,对农村文化事业发展形成了严重制约。例如,由于许多乡镇综合文化站和村文化活动室缺乏专职的管理员,从而导致许多文化站和文化活动室开放率不高、开放时间不足乃至大门长年锁、众人门外叹,进而使得许多文化资源不能得到高效利用,使得许多农民群众不能参与文化生活。又如,由于许多农村地区缺乏文化民间艺人和文化能人,或者虽有但没有很好地组织发动起来,当地的文化建设往往冷冷清清、文化生活往往单调枯燥,当地农民群众往往将热情和精力投入于打牌、打麻将、打游戏、待在屋内上网看电视等具有不同程度负面效应的娱乐活动。

(四)农村文化遗产保护不易

近年来,随着现代化浪潮广泛波及广大农民群众,城镇化热潮日益蔓延至广大农村地区,乡村的文化遗产保护面临着越来越大的压力和越来越严峻的挑战。一方面,随着城镇化的推进,越来越多的农村地形发生翻天覆地的变化,从而使许多地下文物被动地暴露于阳光下、被动地得到发掘,其中,部分地下文物由于相关的管理保护监督工作存在不同程度的缺失,最后为人所盗所藏。其次,城镇化导致许多有一定年头和一定价值的乡村历史建筑(包括老宅、桥梁、祠堂等)甚或整个自然村落和街区毁于推土机下,即便没有沦于拆迁和消亡的命运,也因为周边环境的改变而变得朝不保夕,或价值大打折扣。再者,许多经历现代化浪潮洗礼的乡民,越来越向往、痴迷外来的文化和生活方式,对本地的文化和生活方式越来越不自信、不满意,由此导致他们越来越多地出现拆掉自家多年祖居以建现代小洋房、扔掉多年传下来的老物件为现代新家具腾空间之类的毁损文化遗产的行为。客观地说,这些老宅、祖居、老家具、老装饰品属于乡民祖传之物,农民享有这些文化遗产的所有权和处置权,但其中相当一部分属于地区性乃至全国性的文化遗产,具有公共物品的属性,有的还被正式确定为当地的文保单位或文保点,从这个角度来说,部分农民群众对其自家文化遗产的不合理处置行为,事实上是对地区、国家和民族文化遗产的不负责任行为,最终不同程度地损害了地区、国家和民族的根本利益和长远利益。

(五)部分乡村传统文化传承利用不够

此处乡村传统文化主要指那些虽不具有稀缺性和珍贵历史价值,但同属先民创造和流传下来且至今仍有多方面价值的乡村文化,例如族谱、地名、方言、地方信仰、民间习俗等,而不包括各级文保单位、文保点和纳入各级保护名录的非物质文化遗产。这些乡村传统文化,反映了当地居民祖先的创业历史和生产生活印迹,保留了不少有价值的史料,凝聚了先民的智慧,是一个地区城乡居民共享的文化遗产,是各地文化软实力的重要组成部分,并在当今社会仍具有凝聚民众、促进和谐、充实生活、彰显特色、保护环境等多方面的积极效应。总体而言,多数乡村传统文化传承利用工作做得不够好。其中,最为主要的原因是偏激意识形态的错误指导。例如,族谱和许多民间习俗和民间信仰就在"破四旧"和"文化大革命"时期遭到焚毁和打击。尽管已时过境迁,但仍有一些舆论和领导干部对这些传统文化信仰持否定和排斥态度,视之为封建迷信,从而使得族谱等乡村传统文化不能得到很好的传承和利用。另外,近年来,人口流动增加、行政区划调整频繁、工程建设繁忙等因素,也对一些乡村传统文化的传承利用带来了消极影响。例如,由于地形大变样和地名多变更,导致许多反映环境事实、蕴藏人文内涵的古老地名消失,其结果是随着时间的推移和人口的代谢,这些乡村面临着越来越大的历史断线、文化断根的风险,这些乡村的历史文化越来越有可能成为无人知晓的往事和无人可破译的密码。年轻一代不知祖辈姓名、不知村庄来历、不知村庄习俗的尴尬情形,如今在全国各地比比皆是,这些正是部分乡村传统文化没有得到很好传承利用的必然结果。

(六)农村文化市场管理不到位

以"露点"为卖点的"草台班子"进驻县城演艺场所或在深入村镇搭建

"戏棚"进行色情表演,各类媒体时有报道;镇村小摊、小店或明或暗兜售出租一些伪劣、盗版、色情、反动书刊和音像碟片,以及极少数网吧对未成年人开放等现象在农村地区时有出现。所有这些现象,都反映了我国许多农村地区存在文化市场管理不到位的问题。其原因,一方面在于文化市场监管力量配置本来就属于城市重农村轻的格局,广阔的农村地区文化监管力量配置历来比较薄弱;另一方面在于乡镇文化站和村级组织没有担负起守土有责的重任,日常文化市场监管工作依然不同程度地存在着不重视、不落实的问题。这些现象和问题的存在,破坏了我国的社会主义市场经济秩序,严重地污染了农村社会环境,毒害了农民群众尤其是未成年人的心灵,危害甚大。

二、城乡文化一体化发展困境的破解之道

(一)以增能提效为核心,进一步提高乡镇文化站公共文化服务水平

针对我国乡镇文化站建设问题已基本解决而管理利用问题日渐突出的当前实际,今后的工作主要是以增强乡镇文化站可持续发展能力、提高文化资源利用效率为核心,进一步提高乡镇文化站公共文化服务水平。具体言之,一是加大资金投入和人员配备力度。要根据有关文件要求,结合本地人口数量、设施规模等实际,配足乡镇文化站配强工作人员,以彻底解决"有物没人"这一突出问题。若乡镇文化站根据规定所配编制有限,依旧存在人员不足、岗位缺人的问题,则应通过招聘符合岗位条件要求的临时工作人员,政府以相应的财政补助的形式予以解决。此外,还应将乡镇文化站的设施更新、设备添置、日常维护等费用纳入政府财政预算范围,为乡镇文化站的正常运行和可持续发展提供有力的资金保障。二是健全内部管理和激励制度。要坚持文化知识和业务素质并重的标准,完善乡镇文化站工作人员招聘制度,确保乡镇文化站工作人员整体素质高起点;要建立健全签到、请假、作息等具体管理制度,尤其要普遍实行周末和晚上开放制度,确保乡镇文化站时时有人在、随时进得来;要普遍实行文化站长享受乡镇中层干部待遇和资助文化骨干定期接受高层次业务培训制度,确保乡镇文化站工作人员的事业激励覆盖广、力度大。三是加强上级考核和社会监督。应根据开放时间、人员在岗、服务态度等指标,每年定期开展乡镇文化

站的群众满意不满意评价活动,以更好地倾听群众呼声、吸纳群众建议、提高乡镇文化站服务水平;文化主管部门同样每年应根据群众满意不满意评价状况和乡镇领导干部评价状况,对乡镇文化站开展考核定级活动,并给予相应的奖励。

(二)以普及化和标准化为目标,进一步加大村级文化基础设施建设力度

村级文化基础设施,由于距离农民更近,其对满足农民群众基本文化需求、保障农民群众基本文化权益,意义甚为重大。根据农村的实际,村级文化基础设施建设的重点是村级文化活动室和大型户外文化活动场地建设。两者都应在扩大覆盖面、实现普及化的同时,做好标准化工作。所谓村级文化活动室的标准化,主要是指根据农民群众的需要和农村的实际,做到每个村级文化活动室"五个有",即有单独场地、有专职管理人员、有一定室内面积、有若干种室内文化设施、有一定数量图书报刊电脑等文化资源。所谓农村户外大型文化活动场地的标准化,主要是达到"三较"标准(面积较大、设施较多、功能较全),可以满足文艺演出、篮球、足球、排舞、体操等大型集体文化活动的需要。实践表明,通过住房集中建设和废墟旧塘清理等途径,农村土地的开拓利用空间潜力仍然很大。

(三)以各类节日为节点,积极开展农村文化娱乐活动

农村地区的节日体系,既包括全民性的传统节日,如春节、清明节、中秋节、重阳节等,也包括地区性的节庆,还包括地方党委、政府为了经济社会发展和文化建设而定期举办的、影响较大的各类现代节庆。这些节日有的本来就包含一些传承已久的传统文化娱乐活动,例如春节的舞龙舞狮、元宵节的灯会、端午节的赛龙舟等。即便这些节日缺乏文化娱乐活动内容,有关基层政府和村级组织亦可组织开展本地区的排舞比赛、篮球邀请赛、象棋赛等各类文化娱乐活动,甚或鼓励和支持各类业余文化团队和民间兴趣团体自发地开展各类文化娱乐活动。由于节庆具有社会成员集体意识相同、集体行为一致的特征,因而各类节日正为农民群众参加集体文化活动提供了极好机会和极佳平台。可以肯定的是,各类节日文化娱乐活动越多,农民群众的文化生活就越丰富,农村各类业余文化团队就越有持续生命力,与农村节日习俗相关的各类文化遗产就越容易得到保护和传

承,农村社会的人际关系就越和谐,农村社会秩序就越稳定。

(四)以强化农民利益激励为主要着力点,更好地保护乡村文化遗产

农民是乡村文化遗产保护的最重要和最有效主体,对那些未被列入国家文物保护对象范围、不由国家强制保护的乡村文化遗产来说,尤其如此。在市场经济波及范围越来越广和农民利益需求不断增强的时代背景下,为充分发挥农民群众的主体作用,更好地保护乡村文化遗产,必须创新保护理念和保护机制,强化对农民群众的利益激励。具体如:树立"以生产性保护传承文化遗产"的理念,以农村文化遗产和文化资源为基础,大力发展农村文化产业,实现城市资本与农村文化资源、城市文化消费市场与农村文化生产的对接,让丰富的文化遗产和文化资源经由文化产业,转化为城市居民共享的精神财富和农村居民的现实物质财富。又如,树立"建新区、保老区"理念,探索农民易地建房、农民宅基地无偿置换机制,以解决建新不能拆旧的难题。还如,在欠发达地区,探索政府出资购买有重要价值乡村历史建筑、获得乡村历史建筑全部产权、承担全部保护责任的乡村历史建筑保护机制。所有这些创新,因为实现了农民个人利益与集体利益的平衡、农民经济利益和民族文化利益、地区社会效益的兼容,从而将大大减少乡村文化遗产乡民毁、祖先文化遗产后代弃现象。

(五)以编方志为主要实践形式,更好地传承乡村传统文化

实践表明,地方志是在自然环境巨变和社会环境剧变的时代背景下,记录村庄历史变迁、保护和传承民俗、地名、民间信仰等乡村传统文化的极佳载体。近年来,国内各地名人故里之争异常激烈,这也正表明了地方志对于记录发生在农村大地上重要事件、重要人物,为后人保留重要史料的重要意义,并且随着时间的推移,地方志的重大意义越加凸显出来。因而,应普遍推行修地方志这一农村文化建设具体举措,以达到乡乡有志、镇镇有志、村村有志的目标。至于修族谱,实践同样表明其具有帮助文化寻根、凝聚村民力量、促进乡村治理、增强祖先信仰、充实精神生活等多方面的积极作用,同样应旗帜鲜明地给予鼓励和支持。

(六)以有偿举报制度和镇村文化市场监管考核机制为保障,进一步净化农村地区文化市场

要在广阔的农村地区有效打击随时冒出且容易隐藏的非法文化经营

现象,必须建立有偿举报制度,充分发挥数量巨大、无处不在的人民群众的作用。此外,还须将各乡镇和行政村对本辖区的文化市场监管工作情况,纳入综合考评体系,赋予一定分值比重,以强化乡镇文化站和村级组织的工作责任,调动乡镇文化站工作人员和村级组织有关工作人员的积极性、主动性,切实改变部分文化市场监管工作人员守土不尽责、只当睁眼瞎的现象。

(作者单位:杭州市社会科学院文史所)

全球化背景下的中国海洋文化政策[*]

王文洪

　　中国作为一个海洋大国,有着 18000 千米的大陆海岸线,14000 千米的岛屿海岸线,拥有 6500 多个 500 平方米以上岛屿的主权和 300 万平方千米的管辖海域,有 4 亿多人生活在沿海地区。近年来,中国已逐步认识到提升国民海洋意识的重要性,同时,中国既希望自身能成为像西方国家一样的海洋强国,但又不希望走西方海外殖民扩张的道路。因此,从全球化的角度探索中国海洋文化政策的近况,并分析文化全球化与中国海洋文化政策的关系,显得非常重要。本文将在探讨文化全球化的基础上,分析近年来中国关于海洋文化的论述,并进而考察中国海洋文化政策的现状和趋势。

一、文化全球化与中国的海洋文化研究

　　在西方学界,“文化”这一概念长久以来就包含了一些模糊的范畴,这包括个人的生命经历、实体的艺术品、文本、物品,甚至还包括了对于艺术的专业论述、文化工业的商品化产出、日常生活的文化表述,以及前述各种范畴之间的复杂互动。①由于人口、物体及符号均是文化的载体,所以,全球化作为一种跨越区域及洲际的物体、符号和人口的流动,必然也包含了文化全球化。从这个角度来说,文化全球化有着悠久的历史,不论是基督文明、伊斯兰教文明、佛教文明的扩散过程,还是罗马及蒙古帝国的扩张,均

<hr/>

　　* 本文系 2010 年 9 月至 12 月作者在中国社会科学院研究生院做访问学者期间的研究成果之一,入选《文化蓝皮书:2011 年中国文化产业发展报告》,这次进行了重新修改和补充。

　　① D. Held, A. G. McGrew, D. Goldblatt & J. Perraton. Global Transformations: Politics, Economics and Culture. Cambridge: Polity Press, 1999, p. 329.

是文化全球化的先例。在工业化过程中,欧洲列强曾不断进行海外扩张,由于运输及交通工具的革新(机械运输和电报的系统化),新兴的文化全球化也得到了促进。

与先前的文化全球化相比,今天的全球文化交流的绝对规模、强度、速度,绝对是空前的。相比过去几十年,文化输出和输入的数量已经增长了许多倍;电视、电影的贸易有了巨大的增长;因特网的用户及联结数呈几何倍数增长,正逐渐成为一种普遍的跨越国界的沟通模式。收音机、电视机、因特网、手机、卫星和数字技术的加速传播(尽管并不均衡),使得全球大部分地区得以进行实时通讯。在全球占主导地位的英语,为观念和文化的普遍传播,提供了强大的公共语言基础,尤其在商业、政治、行政管理、科学、学术界和计算机等方面,绝大部分的术语都可以(必须)以英文进行跨文化交流。在文化全球化的背景下,我们被迫与异域文化对话,并重新塑造自我的认同。同时,不同文化之间相互混杂的情形也越来越多。

前述对于文化全球化的分析,为今天考察中国的海洋文化研究提供了一个基点,即本地文化与远方异域文明的互动关系,是个辩证而复杂的过程。中国海军现役大校郝延兵及现役少校杨志荣认为,从行为主体来看,中华民族是陆地民族,而西方则是海洋民族;从文明属性来看,中国的海洋事业隶属陆地文明的范畴,带有陆地文明中农耕文明的特质,最多是一种农业性海洋文明,而西方国家的海洋事业则属于海洋文明的范畴,带有海洋文明中商业文明的特质,后来又发展成一种新兴的工业性海洋文明;从活动内容来看,中国的海洋事业是以海为田,中心内容是"兴渔盐之利,通舟楫之便",进行的是一般的交往活动,但经济交往的比重较小,而且经济交往是一种不对等的、非双向的交往,但西方海洋事业的中心内容,则是以追求财富为目的的航海贸易,同时还伴随着殖民、移民、掠夺等。① 这两位现役海军军官进一步指出,今天的中国如果要成为全球海洋文明的中心,那么政府就必须强化国家海洋战略,并且提升民众的海洋意识(到海外经商的意识、海洋国土意识、经略海洋的意识、海上力量意识、关心海洋发展的意识等),提升海洋科技及经济实力,增加参与海洋事业的人口,更重要的是强化海上军事力量的建设。他们甚至直接指出,历来列强能成为海上

---

① 郝延兵、杨志荣:《海上力量与中华民族的伟大复兴》,国防大学出版社 2005 年版,第 156—159 页。

强国的秘诀就是"既向外侵略又改革……如今,中国也找到了并实践着迈向海上大国、世界性大国的康庄大道"①。但他们也不主张完全采用西方列强的模式,认为中国与西方列强应该要有原则性的差别,即中国"绝不侵略别国,永不称霸"。

中国海洋大学海洋文化研究所所长曲金良则认为,西方学术界的海洋观有三方面的偏差:片面强调欧洲中心论;片面强调海权力量的作用;片面强调航海贸易包括海洋探险和航海"新发现"的作用及世界市场商机与获利原则。西方这些海洋观念的偏差,不仅主导着许多西方学者,并且深刻影响着我国许多学者的价值取向。因此,中国学界应该要从立场上批判西方模式,从理论上强调海洋文化的全部内涵、整体功能和民族特色,防止自我海洋中心意识,导致新的文化侵略和文化霸权主义;防止一味地强调海洋军事大国,导致穷兵黩武;防止一味地强调海洋经济,导致海洋生态环境和海洋资源破坏。② 另外,曲金良也就文化全球化的问题指出:"现代文化毕竟不同于传统文化,现代文化是人类已经走向国际化社会、在全球化语境下的文化……而这种全球性的现代文化的核心与主流形态,就是海洋文化形态……体现为外向型、开放型、开拓型、竞争型的海洋文化模式和特性。中国自有东方型海洋文化传统与个性,在当代世界现代化的'世界潮流'中,同样应该、也同样能够发挥我们自己的作用。"③在他看来,世界各海洋大国在海洋领域的各种竞争,不论是关于海洋经济、科技、资源还是海洋权力,说到底是各自海洋文化的竞争,也就是说,决定整个竞争发展方向的因素,在于各国的海洋思维、海洋意识、海洋观念等文化因素。因此,也只有同时扬弃中西海洋文化中各自的优缺点,才能真正提升中国的综合国力。

综上所述,在文化全球化的背景之下,中国军方关于海洋文化的论述偏向现实主义,不仅西化的色彩更浓,而且也更注重海军军事实力的重要性;反而是学界的论述更注重保有中华海洋文化本身的特殊性,而且世界

---

① 郝延兵、杨志荣:《海上力量与中华民族的伟大复兴》,国防大学出版社2005年版,第208页。

② 曲金良:《海洋世纪背景下的海洋文化与综合国力竞争》,载曲金良主编:《中国海洋文化研究:第4—5合卷》,海洋出版社2005年版,第57—62页。

③ 曲金良:《海洋世纪背景下的海洋文化与综合国力竞争》,载曲金良主编:《中国海洋文化研究:第4—5合卷》,海洋出版社2005年版,第60—61页。

主义的色彩也较浓,这也显现了文化的转化过程永远是一幅复杂的图景。但不论是军方还是学界精英,对于当代中国海洋文化的使命的定位都相当明确,那就是要"实现中华民族在世界上的伟大复兴",而且也都建议中国加强自身的海洋强国战略,更注重海洋文化及海洋文化政策的重要性。

二、中国海洋文化政策的现状

(一)中国海洋文化政策

1.《水下文物保护管理条例》

我国的海洋文化政策,可追溯到 1989 年的《水下文物保护管理条例》,尽管这是一份技术性的文件,而不是一份政策纲领。该条例规定(第二至三条),遗存于中国内水、领海内的一切源起于中国的、起源国不明的和起源于国外国的文物,以及遗存于中国其他管辖海域内的起源于中国的和起源国不明的文物归属于中国所有。遗存于外国领海以外的其他管海域以及公海区域内的起源于中国的文物,中国享有辨认器物主的权利。同时,该条例第七条也规定,外国国家、国际组织、外国法人或者自然人在中国管辖水域进行水下文物的考古探勘或者发掘活动,应采取与中国合作的方式进行,并向国家文物局提出申请,由后者报国务院特别许可,未经批准,不得以任何方式私自探勘或者发掘。

2.《中国海洋二十一世纪议程》

不论是开发海洋资源还是保护海洋生态环境,都不能只靠政府部门的作为,还必须有公众的广泛参与。增强民众参与的能力,提高各界民众自觉保护海洋资源和环境的意识,是中国海洋文化政策成败的关键。为此,1996 年中国颁布了《中国海洋二十一世纪议程》,第一次完整地表述了海洋文化政策的战略目标:"促进海洋事业的公众参与,形成全民族关心海洋,保护海洋,社会各界人士参与发展海洋事业,沿海民众协同开发海洋、保护海洋的新局面。加强海洋知识的普及教育和专业教育,建立沿海地方政府和民众海洋事业参与机制,建立海洋开发、保护专家咨询制度等。"

为了达到上述基本目标,《中国海洋二十一世纪议程》将其细分为四个方案领域。第一个方案领域是"教育界的参与和大众媒介的介入",该方案的目标是:通过各种教育方式和多种媒介宣传,提高全社会尤其是沿海地区公众的海洋意识和普及海洋知识,提高劳动者的海洋科学文化素质,培养沿海地区公众参与海洋资源和环境保护的自觉性,形成政府职能部门和广大民众共同保护海洋的局面。第二个方案领域是"科技界的参与",其目标为:在沿海地区建立科技界与决策部门、社会公众之间的联系机制,充分发挥科技界在咨询指导海洋可持续利用方面的作用。第三个方案领域是"海上作业人员和生产劳动者的参与",其目标为:通过教育和采用有效的激励机制以及实施组织措施,使广大海上作业人员和劳动生产者既是用海大军,又是保护海洋的有生力量。第四个方案领域是"基层政府的作用",其目标为:动员基层政府在组织民众参与开发、保护、管理海洋和在海洋防灾、减灾工作方面发挥基础作用,成为管理海洋事务的基本力量。

(二)中国海洋文化活动

1. 世界海洋和平大会

中国执行海洋文化政策,是以一系列的海洋文化活动为基础的,并以此与国际潮流相衔接,例如1996年在北京召开的世界海洋和平大会。世界海洋和平大会是由著名活动家伊丽莎白·曼·鲍杰斯(Elizabeth Mann Borgese)教授及其领导的"国际海洋学院"(International Ocean Institute)发起的非政府间组织会议,是联合国体系外最负盛名、最具影响力的探讨有关全球海洋问题的国际会议,现已逐步发展成为致力于全面系统地探讨全球海洋问题、为解决全球海洋问题提出建议的国际高级论坛。其目的在于深化海洋是全人类共同继承财产的认识,强调对海洋的保护,主张对海洋进行合理有序的持续开发,并就当前人们最关注的海洋问题进行研讨。大会研讨的结果将以建议的形式提交联合国大会,并以此促进国际间的海洋合作与世界和平。①

长久以来,世界海洋和平大会致力于探讨海洋法发展过程中的"体制变革"和"未来综合"方面的问题。由于联合国环境与发展大会的召开和

---

① 第一届世界海洋和平大会于1970年在国际海洋学院总部马耳他召开。此后的每届会议都吸引了世界上众多的政治家、海洋科学家、海洋法学家和海洋工业界人士的积极参与,由此产生了广泛的政治影响。世界海洋和平大会十分注重帮助发展中国家提高海洋意识和维护其海洋权益的能力,因此,得到广大发展中国家的支持。1992年联合国环境与发展大会通过的《21世纪议程》的海洋篇章的大部分内容就是在世界海洋和平大会第19届大会结果的基础上形成的。详情请见国际海洋学院的官方网页:http://www.ioinst.org/。

《联合国海洋法公约》的生效,随后两届会议便专门探讨《联合国海洋法公约》生效后的后续活动和环境与发展大会后续活动的衔接问题。根据第 23 届大会的提议,第 24 届世界海洋和平大会于 1996 年 11 月 15 日至 19 日在北京召开。与会者就全球海洋面临的法律、资源、环境和管理等问题进行了全面的讨论,通过了《北京海洋宣言》。该宣言重申了执行和逐渐发展下列适用于世界海洋的原则:"一、人类共同继承财产的原则,包括经济发展的权利,健康的环境和和平生活的权利;二、国家间和子孙后代之间的平等原则;三、合作原则作为社会、经济和可持续发展的基础,其执行特别通过:建立共同管理区域或共同开发区,生态系统的共同管理,合作发展或共同开发技术;四、和平解决有关海域争端的原则。"

2. 1998 国际海洋年

紧接着世界海洋和平大会而来的是 1998 国际海洋年。"'98 国际海洋年"是 1994 年第 49 届联合国大会第 49/131 号决议一致投票通过设立的。联合国教科文组织政府间海洋学委员会作为国际海洋年的倡议方,具体协调海洋年有关活动。联合国将海洋年的主题确定为"海洋——人类共同的遗产"。为隆重庆祝世界第一个海洋年,联合国有关组织和世界沿海各国纷纷开展多种形式的庆祝和宣传活动。为庆祝国际海洋年,进一步增强全民海洋意识,1994 年 2 月 17 日,中国"'98 国际海洋年"大型宣传活动组委会在人民大会堂成立。① 该组委会由中央和国家机关部委、有关省市、海军共 43 个部门和单位组成,主任委员由全国人大常委会原副委员长王光英出任。在"'98 国际海洋年"大型宣传活动组委会的领导下,中国开展了"爱我蓝色国土"海洋宣传活动、"飞越海岸线——蓝色国土行"宣传采访活动、"走向海洋"全国青少年教育活动等一系列大型全国性活动,采取利用大众传播媒介、专业教育和对青少年教育等多种手段,在全社会普及海洋知识,提高海洋意识。

---

①   同年,国家海洋局派人参加了由教科文组织海委会组办的全球海洋生态动力学开放科学大会、海洋数据与情报交换委员会会议、全球海洋观测系统指导委员会第一次会议、水科学与渔业文摘咨询委员会会议、亚太分委会第四届科学会议和全球海洋观测系统沿海模块专家组第二次会议;另外,还派人参加了海洋污染研究与监测、海洋观测系统数据管理以及海洋和沿海环境保护培训班。中国科学院系统派人参加了在英国举办的 21 世纪可持续海洋会议。在国内,中国海洋生物工程中心在青岛举办了"国际海洋生物工程进展与展望"学术会议和"亚洲地区养殖对虾病害问题及防治技术"研讨会。

　　"'98 国际海洋年"期间,中央及沿海省、自治区、直辖市众多新闻媒体对中国的海洋事业和国际海洋年投入极大的关注,其广度和深度是前所未有的。这一年与海洋文化政策相关的执行内容主要有:

　　5 月 28 日,国务院新闻办公室发表了《中国海洋事业的发展》白皮书,提出了中国海洋事业发展的指导思想和基本政策,这是中国首次发表关于海洋方面的白皮书。

　　6 月 26 日,九届全国人大常委会第三次会议审议通过《中华人民共和国专属经济区和大陆架法》。

　　7 月 18 日,由"'98 国际海洋年"大型宣传活动组委会主办,国家海洋局承办的"爱我蓝色国土"海洋宣传日活动,在北京和沿海各地同期举行。活动以"迎接海洋世纪,共铸蓝色辉煌"为主题,众多群众在《我的海洋章程》上签名,国家海洋局原局长张登义则代表中国在《海洋章程》(Ocean Charter)①上签名。

　　3. 郑和下西洋 600 周年纪念活动

　　21 世纪以来,中国举办的最盛大的海洋文化活动,莫过于郑和下西洋 600 周年纪念活动,活动主题被命名为"热爱祖国、睦邻友好、科学航海"。2002 年 4 月,由交通部负责组织工作,成立了郑和下西洋 600 周年纪念活动筹备领导小组(以下简称"领导小组"),该小组办公室则设在交通部。领导小组先后召开了四次会议,并制订了六项纪念活动具体实施方案和宣传工作方案。这六项活动分别为:郑和下西洋 600 周年纪念大会;《云帆万里照重洋》——郑和下西洋 600 周年纪念展览;《1405——郑和下西洋》电视专题片;郑和航海暨国际海洋博览会;纪念郑和下西洋 600 周年航海和海洋知识竞赛、讲座、夏令营活动;纪念郑和下西洋 600 周年学术交流活动,分 3 年进行。

　　除了上述 6 项纪念活动之外,更重要的是,国务院批准自 2005 年起,将每年 7 月 11 日定为"航海日",同时也作为"世界海事日"在中国内地的实施日期,这也意味着,纪念郑和将成为中国每年例行性的重要海洋文化活动。

----

　　① 《海洋章程》公众签名活动由加拿大等国发起,联合国教科文组织海委会批准。章程呼吁各国政府"维护海洋卫生、保持海产的长盛不衰、明智和安全地利用海洋资源,以便使世界各国人民世世代代都能从中受益"。

三、对未来海洋文化政策的展望

反观改革开放以来的中国海洋文化政策,在推行的初期(例如《中国海洋二十一世纪议程》、《北京海洋宣言》、国际海洋年活动),采纳了国际的普遍价值(海洋所包含的世界主义价值以及海洋为全人类的共同遗产),但在随后的郑和下西洋600周年纪念活动以及以"和谐海洋"为主题的海上大阅兵纪念活动(2009年4月23日在青岛成功举办)中,则同时坚持爱国主义与民族主义的立场。当前中国海洋文化政策所塑造出来的形象,是中国的和平崛起和扩张海权,以及人类共同和平治理海洋的需要。基于此,未来中国海洋文化政策的发展方向应该是:

第一,树立鲜明的海洋大国形象。以中国气派、中国风格、中国特色影响世界。中国是一个大国,一个人口大国、海洋大国、文化大国,同时因为西方模式对于东方乃至整个世界来说,都不是一个好模式,所以中国应当承担起作为一个文化大国的国际责任与使命。

第二,提高国民的海洋国家意识。如果当代中国要成为一个海洋国家的话,那么其海洋意识,就不能只是少部分人的海洋意识,而必须是全体国民的海洋意识。但是相当多的中国人只知道中国版图有960万平方千米的陆域国土面积,而不知道中国还有300多万平方千米的海上疆域。另外一个更严重的制约是,中国本身有约2/3的内陆人口,这些人口中,大多数的人可能一辈子都没有亲眼见过海洋,更不用说亲近海洋或是热爱海洋。因此,培养全体国民的海洋意识、进行海洋文化教育迫在眉睫。

第三,完善促进海洋文化发展的政策机制。任何一种具有长久生命力的文化,其最重要的推动者、传承者、创造者,必然是全体国民,而不单单是政治精英。但中国目前的海洋文化政策的运行模式,仍主要是一种由上而下的灌输或是精英们的提倡,而没有塑造出一种由下而上的政策循环,也没有形成让民众愿意自发热爱、尊重、维护、亲近海洋的政策机制。因此,国家不仅要着力修改或废止现行法律法规中不利于海洋文化发展的条款,而且要加快制定诸如《国家海洋文化工作条例》等专门法律法规,以完善国家的法律法规体系,保障中国海洋文化的健康、科学、持续发展。

第四,建立行之有效的海洋文化遗产发掘与保护制度。改变我国海洋文化遗产所面临的灭损严重、束手无策、无可奈何的尴尬局面,确保中国海洋文化遗产的永续保存及其价值的可持续利用。在当代大规模城市化的城市建设、城区拓展、旧城改造、城市工程中,用法律制度和手段根除对海洋文化遗产的无视、破坏现象(包括以复原、改造、修缮为旗号的损害和造假)。妥善保护海上丝绸之路遗产、海洋历史人物遗产和海洋民俗文化等。

第五,建设完整的中国海洋文化理论体系和学科体系。近年来国家有系统地扶持学术界对于海洋文化的研究,"海洋文化"的学术意识得到明显强化,但整体而言,在学科建设上依然难以打破原有学科范畴局限,分别属于历史学(海洋历史地理学、海外交通史、中外关系史与文化交流史、对外贸易史)、地理学(海洋经济地理、海洋人文地理)、法学(海洋法学)、经济学(海洋经济学)、管理学(海洋管理)、军事学(海洋军事)等学科。而高层次的海洋文化哲学的研究才刚起步,完整的综合性的"海洋文化学"至今尚未在"法定"学科中确立下来。因此,目前的中国海洋文化研究要成为一支强有力的文化软实力,还有漫长的道路要走。

第六,建设中国特色的现代海洋文化功能区。可以考虑在历史上形成的北部沿海海洋文化、南部沿海海洋文化、海岛岛屿海洋文化的基础上,以滨海新区、环渤海经济区、长三角经济区、海峡西岸经济区、珠三角经济区、北部湾经济区等为依托,组织建立形成中国江河湖泊文化功能区、渤海海洋文化功能区、黄海海洋文化功能区、东海海洋文化功能区、南海海洋文化功能区的五大空间布局,将之打造成为海洋文化公共服务、海洋文化产业和市场发展、海洋人才队伍培养建设、海洋科技研究开发等现代化、国际化、全民化的示范功能区,再引领、带动、辐射全国所有陆地和海域,全面促进中国海洋文化的大发展大繁荣。

第七,坚持文化外交的"和谐海洋"理念。海洋和谐是世界各国人民共同的价值理念和美好追求,也是中国"和谐世界"理念的具体体现。然而,近年来一些西方国家媒体频频炒作的"中国海军威胁论"和我国与周边国家愈演愈烈的海洋争端,都对中国坚持"和谐海洋"理念和坚定不移地走和平发展道路提出了巨大挑战。在"海洋世纪"的新时期,通过实施文化"走出去"战略,将"和平发展""和谐世界""和谐海洋"这些理念有效地传达到周边各国和国际社会,可彰显出中国政府和人民海军一以贯之的维护海洋安全、构建和谐海洋的价值理念。

参考文献

［1］张文木.论中国海权.北京:海洋出版社,2010.

［2］曲金良.中国海洋文化观的重建.北京:中国社会科学出版社,2009.

［3］杨国桢.瀛海方程——中国海洋发展理论和历史文化.北京:海洋出版社,2008.

［4］郝延兵,杨志荣.海上力量与中华民族的伟大复兴.北京:国防大学出版社,2005.

［5］中国海洋志编纂委员会汇编.中国海洋志.郑州:大象出版社,2003.

［6］邓小平文选(第3卷).北京:人民出版社,1993.

（作者单位:中共舟山市委党校）

文化生态视野中青年志愿服务基地化建设研究

贝静红

文化在社会生活中承担着人化和化人的教化作用,文化的实质是人化对象世界和对象世界人化的过程的统一。青年志愿精神的培养及志愿者活动对人格塑造作用正是在以文化人和以文明理的文化生态视野中养成、完善的。所谓"文化生态",是指文化的生成、传承、存在的生态状况。其关键是实现文化像生态系统一样共生、共享、共用的一种价值形式,是文化的一种动态化的过程。[①] 而青年志愿精神的培养可以通过基地化的模式得到有效的巩固、持续,达到一种助人自助的生态良性循环。

一、青年志愿服务基地化建设的文化渊源和理论基础

联合国前任秘书长安南曾说:"志愿精神的核心,是服务和团结的理想,是共同使这个世界变得更加美好的信念。"志愿服务是一项崇高的社会事业,在人类自觉精神和建立美好社会愿望的推动下,志愿服务随着社会的发展而发展,它有着存在的文化渊源和理论基础。

志愿者和志愿精神虽然是外来词,但其宣扬的不计物质报酬,基于道义、信念、良知和责任,为改进社会而提供服务,志愿贡献个人的时间及精力的精神在我国一直存在。中华民族历来是一个助人为乐、扶贫济困的具有伟大民族精神的国度。早在两千多年前,儒家的仁爱观就体现了其深刻内涵。其代表人物孔子提出的"故人亲不独亲其亲,不独子其子。使老有所终,壮有所用,幼有所长,鳏寡孤独废疾者皆有所养""仁者爱人",孟子提

---

① 李学江:《生态文化与文化生态论析》,《理论学刊》2004 年第 10 期。

出的"仁民爱物",从"亲亲"到"仁民"到"爱物",实质上是要将爱心由己及人,由近及远地外推至与自己非血缘关系的一切人以及万物。倡导了一种人心向善,文化认同,凝聚人心的美好愿望。墨子"兼相爱,交相利"的观点宣扬了人与人之间平等互爱的情结,倡导人与人之间要不分等级,不分远近,不分亲疏地爱天下所有的人。既爱自己也爱别人,与人交往要彼此有利,这些美好的思想在中华民族精神生活中产生了实质性的影响并流传至今,与我们倡导的志愿精神"友爱、互助、奉献、进步"一脉相承。

"理论创新每推进一步,理论武装就要跟进一步。"现代意义上的志愿服务在中国已有近二十年的历史,中国第一条志愿者服务热线电话1987年在广州诞生;全国第一个正式注册的志愿者社团——深圳市义务工作者联合会1990年在深圳诞生;中国青年志愿者协会1993年在共青团中央的发起下诞生,依托共青团组织的动员力,随后几年在全国范围内建起了国家、省、市、县四级青年志愿者协会,部分地区延伸到社区、农村,建立镇(街道)青年志愿者服务中心或服务站,为志愿事业的普及奠定了基础。

"青年志愿者"这个字眼第一次出现在党的文献中是党的十四届六中全会决议,决议指出:"加强青少年思想道德教育,是关系国家命运的大事。要帮助青少年树立远大理想,培育优良品德。各级各类学校都要全面贯彻党的教育方针,坚持社会主义办学方向,加强德育工作,努力培养德智体等方面全面发展的社会主义建设者和接班人。根据大、中、小学的不同特点,切实加强和改进思想品德课程、政治理论课程,把传授知识同陶冶情操、养成良好的行为习惯结合起来,把个人成材同国家前途、社会需要结合起来,形成爱党爱国、关心集体、尊敬师长、勤奋好学、团结互助、遵纪守法的风气。积极组织学生参加生产劳动和社会实践,帮助他们认识社会,了解国情,增强建设祖国、振兴中华的责任感。充分发挥共青团、少先队团结和引导广大青少年进步的重要作用,深入开展'希望工程'、'青年志愿者'和'手拉手'等活动,发扬互相关心、助人为乐的精神。"强调把志愿服务当作加强青年思想道德教育的重要手段。1997年,江泽民同志在杰出青年志愿者的来信中批示:"青年志愿者行动,是当代社会主义中国一项十分高尚的事业,体现了中华民族助人为乐和扶贫济困的传统美德,是大有希望的事业。"1998年,他在参加北京大学建校一百周年的庆典活动时,寄语于全国青年做四个"统一"之人,强调了坚持学习科学文化与加强思想修养的统一、坚持学习书本知识与投身社会实践的统一、坚持实现自身价值与服务祖国人民的统一、坚持树立远大理想与进行艰苦奋斗的统一,希望当代青年认识国情,投身实践,服务人民,报效祖国。

党的十六届六中全会提出了构建社会主义和谐社会的伟大构想,作为发展近 20 年的志愿者组织,如何在这一伟大进程中发挥好作用,决议明确指出:"广泛开展和谐创建活动,形成人人促进和谐的局面。着眼于增强公民、企业、各种组织的社会责任,把和谐社区、和谐家庭等和谐创建活动同群众性精神文明创建活动结合起来,突出思想教育内涵,广泛吸引群众参与,推动形成"我为人人、人人为我"的社会氛围。以相互关爱、服务社会为主题,深入开展城乡社会志愿服务活动,建立与政府服务、市场服务相衔接的社会志愿服务体系。注重促进人的心理和谐,加强人文关怀和心理疏导,引导人们正确对待自己、他人和社会,正确对待困难、挫折和荣誉。加强心理健康教育和保健,健全心理咨询网络,塑造自尊自信、理性平和、积极向上的社会心态。"2007 年,党的十七大提出了"完善社会志愿服务体系"。党的十七届六中全会通过的《中共中央关于深化文化体制改革,推动社会主义文化大发展大繁荣若干重大问题的决议》用"四个更加"阐明了其战略意义和紧迫性,各种思想文化交流交融交锋更加频繁,文化在综合国力竞争中的地位和作用更加凸显,维护国家文化安全任务更加艰巨,增强国家文化软实力、中华文化国际影响力要求更加紧迫。同样也指出了社会主义文化面临的突出矛盾和问题,如一些领域道德失范、诚信缺失,一些社会成员人生观、价值观扭曲,用社会主义核心价值体系引领社会思潮更为紧迫,巩固全党全国各族人民团结奋斗的共同思想道德基础任务繁重;舆论引导能力需要提高,网络建设和管理亟待加强和改进。应该清醒地认识到,没有先进文化的积极引领,没有人民精神世界的极大丰富,没有民族精神力量的充分发挥,我们是不可能真正地屹立于世界民族之林的。物质贫乏不是社会主义,精神空虚也不是社会主义;没有社会主义文化的繁荣发展,就没有社会主义现代化。中华民族精神博大精深的文化渊源、党和政府的高度重视为青年志愿者活动开展提供了理论来源。

二、青年志愿服务基地化建设的客观基础

志愿服务工作是指任何人在自愿贡献个人的时间和精力,在不为物质报酬的前提下,为推动人类发展、社会进步和社会福利事业而提供的服务。

志愿精神的产生是基于个人对人类及社会的积极认识、对于社会发展的积极价值取向,而这个取向又来自于个人的背景、教育和经验。① 在中国,志愿服务的主体是由共青团中央从 1993 年开始发起实施的中国青年志愿者行动。伴随着改革开放的不断深入和社会主义市场经济体制的不断发展,青年志愿者行动也经历了模范传承、公益转型、自发探索、组织推动、多元发展、全民参与的历程。在新的格局中,通过党政统筹、共青团员示范、社团管理、公民参与、社会支持、法律保障的系统构建,这一系列的发展经历和有效探索为高校青年志愿者服务基地化建设提供了客观依据。

1963 年 3 月 5 日,毛泽东亲笔题词:"向雷锋同志学习"。由此,一个端着钢枪、头戴棉帽的憨实小伙子的形象走进了千家万户。虽然他的生命只有短暂的 22 年,但他的精神却铸起了一座丰碑。同时代的还有铁人王进喜等楷模。50 年来,每年的春天全国各地各行各业都开展学习雷锋活动,雷锋精神成为中华民族伟大精神的一部分代代相传:20 世纪 60 年代,雷锋精神作为追求"真善美"的代名词,成了一切美好事物的化身,到处都闪现着毫不利己、专门利人的无私精神,人人争当雷锋式的好青年;20 世纪 70 年代,随着社会主义建设的发展,社会翻天覆地的变化,《学习雷锋好榜样》这支歌人们耳熟能详,人们深受"爱憎分明不忘本"的影响;20 世纪 80 年代,随着改革开放的号角在中华大地吹响,随着党的"一个中心,两个基本点"的路线提出,雷锋的"螺丝钉"精神在各行各业被赋予了新的内涵,人人都希望在平凡的岗位上做出不平凡的业绩;20 世纪 90 年代,经济改革进入高潮,雷锋精神在这一时期诠释着新的内涵,学雷锋活动不仅仅是学雷锋的小爱,而且把这种精神传播到每一个平凡的岗位,全国各行各业响应"在岗位上体现奉献精神"的号召,这一时期涌现出一批批平凡岗位上的明星人物,如公共汽车售票员李素丽等劳模成为该时期的"雷锋精神"的接力者;进入 21 世纪,随着社会经济成分和经济利益多样化、社会生活方式多样化、社会组织形式多样化、就业岗位和就业方式多样化,"雷锋精神"逐渐弱化,雷锋精神在社会中成为艰苦朴素、助人为乐的代名词,青年人中更多地把雷锋精神理解为灯下补袜子和帮人找孩子的琐事,甚至出现了"雷锋叔叔无户口,三月来了四月走"等不和谐的声音。2000 年,共青团中央、中国青

---

① 　丁元竹:《充分发挥志愿服务在构建社会主义和谐社会中的积极作用》,《思想理论教育导刊》2008 年第 7 期。

年志愿者协会决定把每年的 3 月 5 日"学雷锋日"法定为"中国青年志愿者服务日"。对雷锋精神进行传承,"学雷锋"在本质上是一种道德之举,无论社会多么浮躁,功利之风如何盛行,对助人为乐、与人为善等道德价值观的弘扬不能放弃。

　　在改革开放的前沿,特别是沿海发达地区青年群体中掀起了"重新寻找雷锋精神""呼唤人间友爱"的热潮,渐渐引发了志愿服务这一新兴事物。1992 年,在香港义工的直接指导下,广东省佛山市诞生了"义工团"。此后,内地许多省市也陆续产生不同类型、名称各异的志愿组织。伴随改革的深化,国际化趋势越来越明显,一些在国际上具有重要影响的行动对国内产生了不可忽视的影响。2001 年的"国际志愿者年"系列庆祝活动,促进了中国青年志愿者协会等与联合国志愿人员组织合作。中国社会志愿服务体系的完善进程中,特别值得一提的是 2003 年由共青团中央、教育部、组织部门、人事部门根据国务院有关要求共同组织实施的"大学生志愿服务西部计划",开启了青年志愿者服务基地化建设的序幕,按照公开招募、自愿报名、组织选拔、集中派遣的方式,每年招募一定数量的普通高校应届毕业生,以志愿服务的方式到西部贫困县的乡镇从事为期 1～2 年的教育、卫生、农技、扶贫以及青年中心建设和管理等方面的工作。这对培养和造就一大批既有现代科学文化知识、又有基层工作经验和强烈社会责任感的优秀青年人才,弘扬"奉献、友爱、互助、进步"的志愿精神,推动经济社会持续快速健康发展,都具有非常重要的作用和意义。中国志愿服务从青年向全民参与的氛围越发浓厚,产生了多样化的志愿团队,如 2005 年以后,中国社会工作协会志愿者工作委员会指导社区志愿者参加"中国社区志愿者注册",因为其群体构成更多的是来自辖区内的老人和妇女,所以他们关注的更多的是尊老爱幼的日常事务。除此之外,还有如富士康等大型企业的志愿组织,广东省社会学会志愿服务研究社团等专业志愿组织,中华慈善总会等志愿机构,国际医疗救护等志愿活动。如果说 1998 年长江流域的抗洪救灾的主体是人民解放军,那么 2008 年突如其来的汶川地震则是举国志愿精神的强烈体现。2008 年在北京举办的奥运会,更是让志愿服务的理念深入到每一个青年心中,尤其是北京高校大学生的杰出表现令人感动。联合国志愿组织中国项目官员曾说:"2008 年将是中国志愿服务元年。"其标志就是全民参与志愿服务时代的来临。2008 年,由中央文明委牵头,团中央、民政部配合,共同建立志愿服务的新机制,志愿服务精神在新的时期焕发着新的风采。

三、高校青年志愿服务基地化建设的实践范本

把大学生培养成有理想、有道德、有文化、有纪律的"四有"人才是我们党不变的育人目标。笔者认为,积极鼓励大学生参加志愿服务活动是实现这一目标的重要载体,而基地化建设能更好地起到示范性的作用。

拿群体的实践范本来看,浙江海洋学院青年志愿者浙江省舟山市劳动教养管理所志愿服务基地,是浙江省高校乃至全国高校中第一个在劳动教养管理所建立的志愿服务基地。基地从 2006 年建立以来,努力做好以文化人的志愿服务工作。如何把高校的知识优势送入高墙迷途的群体,志愿者队伍是关键。在广大青年志愿者自愿报名的情况下,团组织按照劳动教养管理所"教育、感化、挽救"的工作方针,针对特别环境中服务对象特殊化的要求,严格选拔青年志愿者。在招募青年志愿者的过程中,经过书面测试、综合面试等环节,精挑细选,录用政治强、作风正、纪律严、业务好、特长多的志愿者。青年志愿者服务基地建设既是一项经常性的工作,也是一项长期性的工作。青年志愿者通过基地这个平台,在服务他人转化、服务自身成长成才、服务社会进步等方面发挥了积极作用。为了让身处社会边缘的青年也能感受到社会及同龄人对他们的关爱,润泽到文化的光芒,青年志愿服务探索适合劳教所需求的服务方式、载体和项目,协助舟山市劳教所创办劳教特色。

"心灵交流,文化感染"是青年志愿者们把服务他人与加强专业素养紧密结合,坚持日常帮教与暑期社会实践相结合,坚持每月两次爱心帮教活动,每年暑期一次社会实践活动。他们以文化课教学为手段,以"文化墙"为载体开展了形式多样的文化帮教活动。在国庆、元旦等重大节假日开展大学生志愿者与劳教人员文艺汇演活动,在世界读书日志愿者送书进高墙,开展"让书香沁入高墙"读书会、诗歌朗诵、读励志故事,讲感动中国模范人物故事等,让文化感染每一位劳教人员,丰富劳教人员的生活,帮助劳教人员劳动改造,稳定劳教人员的情绪,增长他们的科学文化知识,更快更好地融入社会大家庭。在文化帮教的过程中,结合心理关爱,开展如"立足现在,展望未来,为了美好明天"的心理团体辅导活动,使劳教人员敞开心扉,走出阴影,重新树立早日回归社会的信心。

"送人玫瑰,手留余香",通过大学期间两至三年的基地志愿服务活动,

青年志愿者们在帮助他人的过程中,思想上得到提升,心灵上得到净化,不仅自身受教育、得警示,而且能在口口相传中把志愿服务精神薪火相传。曾经参加过基地志愿服务的某一学生,毕业后选择了服务浙江省内欠发达地区,个人的出色表现得到了单位领导的信任和表扬。他回忆说:"在校期间参加劳教所的志愿服务工作的那段实践经历使我各方面能力都得到了很大的提升,收获非常大,使我认识到我的同龄人是因为缺乏关爱而失足,让我懂得关爱的美好。"另一名学生曾是青年志愿者基地志愿服务骨干成员,他多次组织策划赴基地开展志愿服务工作,从一进入舟山市劳动教养管理所志愿服务基地开展志愿服务开始,就立志要成为一名人民警察,为社会稳定作贡献,毕业时如愿以偿考取了特警。基地建立5年来,近500名大学生参与了基地的志愿服务工作,有参加技能授课的,有描绘文化墙的,有参与心理帮扶的,有宣传戒毒知识的,等等,无不真真切切地感受着助人自助的快乐,无不获得构建和谐社会必须首先人人做到心与心的和谐的真切感受。

　　拿个体的实践范本来看,河北农业大学果树93(01)班毕业生15年来默默资助病逝同学父母的事迹,让我们再一次沐浴到了道德的春风、感受到了善良的温暖,给予我们许多启示和思考。一个信守约定的大学生群体,两位朴实无华的农村老人,56封饱含深情的家书,15年一以贯之的坚持,为我们展现了一组令人肃然起敬的当代大学生群像。他们的行为品质中蕴含着中国精神乃至人性精神中最美最深刻的那部分——爱心、责任、奉献、信诺,成为践行社会主义核心价值体系的一个朴实鲜活、可敬可学、看得见摸得着的生动范本,是中华民族传统美德的生动传承,是社会主义和谐文化的生动传播。

　　随着"我们的价值观"大讨论的深入,越来越多的志愿者个人和群体得以凸显,如以汉语言文学和历史学专业大学生志愿者为主体成立的"蒲公英"志愿者团队以"让爱和文化一起流转"为口号,取"蒲公英"的寓意:蒲公英四处飘洒,能将文化服务播撒到社会的每一个角落,同时蒲公英的飘洒是其生命的延续,能将爱心绵延不息地传承下去。

四、青年志愿服务基地化建设的完善路径

　　寻找做好"培养什么样的人,如何培养人"的问题的途径很多,志愿服

务不乏是其中的一条,我们了解了志愿服务基地化建设的文化渊源、理论来源、发展历程、存在基础、实践样本,我们必须找到完善的更好路径。我们了解了志愿服务所处的背景,从青年自发到全民参与,从自主自愿到组织动员,笔者认为志愿服务也是一门科学,它必然有其科学的规律和方法,关键是我们要找到这种方法和规律,特别是形成合力。

"他山之石,可以攻玉。"马克思曾说过:"人们自己创造自己的历史,但是他们并不是随心所欲地创造,并不是在他们自己选定的条件下创造,而是在直接碰到的、既定的、从过去继承下来的条件下创造。"①现代志愿服务在当下中国的发展与社会经济、政治、文化、社会四位一体的发展紧密联系。从中国现代意义的志愿服务近20年来看,志愿服务实践先于理论发展。2009年,团中央书记陆昊在全团青年志愿者工作会议上指出:"要抓住志愿服务事业发展的本质规律,积极适应青年的内心需求,继续大胆地探索和创新青年志愿者工作,防止工作中的行政化倾向和'被志愿化'倾向。"这说明志愿服务活动已经纳入了和谐社会创建的总体系。为了更好地履行志愿服务的功能,弘扬志愿服务文化,我们有必要借鉴他国的经验,取其精华。如美国"全球志愿者服务工程"中招募的志愿者,在参加活动前必须进行一种"仆人学习者"的活动,即志愿者们在从事任何活动时,都要撇开先入为主的想法,抛开任何成见和偏见,而仅仅抱有高度的责任感和奉献精神,所需要的只是一种全心全意的服务精神。又如日本,从20世纪50年代起,日本的志愿服务教育经历了融于志愿服务活动,社会团体有组织、有目的地开展志愿服务教育到纳入学校教育的过程。因此,在我国,高校志愿者服务可以开展基地化建设,通过学校思想政治理论课、礼仪课、社团组织、青年志愿者协会开展志愿服务技能、态度、礼仪、基础知识等培训,结合专业特点,与社会相关部门、机构开展对应服务,把志愿精神的培育与育人功能相结合,保证青年志愿者在服务他人中提升自我,在服务他人中看到自己专业学习的重要,强化专业素养的锤炼,在服务他人中认识社会,树立报国之志,强化实现中华民族伟大复兴的使命感。另一方面,随着学生的毕业,有了基地化的建设,也能保证被服务对象持续、持久地受到关怀和关爱。

"伙伴团队,优资共享。"文化生态作为一种共生、共享、共用的价值形

---

① 《马克思恩格斯选集》第1卷,人民出版社1972年版,第603页。

式,是人类文化和行为与所处的社会环境之间互相作用的关系,这种互动的结果使得人类文化不断演化发展。在文化生态视野下,青年志愿者组织必须适应新形势,以改革创新的精神和发展思路探索青年志愿者发展的有效载体、工作模式和运行机制。伙伴团队是一种新的尝试。所谓的"伙伴团队",其核心体现在"共"字,即共建一个基地,共推一个项目,共办一件实事,共联一批青年志愿者。在同一个区域,积极发挥共青团组织化动员的优势,把辖区内的青年志愿者通过组织建设互促、城乡交流互联、团员青年互动、共建项目互补的方式,立足当前,不断丰富"伙伴团队"的工作内容。以共青团舟山市委为例,2009 年挑选市内 129 个各领域的青年志愿者组织,因地制宜开展共建模式,在全市形成城乡一体、层层相连、相互联通的"伙伴团队"网络;高校青年志愿者组织为地方组织进行文化培训、地方志愿者组织特别是企业家协会、社团协会为高校志愿者开展创业技能辅导、为高校贫困生开展资助工作等,在互助中共赢。

志愿服务作为一种高尚的公益活动,是培养"四有"新人的重要途径,唯有与时俱进地创建和创新,才能吸引更多的青年加入志愿服务的行列,也才能培育出更为理性的志愿文化,真正实现文化的共生、共存、共享,达到各美其美、美人之美、美美与共、天下大同的美好境界。

(作者单位:浙江海洋学院)

浙江建设海洋生态文明的战略思考

俞树彪

生态文明建设是党的十七大作出的重大战略部署,是实现经济社会全面、协调、可持续发展的重要途径,也是实现全面建设小康社会宏伟目标的具体要求。海洋生态文明是以海洋资源综合开发和海洋生态环境保护为核心,促进海洋经济科学发展和海洋管理制度创新,整体推进海洋生产生活方式人与海洋和谐共生的一种生态文明样态。当前,浙江着眼于生态文明的经济基础、保障机制、生态文化三个层面,转变海洋生产生活方式,打造"海上浙江",不断推进海洋生态文明建设。①

一、浙江建设海洋生态文明的实践基础

《中共浙江省委关于推进生态文明建设的决定》《关于加快发展海洋经济的若干意见》《"811"生态文明建设推进行动方案》等相继颁布,为浙江发展海洋经济和建设生态文明作出了明确部署和具体行动。浙江一贯重视海洋生态建设工作,从自觉保护海洋自然生态环境,到率先建设生态省,再到积极创建国家海洋综合开发试验区,进而打造海洋生态文明示范区,努力探索和谐发展的海洋生态文明之路。②

(一)海洋生态开发日趋合理

浙江立足独特海洋生态系统,充分依托海洋港口资源优势,优化一核

---

① 刘家沂:《构建海洋生态文明的战略思考》,《今日中国论坛》2007年第12期。
② 周国辉:《舟山群岛新区:从海洋生态文明起航》,《环境经济》2010年第12期。

两翼三圈九区多岛布局,合理开发和保护海洋资源,加快发展海洋生态经济,努力走出一条陆海联动的海洋经济发展新路子。正确处理海洋产业可持续发展、人民生活水平提高与海洋生态资源环境保护之间的动态关系,制定实施了生态环境功能区规划,明确不同区域的功能定位和产业重点,促进生产力布局与生态环境承载力相适应,海洋综合开发日趋合理。把握海岛生态环境和产业发展、城市建设的相关性,在科学论证、依法审批的基础上切实做好海域、土地、水源、无居民岛屿等资源的综合利用和开发保护。根据海洋海岛的环境条件和资源特点考量海洋产业的规划选择,加快经济结构调整,港口物流、海洋旅游、现代渔业等一批资源消耗低、环境污染小、带动系数大、综合效益好的海洋优势产业得到快速发展;积极实施循环经济"991"行动计划,努力培育新兴海洋产业,推进沿海工业园区生态化建设,一批风能发电、海水淡化等节能型项目全面启动;致力于发展现代生态渔业,严格控制渔业捕捞强度,开展海洋伏季休渔、增殖放流、生态修复等工作,减少对海洋自然生物资源的掠夺性开发。

(二)海洋生态机制初步构建

浙江牢固树立生态理念,全面实施蓝天、碧水和环境安全工程,严格环境准入、落实节能减排、加强海洋生态恢复,初建海洋海岛生态保障体系。促使发展理念由"绿水青山换取金山银山",到"既要金山银山也要绿水青山",再到"绿水青山本身就是金山银山"的转变,力促发展形态的历史性跨越,努力实现浙江经济社会可持续发展。实施海洋生态补偿机制,完善陆源污染物入海排放管理,强化海上环境执法,严防海上污染事故发生。不断优化海洋生态环境,创建马鞍列岛和中街山列岛等国家海洋特别保护区、五峙山列岛等省级自然保护区,从全省近岸海域生态环境质量现状与趋势性监测来看,浙江海域近岸水质有所好转,"严重污染海域"和"中度污染海域"面积都有不断降低的趋势。

(三)海洋生态文化广泛认同

海洋生态文化的大力弘扬,海洋生态意识的深入人心,海洋生态伦理的广泛认同,是衡量海洋生态文明程度的重要尺度。为了使海洋生态道德的文化观念深入人心,加强领导干部和广大群众的教育培训和舆论宣传,积极开展生态示范和绿色创建活动,建成一批生态示范村、绿色社区、绿色学校、环境教育基地等,使海洋生态文明意识和氛围覆盖全省各个角落、融入干部群众的日常生产生活。充分利用大众传媒网络,通过"生态文明进社区""六·五"世界环境日"地球一小时""世界水日"等契机广泛开展主题教育活动,营造全民参与氛围,提升全省人民生态环保和节能减排意识,提高生态环境道德素养。

二、浙江建设海洋生态文明的基本难题

海洋生态文明建设不能简单理解为大力改善海洋生态环境,而是以海洋开发和海洋经济的繁荣发展来维护海洋自然环境的生态平衡,以海洋生态环境的良性循环促进海洋资源的综合利用和海洋经济的科学发展,两者相互独立又相互支撑,最终形成一个人海和谐共生共荣的生态文明系统。① 进入 21 世纪以来,浙江海洋经济以年均 20% 以上的速度迅猛发展。然而,海洋经济的快速发展和海洋资源开发的不断深化给海洋生态、环境、资源系统带来了巨大的压力,使得海洋生态文明建设仍然任重道远。

(一)海洋经济转型升级优化有待进一步加快

随着基础设施的不断完善和海洋经济的快速发展,陆海环境污染类型都将从常规污染向常规污染和新型污染的复合型、叠加型转变,如何大力发展海洋生态经济,形成能源资源节约和海洋生态环境友好型的产业结构、增长方式和消费模式有待于进一步加快。目前全省虽已逐步形成临港产业、海洋物流、海洋旅游和现代渔业等生态产业模式,但海洋经济发展与海洋资源状况不相匹配,海洋经济的粗放型特征仍很明显,海洋产业结构布局有待优化,如何缓解要素制约、加快海洋产业转型升级、培育海洋生态循环经济等方面还需进一步努力。如现代临港产业处于初创阶段,资源优势转为经济优势的深度和广度还需突破;海洋物流、海洋旅游和现代渔业等粗放型增长方式没有根本改变,企业的技术创新和研发能力相对较弱等。由于围海造地、围塘养殖以及无居民海岛开发的加剧,海洋资源开发与生态环境保护两者难以协调,导致生境丧失和湿地退化,部分滩涂湿地生态功能消失。经济发展和环境保护之间存在冲突,一些见效快、利润高

---

① 　俞树彪、阳立军:《海洋产业转型研究》,《海洋开发与管理》2009 年第 2 期。

的项目常有破坏环境的隐患,保护环境也需要大量的资金作为支撑,因此,两者之间的矛盾在追求高 GDP 的今天,难以得到妥善解决。

(二)海洋生态环境协调机制有待进一步完善

海洋环境的复杂性,更需要海洋生态环境协调合作机制的保障。当前,浙江海洋生态文明建设部门协调,共同推进的机制尚未完全建立,海洋环境责任追究制度、企业环保社会责任制度、社会公众的监督机制还相当欠缺,海洋科技研究支撑不足,海洋环保产业政策和相关配套制度都有待完善。浙江典型海域生态系统状况不容乐观,普遍存在生态群落结构简单、富营养化状态严重的现象,杭州湾、象山港、鳌江口等港湾和河口海域污染依然严重。受长江径流和陆源污染输入的影响,浙江海域的生态环境受外来因素影响较大,涉及多个省市的经济发展与环境保护问题,没有完善的区域外海洋生态环境协调合作机制,因而协调起来难度很大,严重影响着本区域海洋环境的保护与管理。同时,海洋生态环境保护涉及环保、海洋、港航、海事等部门多头管理的局面,各行其是,缺乏有效统一的协调合作机制,以至于一旦出现问题,行动难以达成一致,难以有效发挥海洋生态环境的保护作用。海洋环境突发事件监控合作机制有待进一步强化,因为海上执法区域面积广,受船艇适航成本及人员配备等原因限制,以及海上污染源排入随意性大,可控性弱,对污染物源头的掌握、取证比较困难,许多污染事件由于没法确定污染源头而不了了之,生态环境保护和渔业生产者合法权益受到侵害无法得到补偿和保障,也无法尽可能地避免或减少突发环境事件的发生,消除或减轻突发环境事件造成的中长期影响。

(三)海洋生态道德主体意识有待于进一步提升

虽然不断加强生态环境保护宣传教育,全省人民对海洋生态文明建设的重要意义已达成共识,但受传统观念影响,海洋生态环境保护还没有成为全体党政机关、企事业单位和人民群众的自觉行动,海洋生态道德主体意识有待进一步提升。"重经济增长,轻环境保护"的思想意识难以在短期内得到转变;部分企业经营者缺乏守法治污的社会责任意识和长远发展的战略眼光,不惜以资源能源大量消耗和环境污染为代价来短期发展企业,一味追求经济发展,一些临港工业的环保基础设施建设滞后,陆域污染物质未来得及"消化"就直接排入沿岸水域,危害海洋生态系统;部分群众对海洋生态文明建设的认知度也还不高,健康文明的生活方式还没有完全养成,绿色生活消费观缺乏,过度消费、铺张浪费的现象时有发生,民间环保组织发展相对滞后,全民参与海洋生态环境保护的自觉性和主动性仍有待进一步提高。此外,由于外来人员的大量流入,部分外来人员为了眼前利益牺牲海洋资源环境,乱采、乱挖、乱捕海洋资源现象十分普遍,影响了海洋岛礁鱼类的繁殖生长,导致整个海域的海洋岛礁资源和渔业资源不断衰退,外来居民海洋生态资源环境保护的主体意识也亟待进一步加强。

三、浙江建设海洋生态文明的战略思考

目前,浙江正处在经济转型升级的关键时期,海洋为经济结构调整和增长方式转变提供了有力支撑。2011 年 2 月,国务院正式批复《浙江海洋经济发展示范区规划》,并批准设立浙江舟山群岛新区,浙江海洋经济发展上升为国家战略,成为国家海洋经济发展战略和区域发展战略的重要组成部分。这既为推动浙江海洋经济发展提供了新的机遇,也对加快海洋经济发展的同时如何保护海洋生态环境、推进生态文明建设提出了新的要求。把建设海洋生态文明与加快转变经济发展方式结合起来,坚持开发与保护并重,集约利用海洋资源,切实保护海岸带、海岛和海洋生态环境,培育新的增长极,实现人海和谐,为全国海洋经济科学发展和海洋资源综合利用提供借鉴和示范作用。

(一)发展海洋生态经济,建设海洋生态文明示范区

走生态立省之路,坚持绿色发展导向,发展生态型海洋产业、培育海洋产业生态体系是推进海洋生态文明建设的核心内容。推进海洋生态文明建设,需要结合浙江海洋经济发展示范区规划,制定实施浙江海岛主体功能区规划和生态环境功能区规划,大力发展海洋生态循环经济,打造海洋生态文明建设示范区。依据海洋生态环境容量和资源环境承载能力,实施严格的分区差别化环境准入和管理政策,确定不同岛屿的主体功能,统筹谋划人口分布、产业布局、国土利用和城镇化格局,坚持资源开发、产业发展、区域打造、生态保护互为一体,形成海洋生态文明建设的良好规划格局和主体功能定位。重点推进环杭州湾、温台沿海两个产业带的改造提升和转型升级,优化海洋产业集聚区的产业布局,建立健全现代海洋产业体系,

择优发展临港先进制造业,扶持发展海洋新兴产业,大力发展海洋服务业;积极发展高效生态渔业,科学实施海洋捕捞,推进水产品精深加工和贸易;大力发展循环经济,实施清洁生产,推进绿色认证,发展绿色产品等。增强杭州、宁波、温州三大都市区的现代都市服务功能和产业层次。加强海岛、海岸带和海洋生态环境保护,加大对舟山群岛新区的配套政策支持和设施服务保障,支持其打造中国大宗商品储运中转加工交易中心、东部地区重要的海上开放门户、中国海洋海岛科学保护开发示范区、中国重要的现代海洋产业基地、中国陆海统筹发展先行区。坚持陆海统筹,实施陆海污染综合防治,健全海洋生态安全保障体系,构建蓝色屏障按照保护优先、开发有序的原则,加强涉海项目审批管理,做好海洋自然(特别)保护区建设,新建一批省级以上海洋特别保护区,对保护区建设成效进行评估;加大海洋生物资源养护力度,加大水生生物增殖放流力度,提升资源养护能力和生态修复功能,建设象山港海洋综合保护与利用示范区;开展对重点海湾、河口、滨海湿地、海岛、湿地和红树林等具有重要海洋生态功能区域的生态修复。

(二)完善海洋生态文明发展机制,探索海洋生态新模式

构建人与海洋和谐关系是生态文明的主要形式。海洋的生态安全及环境治理问题需要上升到生态文明建设的高度,海洋生态文明建设的新模式需从要素配置体系、投融资体系、社会责任体系等方面来完善。海洋生态机制就是在尊重自然、遵循客观规律的前提下,从维护社会、经济、自然系统的整体利益出发,以科学发展观为基本原则,以不破坏海洋生态环境或减少对海洋生态环境的影响为主线,通过政府、企业和社会组织、公众等的共同参与,通过制定和实施法律制度及措施来保证海洋生态不受破坏和修复自然环境,最终达到生态良好、环境优化、协调持续和实现人与自然和谐相处的管理过程。海洋生态机制是有公众参与、区域合作、环境预警、生态补偿、科技支撑、生态修复、集约利用等诸多要素所构成的系统,各个要素之间相互联系、相互作用,形成具有一定功能的有机整体。未来一段时间内,应完善政府考核评价制度,研究建立海洋生态文明建设评价指标体系;切实强化各地区、部门交流沟通和信息共享,建立跨区域、跨部门的协调合作机制,实现区域海洋生态环境共建共享;建立科技创新体系,积极强化海洋科技支撑,构筑海洋科技创新平台。完善生态补偿制度,加快生态

环保财力转移支付、生态环境质量综合考评奖惩等制度设计;在土地、水、排污权等领域建立健全市场化要素配置机制,有利于形成政府行政推动与市场推动并举的良好格局。完善投融资体制和财税扶持政策,强化推进生态文明建设的法治保障。不断加大对浙江海域生物资源和生态环境的基础调查,科学实施修复工程,对重要渔业海域、沿海滩涂等生态敏感海区,进一步开展以增殖放流、人工鱼礁、海藻养殖等形式的海洋生态修复,启动海洋自然保护区和海岛生态修复试点工程,逐步实现海洋资源可持续开发利用和海洋自然生态系统的良性循环,增强浙江经济社会可持续发展的资源保障能力和环境支撑能力。

(三)养成健康生活方式,弘扬海洋生态道德文化观念

积极开展海洋生态文明宣传教育,多层次、多角度地普及体现正确海洋生态文明的价值观、政绩观、财富观和生活观;注重海洋文化的保护与研究,把保护特色海洋文化资源与各类生态示范创建相结合,使其成为承载弘扬海洋生态文化的重要平台。确立海洋生态文明意识,就是本着发展海洋经济要对海洋资源环境负责的态度,关注海洋、认识海洋、善待海洋,融海洋生态文明建设于城市创新体系和日常生活方式之中,营造具有海洋特色的生态文明建设氛围,提升海洋生态文明建设的公民参与意识,确立文明健康的生活方式,让人诗意地栖居。

其一,提升海洋生态文明素养。海洋生态文明最重要的基础之一,是海洋自然生态保护意识的提高、海洋生态伦理知识的普及和海洋生态文化素养的形成。以海洋生态文化建设为依托,推进海洋生态环境保护的宣传教育,促使海洋生态文明建设成为全民一致的自觉行动,强化生态文明理念,充分发挥生态文化对生态文明建设的精神支撑和思想支持作用。大力倡导生态伦理道德,加强对各级领导干部、大中小学生和基层群众的海洋生态文明教育,强化海洋生态文明建设的道德规范,提高全民海洋生态文明素养,形成生态文明社会新风尚。充分发挥企业和行业协会、新闻媒体、民间环保组织、全体公民在推进生态文明建设中的重要作用,形成全社会关心、支持、参与和监督生态文明建设的强大合力。特别强调的是企业作为整个社会的一个重要组成单位,在海洋生态文明建设中起到非常重要的作用。作为企业家,要有强烈的海洋生态文明建设的社会责任意识,在生产、经营、管理过程中,要以生态化、节约化、绿色化为标准,不能以污染环

境、损害公众利益为代价而换得企业的财富。要舍得在环保设施建设方面的投入,确保污染治理设施的正常运行,通过完善环保设施提高企业自身减少环境污染问题的能力,不能再走"先污染后治理"的工业发展老路。

其二,养成绿色文明的生活方式。按照浙江总体规划要求,不断提高浙江人民的生活品质,处理好海洋生态建设与城市化发展的关系,以改善海洋环境质量、保障人体健康为核心,充分利用优良的区域环境和深厚的海洋文化,把居住环境改善与生态环境建设紧密联系起来,巧妙利用海岛和海洋自然景观,营造安全、舒适、生态、文明的人居环境,倡导绿色、低碳生产生活方式,建设宜居宜业宜游的花园城市。① 主动树立海洋生态文明建设理念,提升海洋环境容量和城市海洋文化品位,致力于走出一条富有区域特色的海洋生态文明道路。加快创建绿色机关,引导基层单位和城乡居民广泛开展绿色学校、绿色社区、绿色家庭等群众性绿色系列创建活动,积极引导鼓励绿色消费,倡导绿色交通出行,倡导养成绿色文明的生活方式。把实现发展和提高人民生活品质作为根本出发点和落脚点;充分体现生态优先、环境优先,推动科学发展、和谐发展、绿色发展的新理念和新追求。

其三,建设美丽海岛生活环境。立足当前,通过"绿色城镇""美丽乡村"等生态文明建设新载体,深入推进海岛环境整治,重点是治理公共卫生和建筑凌乱等问题,处理城乡垃圾,防治水源污染,保护海砂资源,全面创建以海洋生态文明为核心的"美丽海岛"活动。政府部门从有效保护海洋资源环境出发,加强对具有海岛特点、历史文化价值的传统村落的保护,建设成为海岛风情小镇。增强监管的紧迫感、责任心和使命感,加强与相邻区域的监管协调,继续开展环保专项执法检查和"飞行监测"行动,严厉查处超标排污企业,对严重违法排污企业实施挂牌督办,公开曝光,并将违法信息纳入企业信用管理体系。规范重点行业污染治理,努力消除油库、油管等设施的环境安全隐患,严防环境污染事故和生态灾难的发生。加大投入,提升环保监管能力,全面建设环境空气自动监测、污染源在线监控系统和环境监控中心体系,整合完善市、县(区)海洋环境监测观测机构和设施设备,建立全市统一的台风、赤潮、海啸等海洋灾害预警预报和防御决策系

---

① 吴凤章:《建设生态文明:厦门特区发展模式创新》,《马克思主义与现实》2006年第4期。

统,提高防灾减灾、应对海洋灾害的能力,完善海洋环境突发事故应急机制。加大城市烟尘、粉尘、细颗粒物和汽车尾气的治理力度,加强对饮用水源的保护监测,加大农业面源污染防治力度,鼓励推广使用有机肥,减少和控制农药、化肥的使用,加强餐饮业的环境整治和餐厨废弃物的无害化处理,开展土壤修复,加强污染耕地、污染场地等的环境修复,大力营造城市森林,积极开展村庄绿化,不断提高宜居水平,努力使全省人民呼吸上新鲜的空气、喝上干净的水、吃上放心的食品、拥有舒适的人居环境。

浙江建设海洋生态文明是一项复杂的系统工程,也是一项全新的科学探索。努力将海洋生态文明建设纳入到科学发展观的战略部署和海洋城市创新体系中,通过物质创新、机制创新、文化创新三个系统的整体协同,以创新为动力来不断推进海洋生态文明建设。

(作者单位:浙江海洋学院)

后　　记

由浙江省中国特色社会主义理论研究中心（省级重点研究基地）、浙江省马克思主义学会、浙江省社科规划办、浙江省教育厅宣教处、浙江省社会科学院政治学研究所联合召开的每年一次的浙江省马克思主义理论研讨会是全省社科系统学习、研究、宣传中国特色社会主义理论体系和党的路线、方针、政策的重要载体；是促进专家学者交流工作、沟通信息、加强联系、促进合作的重要平台。它对于加强理论研究，推进马克思主义理论研究和建设工程，促进全省社科系统的马克思主义理论研究部门的各项工作发挥了重要作用。

为了凝聚全省马克思主义理论研究队伍、持续开展浙江省马克思主义理论研究，更好地反映浙江省马克思主义理论研究状况和进展，为浙江省马克思主义理论研究和建设工程提供学术交流平台，浙江省中国特色社会主义理论研究中心（省级重点研究基地）推出《马克思主义理论研究Ⅵ》。文集选取了第六届浙江省马克思主义理论研讨会的优秀获奖论文 30 余篇，反映全省马克思主义理论研究的新成果。今后将每年在召开全省马克思主义理论研讨会的基础上，评出一批优秀成果，推出一期理论文集，及时地反映浙江省马克思主义理论研究、特别是马克思主义中国化理论研究的进展情况，为浙江省马克思主义理论研究和建设工程作贡献，为浙江省改革开放和现代化建设提供理论支撑和智力支持。希望各位专家学者踊跃赐稿、批评指正。

本书由浙江省社会科学院政治学研究所具体负责编辑，唐晓燕、傅歆具体编辑书稿，陈华兴、黄宇负责定稿、统稿。限于我们水平，书中难免有不当之处，敬请赐教惠正。

浙江省社会科学院政治学研究所

2013 年 1 月

图书在版编目（CIP）数据

马克思主义理论研究 . 6 / 陈华兴主编. —杭州：
浙江大学出版社，2013.5
ISBN 978-7-308-11421-9

Ⅰ.①马… Ⅱ.①陈… Ⅲ.①马克思主义理论－理论
研究－文集 Ⅳ.①A81-53

中国版本图书馆 CIP 数据核字（2013）第 092906 号

马克思主义理论研究 Ⅵ
陈华兴　主编

责任编辑	吴伟伟 weiweiwu@zju.edu.cn
文字编辑	杨　茜
出版发行	浙江大学出版社
	（杭州市天目山路 148 号　邮政编码 310007）
	（网址：http://www.zjupress.com）
排　　版	浙江时代出版服务有限公司
印　　刷	杭州日报报业集团盛元印务有限公司
开　　本	710mm×1000mm　1/16
印　　张	17.5
字　　数	291 千
版 印 次	2013 年 5 月第 1 版　2013 年 5 月第 1 次印刷
书　　号	ISBN 978-7-308-11421-9
定　　价	48.00 元
